IRE
68...

F 34168

LES

CRIMES CÉLÈBRES

En vertu des traités internationaux, toute reproduction et traduction de cet ouvrage sont interdites, sans l'autorisation de l'auteur et de l'éditeur.

ALEXANDRE DUMAS

LES

CRIMES CÉLÈBRES

MARIE STUART

KARL LUDWIG SAND. — MURAT

Nouvelle Édition

TOME DEUXIÈME

PARIS

LIBRAIRIE INTERNATIONALE

A. LACROIX, VERBOECKHOVEN & C°, ÉDITEURS

15, BOULEVARD MONTMARTRE

Au coin de la rue Vivienne

Même maison à Bruxelles, à Leipzig et à Livourne

1865

Tous droits de traduction et de reproduction réservés

MARIE STUART

1587

Il y a, pour les rois, des noms prédestinés à la mauvaise fortune : en France, c'est le nom de Henri. Henri Ier fut empoisonné, Henri II fut tué dans un tournoi, Henri III et Henri IV furent assassinés. Quant à Henri V, pour qui le passé est si fatal, Dieu seul sait ce que lui garde l'avenir.

En Écosse, c'est le nom de Stuart.

Robert Ier, chef de la race, mourut à vingt-huit ans d'une maladie de langueur. Robert II, le plus heureux de la famille, fut forcé de passer une partie de sa vie, non-seulement dans la retraite, mais encore dans l'obscurité, à cause d'une inflammation des yeux qui les lui faisait rouges comme du sang. Robert III succomba au chagrin que lui causa la mort d'un de ses fils et la captivité de l'autre. Jacques Ier fut poignardé par Graham dans l'abbaye des Moines Noirs de Perth. Jacques II fut tué au siége de Roxburgh, par l'éclat d'une pièce de canon qui creva. Jacques III fut assassiné par un inconnu dans un moulin où il s'était réfugié pendant la bataille de Sauchie. Jacques IV, frappé de deux flèches et d'un coup de hallebarde, tomba au milieu de sa noblesse sur le champ de bataille de Flodden. Jacques V mourut du chagrin d'avoir perdu ses deux fils et du remords d'avoir fait exécuter Hamilton. Jacques VI, prédestiné à réunir sur sa tête les deux couronnes d'Écosse et d'Angleterre, fils d'un père assassiné, traîna une vie triste et craintive, entre l'échafaud de sa mère Marie Stuart et celui de son fils Charles Ier. Charles II passa une partie de sa vie en exil. Jacques II y mourut. Le chevalier de Saint-Georges, après avoir été proclamé roi d'Écosse sous le nom de Jacques VIII, et d'Angleterre et d'Irlande sous celui de Jacques III, fut obligé de fuir, sans avoir pu donner à ses armes l'éclat même d'une défaite. Charles-Édouard, son fils, après l'échauffourée de Derby et la bataille de Culloden, traqué de montagne en montagne, poursuivi de roche en roche, nageant de rivage en rivage, recueilli à demi nu par un vaisseau français, s'en alla mourir à Florence, sans que jamais les cours de l'Europe aient voulu le reconnaître pour souverain. Enfin, son frère Henri-Benoît, le dernier héritier des Stuarts, après avoir vécu d'une pension de trois mille livres sterling que lui faisait le roi Georges III, expira complétement oublié et léguant à la maison de Hanovre tous les joyaux de la couronne, que Jacques II avait emportés en passant sur le continent en 1688; tardive mais entière reconnaissance de la légitimité de la famille qui avait succédé à la sienne.

Au milieu de cette race malheureuse, Marie Stuart fut la privilégiée du malheur. Aussi Brantôme a dit d'elle : « Ceux qui voudront écrire sur cette illustre reine d'Écosse en ont deux très-amples sujets, l'un celui de sa vie, et l'autre celui de sa mort. » C'est qu'aussi Brantôme l'avait connue dans une des circonstances les plus douloureuses de sa vie, c'est-à-dire au moment où elle quittait la France pour l'Écosse.

Ce fut le 9 août 1561, après avoir perdu sa mère et son époux dans la même année, que Marie Stuart, douairière de France et reine d'Écosse à dix-neuf ans, conduite par les cardinaux de Guise et de Lorraine, ses oncles, par le duc et la duchesse de Guise, par le duc d'Aumale et M. de Nemours, arriva à Calais, où l'attendaient, pour la mener en Écosse, deux galères, l'une sous les ordres de M. de Mévillon, et l'autre sous le commandement du capitaine Albize. Elle resta six jours en cette ville. Enfin, le 15 du même mois, après les plus tristes adieux à sa famille, accompagnée de MM. d'Aumale, d'Elbœuf, et Damville, avec force noblesse, parmi laquelle étaient Brantôme et Chatelard, elle s'embarqua sur la galère de M. Mévillon, qui reçut aussitôt l'ordre de pousser au large, ce qu'elle fit à l'aide de ses rames, le vent n'étant point assez fort pour qu'on pût se servir de voiles.

Marie Stuart était alors dans toute la fleur de sa beauté, plus brillante encore sous ses vêtements de deuil ; beauté si merveilleuse, qu'elle répandait autour d'elle un charme auquel pas un de ceux à qui elle voulut plaire n'échappa, et qui fut fatal à presque tous. Aussi avait-on fait vers cette époque une chanson sur elle, qui, de l'aveu même de ses rivales, ne contenait que la vérité. Elle était, disait-on, de M. de Maison-Fleur, gentil cavalier pour les lettres et pour les armes. La voici :

> L'on voit sous blanc atour,
> En grand deuil et tristesse,
> Se promener maint tour
> De beauté la déesse :
> Tenant le trait en main
> De son fils inhumain :
> Et l'amour sans fronteau
> Voleter autour d'elle,
> Déguisant son bandeau
> Sous un funèbre voile
> Où sont ces mots écrits :
> « Mourir ou être pris. »

Or, en ce moment, Marie Stuart, vêtue de son grand deuil blanc, était plus belle que jamais ; car de grosses larmes coulaient silencieusement de ses yeux, tandis que, secouant un mouchoir de la main, debout sur le gaillard d'arrière, elle saluait, elle qui avait si grande douleur de partir, ceux qui avaient si grande douleur de rester. Enfin, au bout d'une demi-heure, on sortit du port, et l'on se trouva en pleine mer.

Tout à coup Marie entendit de grands cris derrière elle ; un bâtiment qui arrivait à pleines voiles avait, par l'ignorance du pilote, touché contre un rocher ; de sorte qu'il s'était ouvert, et, après avoir tremblé et gémi un instant comme un homme blessé, il commençait à s'engloutir au milieu des hurlements de tout son équipage. Marie, épouvantée, pâle, muette et immobile, le regarda s'enfoncer graduellement dans la mer, tandis que le malheureux équipage, à mesure que la carène disparaissait, montait dans les vergues et dans les haubans, afin de retarder son agonie de quelques minutes; enfin, carène, vergues, mâts, tout s'engouffra dans la gueule béante de l'océan. On vit surnager un instant quelques points noirs qui disparurent à leur tour les uns après les autres; puis le flot poussa le flot, et les spectateurs de cet horrible drame, voyant l'océan calme et solitaire, comme si rien ne s'était passé, se demandèrent si ce n'était pas une vision qui leur était apparue, et puis s'était évanouie.

— Hélas! s'écria Marie en se laissant tomber assise, et en appuyant ses deux bras sur la poupe de la galère, quel triste augure pour un si triste voyage! Puis, fixant de nouveau vers le port, qui commençait à s'éloigner, ses yeux séchés un instant par la terreur et qui se mouillèrent de nouveau : — Adieu, France, murmura-t-elle, adieu, France; et pendant cinq heures elle resta ainsi, pleurant et murmurant : « Adieu, France! adieu, France! »

L'obscurité vint, qu'elle se lamentait encore; et alors, comme les objets s'effaçaient, et qu'on l'appelait pour souper : — C'est bien maintenant, ma chère France, dit-elle en se levant, que je vous perds réellement, puisque la nuit jalouse met deuil sur deuil, en jetant un voile noir devant mes yeux. Adieu donc une dernière fois, ma chère France, car jamais je ne vous verrai plus.

A ces mots, elle descendit, disant qu'elle était tout au contraire de Didon, qui, après le départ d'Énée, n'avait plus fait que regarder les flots, tandis qu'elle, Marie, ne pouvait détacher ses regards de la terre. Alors tous firent cercle autour d'elle, pour essayer de la distraire et de la consoler. Mais elle, toujours plus triste, ne pouvant répondre, tant ses larmes l'étouffaient, mangea à peine; et, se faisant dresser un lit dans la traverse de la poupe, elle fit venir le timonier, et lui ordonna, s'il voyait encore la terre au point du jour, de venir la réveiller aussitôt. Et sur ce point, Marie fut favorisée; car le vent ayant calmi, la galère, lorsque revint le jour, se trouva encore en vue de la France.

Ce fut une grande joie pour Marie lorsque, réveillée par le

timonier, qui n'avait point oublié l'ordre reçu, elle se leva sur son lit, et, à travers la fenêtre, qu'elle fit ouvrir, revit une fois encore ce rivage bien-aimé. Mais, sur les cinq heures du matin, le vent ayant fraîchi, la galère s'éloigna rapidement; de sorte que bientôt la terre disparut tout à fait. Alors Marie retomba sur son lit, pâle comme si elle était morte et murmurant encore une fois:

—Adieu, France! je ne te verrai plus.

En effet, c'était dans cette France qu'elle regrettait tant que venaient de s'écouler les plus belles années de sa vie. Née au milieu des premiers troubles de religion, près du lit de son père mourant, le deuil du berceau devait s'étendre pour elle jusqu'à la tombe, et son séjour en France avait été un rayon de soleil dans sa nuit. Calomniée dès sa naissance, le bruit s'était si généralement répandu qu'elle était mal conformée et qu'elle ne pouvait vivre, qu'un jour sa mère, Marie de Guise, lassée de ces faux rapports, la débarrassa de ses langes et la montra nue à l'ambassadeur d'Angleterre, qui venait, de la part de Henri VIII, la demander en mariage pour le prince de Galles, qui n'avait lui-même que cinq ans. Couronnée à neuf mois par le cardinal Beaton, archevêque de Saint-André, elle fut enfermée aussitôt par sa mère, qui craignait pour elle quelque perfidie du roi d'Angleterre, dans le château de Stirling. Deux ans après, ne trouvant pas que cette forteresse lui présentât encore assez de sûreté, elle la transporta dans une île au milieu du lac Menteith, où un monastère, seul édifice qui existât dans ce lieu, servit d'asile à l'enfant royal, et à quatre jeune filles, nées la même année qu'elle, portant comme elle le doux nom qui est l'anagramme du mot aimer, et qui, ne devant la quitter dans sa bonne ni dans sa mauvaise fortune, étaient appelées les *Maries* de la reine. C'étaient Marie Livingston, Marie Fleming, Marie Seyton et Marie Beatoun. Elle resta dans ce monastère jusqu'à l'époque où, le parlement ayant approuvé son mariage avec le dauphin de France, fils de Henri II, elle fut conduite au château de Dumbarton, pour y attendre le moment de son départ. C'est là qu'elle fut remise à M. de Brézé, qui venait la chercher de la part de Henri II. Partie sur les galères françaises mouillées à l'embouchure de la Clyde, Marie, après avoir été vivement poursuivie par la flotte anglaise, entra le 15 août 1548 dans le port de Brest, un an après la mort de François Ier. Outre les quatre Maries de la reine, les vaisseaux amenaient encore en France trois de ses frères naturels, parmi lesquels était le prieur de Saint-André, Jacques Stuart, qui devait plus tard abjurer la foi catholique, et, avec le titre de régent du royaume et sous le nom de comte de Murray, devenir si fatal à la pauvre Marie. De Brest, Marie se rendit à Saint-Germain en Laye, où Henri II, qui venait de monter sur le trône, la combla de caresses, puis l'envoya dans un couvent où étaient élevées les héritières des plus nobles maisons de France. Là, les heureuses dispositions de Marie se développèrent. Née avec le cœur d'une femme et la tête d'un homme, Marie acquit non-seulement tous les talents d'agrément qui constituaient l'éducation d'une future reine, mais encore les sciences positives qui sont le complément de celle d'un habile docteur. Aussi, à l'âge de quatorze ans, elle prononça, dans une salle du Louvre, devant Henri II, Catherine de Médicis et toute la cour, un discours latin de sa composition, dans lequel elle soutenait qu'il sied bien aux femmes de cultiver les lettres, et que c'est une injustice et une tyrannie que d'ôter aux fleurs leurs parfums, en reléguant ainsi les jeunes filles dans les soins de leur intérieur. On comprend de quelle manière une future reine, soutenant une pareille thèse, dût être accueillie dans la cour la plus lettrée et la plus pédante de l'Europe. Entre la littérature de Rabelais et de Marot touchant à son déclin, et celle de Ronsard et de Montaigne, qui marchaient à leur apogée, Marie devint reine de poésie, trop heureuse qu'elle eût été de ne jamais porter d'autre couronne que celle que Ronsard, de Bellay, Maison-Fleur et Brantôme lui posaient chaque jour sur la tête. Mais elle était prédestinée. Au milieu de ces fêtes qu'essayait de ressusciter la chevalerie mourante, arriva la fatale joute des Tournelles : Henri II, frappé d'un éclat de lance au défaut de sa visière, alla se coucher avant l'âge auprès de ses ancêtres, et Marie Stuart monta sur le trône de France, où du deuil de Henri elle passa à celui de sa mère, et du deuil de sa mère à celui de son époux.

Marie ressentit cette dernière perte en femme et en poëte ; son cœur se répandit en larmes amères et en plaintes harmonieuses. Voici les vers qu'elle fit alors :

En mon triste et doux chant,
D'un ton fort lamentable,
Je jette un deuil tranchant
De perte incomparable,
Et en soupirs cuisans
Passe mes meilleurs ans.

Fut-il un tel malheur
De dure destinée,
Ni si triste douleur
De dame fortunée
Qui mon cœur et mon œil
Vois en bière et cercueil?

Qui dans mon doux printemps
Et fleur de ma jeunesse,
Toutes les peines sens
D'une extrême tristesse,
Et en rien n'ai plaisir
Qu'en regret et désir.

Ce qui m'étoit plaisant
Me devient peine dure ;
Le jour le plus luisant
Est pour moi nuit obscure,
Et n'est rien si exquis
Qui de moi soit requis.

J'ai au cœur et à l'œil
Un portrait, une image,
Qui figure mon deuil
Sur mon pâle visage
De violettes teint,
Qui est l'amoureux teint.

Pour mon mal estranger,
Je ne m'arrête en place ;
Mais j'en ai beau changer,

Si ma douleur n'efface :
Car mon pis et mon mieux
Sont les plus déserts lieux.

Si en quelque séjour,
Soit en bois, soit en prée,
Soit sur l'aube du jour,
Ou soit sur la vesprée,
Sans cesse mon cœur sent
Le regret d'un absent.

Si parfois vers les cieux
Viens adresser ma vue,
Le doux trait de ses yeux
Je vois en une nue ;
Si les baisse vers l'eau,
Vois comme en un tombeau.

Si je suis en repos,
Sommeillant sur ma couche,
J'oy qu'il me tient propos,
Je le sens qu'il me touche :
En labeur, en recoy,
Toujours est près de moy.

Je ne vois autre objet,
Si beau qu'il se présente,
A qui que soit subjet
Oncques mon cœur consente :
Exempt de perfection
A cette affection.

Mets chanson icy fin
A si triste complainte
Dont sera le refraiti
Amour vraie et non feinte,
Qui, pour séparation,
N'aura diminution.

« C'était alors, dit Brantôme, qu'il faisait très-beau la voir ;
car la blancheur de son visage luttait avec la blancheur de
son voile à qui l'emporterait ; mais enfin l'artifice de son voile

perdait la partie, et la neige de son blanc visage effaçait l'autre. Car ce fut ainsi, ajoute-t-il, que, du moment où elle fut veuve, je la vis toujours en son pâle teint, tant que j'eus l'honneur de la voir en France et en Écosse, où il lui fallut aller au bout de dix-huit mois, à son très-grand regret, et après sa viduité, pour pacifier son royaume, fort divisé pour sa religion. Hélas ! elle n'en avait pourtant ni envie ni volonté, et je lui ai vu dire souvent et appréhender comme mort ce voyage ; car elle désirait cent fois plus de demeurer en France simple douairière, et se contenter de sa Touraine et de son Poitou pour son douaire, que d'aller régner là en son pays sauvage ; mais messieurs ses oncles, au moins aucuns, car non pas tous, l'en conseillèrent et même l'en pressèrent, qui se repentirent bien après de cette faute. »

Marie obéit, comme nous avons vu, et elle avait commencé son voyage sous de tels auspices, qu'en perdant la terre de vue, elle pensa mourir. C'est alors que de cette âme toute poétique s'exhalèrent ces vers si connus :

> Adieu, plaisant pays de France,
>   O ma patrie
>   La plus chérie,
> Qui as nourri ma jeune enfance !
> Adieu, France ! adieu, mes beaux jours.
> La nef qui disjoint nos amours
> N'a eu de moi que la moitié :
> Une part te reste, elle est tienne ;
> Je la fie à ton amitié,
> Pour que de l'autre il te souvienne.

Cette moitié d'elle-même que Marie laissait en France était le corps de son jeune roi qui avait emporté avec lui tout le bonheur de la pauvre Marie en sa tombe.

Marie n'avait plus qu'un espoir, c'est que la vue d'une flotte anglaise forcerait sa petite escadre à retourner en arrière : mais elle avait ses destins à accomplir. Un brouillard, extraordinaire en cette saison d'été, s'étendit ce jour même sur tout le détroit, et la fit échapper à la croisière ; car ce brouillard était si épais, qu'on ne pouvait voir de la poupe au mât. Il dura toute la journée du dimanche, qui était le lendemain du départ, et ne se leva que le lendemain lundi à huit heures du matin. La petite flotte, qui, pendant tout ce temps, avait navigué au hasard, se trouva au milieu d'une telle quantité d'écueils, que, si le brouillard eût duré quelques minutes de plus, la galère eût certainement touché sur quelque rocher, et eût péri comme le vaisseau qu'on avait vu s'abîmer en sortant du port. Grâce à cette éclaircie, le pilote reconnut les côtes de l'Écosse, et dirigeant avec une grande habileté ses quatre bâtiments à travers les rescifs, il alla le 20 août prendre terre à Leith, où rien n'avait été préparé pour recevoir la reine. Néanmoins, à peine y fut-elle, que les principaux de la ville se réunirent et vinrent la complimenter. Pendant ce temps, on rassemblait à la hâte quelques misérables bidets, dont les harnais tombaient en lambeaux, pour conduire la reine à Édimbourg. A cette vue, Marie ne put s'empêcher de pleurer encore; car elle pensait aux magnifiques palefrois et aux riches haquenées de ses chevaliers et de ses dames de France; et, du premier coup, l'Écosse lui apparaissait dans toute sa misère. Le lendemain, elle devait lui apparaître dans toute sa férocité.

Après avoir passé au château d'Holyrood une nuit pendant laquelle, dit Brantôme, cinq ou six cents marauds de la ville lui vinrent donner, au lieu de la laisser dormir, une aubade enragée sur de méchants violons et de petits rebecs, elle désira entendre la messe. Malheureusement le peuple d'Édimbourg appartenait presque entièrement à la religion réformée; de sorte que, furieux de ce que la reine débutait par cette preuve de papisme, il entra de force dans l'église, armé de couteaux, de pierres et de bâtons, dans l'intention de mettre à mort le pauvre prêtre, qui était son aumônier. Celui-ci quitta l'autel et se réfugia près de la reine, tandis que le frère de Marie, le prieur de Saint-André, qui avait plus de disposition dès cette époque à être soldat qu'ecclésiastique, saisit une épée, et, se mettant entre le peuple et la reine, déclara qu'il tuerait de sa main le premier qui ferait un pas de plus. Cette fermeté, jointe à l'air digne de la reine, arrêta le zèle des nouveaux réformés,

C'est que, comme nous l'avons dit, Marie était arrivée au milieu de toute l'ardeur des premières guerres religieuses. Zélée catholique comme toute sa famille maternelle, elle inspirait aux huguenots les craintes les plus graves : aussi le bruit s'était-il répandu que Marie, au lieu d'aborder à Leith, comme elle y avait été forcée par le brouillard, devait aborder à Aberdeen. Là, disait-on, elle aurait trouvé le comte de Huntly, l'un des pairs restés fidèles à la religion catholique, et qui, après la famille des Hamilton, était le plus proche et le plus puissant allié de la famille royale. Secondée par lui et par vingt mille soldats du nord, elle eût alors marché sur Édimbourg, et rétabli la religion catholique par toute l'Écosse. Les événements ne tardèrent point à prouver que cette accusation était fausse.

Marie aimait beaucoup, comme nous l'avons dit, le prieur de Saint-André, qui était fils de Jacques V et d'une noble descendante des comtes de Mar, qui avait été fort belle dans sa jeunesse, et qui, malgré l'amour bien connu de Jacques V pour elle, et l'enfant qui en avait été le résultat, n'en avait pas moins épousé lord Douglas de Lochleven, dont elle avait eu deux autres fils, l'aîné nommé Williams et le cadet George, lesquels se trouvaient ainsi les demi-frères du régent. Aussi, à peine remontée sur le trône, Marie avait rendu au prieur de Saint-André le titre de comte de Mar, qui était celui de ses ancêtres maternels, et comme celui de comte de Murray était vacant depuis la mort du fameux Thomas Randolph, Marie, dans son amitié fraternelle pour Jacques Stuart, ne tarda point à ajouter ce titre à ceux dont elle l'avait déjà décoré.

Mais ici la chose devenait plus difficile et plus compliquée; car le nouveau comte de Murray, avec le caractère qu'on lui connaît, n'était point homme à se contenter du titre sans les terres : or les terres, qui appartenaient à la couronne depuis l'extinction de la branche masculine des anciens comtes, avaient été peu à peu envahies par des voisins puissants, au nombre desquels se trouvait le fameux comte de Huntly dont nous avons déjà parlé : il en résulta que comme la reine jugea que de ce côté ses ordres pourraient bien éprouver quelque empêchement, elle se mit, sous prétexte de visiter ses possessions du nord, à la tête d'une petite armée commandée par son frère le comte de Mar et de Murray.

Le comte de Huntly fut d'autant moins dupe du prétexte apparent de cette expédition, que son fils, John Gordon, pour quelques abus de pouvoir qu'il avait commis, venait d'être condamné à un emprisonnement temporaire. Il n'en fit pas moins toutes les soumissions possibles à la reine, envoyant des messagers au-devant d'elle, pour l'inviter à venir se reposer dans son château, et de sa personne suivant les messagers, pour lui renouveler de vive voix son invitation. Malheureusement, au moment même où il joignait la reine, le gouverneur d'Inverness, qui était un homme à lui, refusait à Marie l'entrée de ce château, qui cependant était un château royal. Il est vrai que Murray, convaincu qu'il ne fallait pas marchander avec de pareilles rébellions, lui avait déjà fait trancher la tête comme coupable de haute trahison.

Ce nouvel acte de fermeté prouva à Huntly que la jeune reine n'était pas disposée à laisser reprendre par les seigneurs ce pouvoir presque souverain abaissé par son père; de sorte que, malgré l'accueil plein de bienveillance qu'il en reçut, comme il apprit, étant au camp, que son fils, s'étant échappé de sa prison, venait de se mettre à la tête de ses vassaux, il craignit qu'on ne le crût, comme il l'était sans doute, complice de ce soulèvement, et partit dans la nuit même, pour prendre le commandement de ses soldats, décidé, comme Marie n'avait pas avec elle plus de sept à huit mille hommes de troupes, à risquer le hasard d'une bataille, proclamant cependant comme l'avait fait Buccleugh, dans sa tentative pour arracher Jacques V des mains des Douglas, que ce n'était point à la reine qu'il en voulait, mais seulement au régent, qui la tenait sous sa tutelle et faussait ses bonnes intentions.

Murray, qui savait que souvent toute la tranquillité d'un règne dépend de la fermeté qu'on déploie dans ses commencements, convoqua aussitôt tous les barons du nord dont les terres étaient voisines des siennes, pour marcher contre Huntly; tous obéirent, car la maison des Gordon était si puissante déjà, que chacun redoutait qu'elle ne le devînt encore davantage; mais cependant il était visible que s'il y avait haine pour le vassal, il n'y avait pas grande affection pour la reine, et que la plupart étaient venus sans intentions arrêtées et avec le projet de se laisser conduire par les circonstances.

Les deux armées se rencontrèrent près d'Aberdeen : Murray disposa aussitôt les troupes qu'il avait amenées d'Édimbourg, et desquelles il était sûr, au sommet d'une éminence, et disposa en échelons sur le penchant de la colline tous ses alliés du nord : Huntly s'avança résolûment sur eux, et attaqua les montagnards ses voisins, qui, après une courte résistance, se retirèrent en désordre. Aussitôt ses soldats jetèrent leurs lances, et tirant leurs épées, en criant : «Gordon, Gordon!» ils poursuivirent les fuyards, et croyaient déjà avoir gagné la bataille, lorsqu'ils vinrent se heurter tout à coup au corps d'armée de Murray, qui demeura immobile comme un rempart de fer, et qui, avec ses longues lances, eut bon marché de ses adversaires, armés seulement de leurs claymores. Alors ce fut aux Gordon de reculer à leur tour, ce que voyant, les clans du nord se rallièrent et revinrent au combat, chaque soldat ayant pour être reconnu de ses camarades une branche de bruyère à sa toque. Ce mouvement inattendu décida de la bataille : les montagnards roulèrent de la colline comme un torrent, entraînant tout ce qui aurait voulu s'opposer à leur passage. Alors Murray, voyant que le moment était venu de changer la défaite en déroute, donna avec toute sa cavalerie : Huntly, qui était très-gros et très-pesamment armé, tomba et fut écrasé sous les pieds des chevaux. John Gordon, fait prisonnier dans sa fuite, eut trois jours après la tête tranchée à Aberdeen ; enfin son frère, trop jeune pour subir en ce moment le même sort, fut enfermé dans un cachot et exécuté plus tard, le jour même où il eut seize ans.

Marie avait assisté à la bataille, et le calme et le courage qu'elle avait montrés avaient fait une vive impression sur ses sauvages défenseurs, qui, tout le long de la route, lui avaient entendu dire qu'elle aurait voulu être homme pour passer ses jours sur un cheval, ses nuits sous une tente, et pour porter une cotte de mailles sur le corps, un casque sur la tête, un bouclier au bras et une large épée au côté.

Marie fit son entrée à Édimbourg au milieu de l'enthousiasme général ; car cette expédition contre le comte de Huntly, qui était catholique, avait été très-populaire parmi les habitants d'Édimbourg, qui ne se rendaient pas compte des véritables motifs qui l'avaient fait entreprendre. Ils étaient réformés, le comte était papiste : c'était un ennemi de moins ; voilà tout ce qu'ils avaient considéré. Aussi les Écossais, au milieu de leurs acclamations, exprimèrent-ils, soit de vive voix, soit par des requêtes écrites, le désir que leur reine, qui n'avait pas eu d'enfants de François II, se remariât : Marie y consentit, et, cédant aux conseils prudents de ceux qui l'entouraient, elle résolut de consulter sur ce mariage Élisabeth dont, en sa qualité de petite-fille de Henri VII, elle était l'héritière dans le cas où la reine d'Angleterre mourrait sans postérité : malheureusement, elle n'avait pas toujours agi avec une circonspection pareille ; car à la mort de Marie Tudor, que l'on appelait la sanglante Marie, elle avait réclamé le trône de Henri VIII, et, s'appuyant sur l'illégitimité de la naissance d'Élisabeth, avait pris avec le dauphin, le titre de rois d'Écosse, d'Angleterre et d'Irlande, et avait fait frapper des monnaies avec ce titre nouveau et ciseler de la vaisselle avec ces armoiries nouvelles.

Élisabeth avait neuf ans de plus que Marie, c'est-à-dire qu'à cette époque elle n'avait point encore atteint sa trentième année ; elle était donc sa rivale non-seulement comme reine, mais encore comme femme. Sous le rapport de l'éducation, elle pouvait soutenir la comparaison avec avantage ; car si elle avait moins de charme dans l'esprit, elle avait plus de solidité dans le jugement : familière avec la politique, la philosophie, l'histoire, l'éloquence, la poésie et la musique, outre l'anglais, sa langue maternelle, elle parlait et écrivait parfaitement le grec, le latin, le français, l'italien et l'espagnol mais supérieure sur ce point à Marie, Marie à son tour était plus belle et surtout plus séduisante que sa rivale. Élisabeth avait, il est vrai, l'extérieur majestueux et agréable, des yeux vifs et brillants, un teint d'une blancheur éclatante ; mais elle avait les cheveux roux, le pied grand (1) et la main forte, tandis que Marie, au contraire, avec ses beaux cheveux blond cendré (2), son front noble et ouvert, ses sourcils auxquels on

ne pouvait reprocher que d'être si régulièrement arqués,
qu'on les aurait crus tracés au pinceau, ses yeux d'où ruis-
selait incessamment un filtre de flammes, son nez formé avec
toute la précision des lignes grecques, sa bouche si vermeille
et si gracieuse, qu'il semblait que, comme une fleur ne s'ouvre que pour laisser échapper ses parfums, elle ne devait s'ouvrir, elle, que pour faire entendre de douces paroles, avec son
cou blanc et gracieux comme celui du cygne, ses mains d'al-
bâtre, sa taille de déesse et son pied d'enfant, formait un
ensemble auquel le statuaire le plus fanatique de la forme
n'aurait su que reprocher.

Ce fut là le grand et véritable crime de Marie : une seule
imperfection dans le visage ou dans la taille, et elle ne mou-
rait pas sur l'échafaud.

Aussi cette beauté était-elle pour Élisabeth, qui ne l'avait
jamais vue, et qui par conséquent ne pouvait en juger que
par ouï-dire, une grande cause d'inquiétude et de jalousie
qu'elle ne savait pas même dissimuler, et qui se manifestait
sans cesse par des questions et des impatiences. Un jour qu'elle
causait familièrement avec Jacques Melvil de la cause qui
l'amenait à sa cour, et qui était le patronage offert à Élisabeth par Marie Stuart pour le choix d'un époux, choix que la
reine d'Angleterre avait paru désirer d'abord voir se fixer sur
le comte de Leycester, elle conduisit l'ambassadeur écossais
dans un cabinet de travail, où elle lui montra plusieurs portraits avec des étiquettes écrites de sa propre main : le premier était celui du comte de Leycester. Comme ce seigneur
était justement le prétendant désigné par Élisabeth, Melvil
demanda ce portrait à la reine pour le faire voir à sa maîtresse; mais Élisabeth le lui refusa en lui disant que c'était
le seul qu'elle eût. Melvil alors lui répondit en souriant
qu'ayant l'original, elle pouvait bien se dessaisir de la copie;
mais pour rien au monde Élisabeth n'y voulut consentir.
Cette petite discussion terminée, elle lui montra le portrait de
Marie Stuart, qu'elle baisa fort tendrement, témoignant à
Melvil grande envie de voir sa maîtresse. — Cela est bien
facile, madame, répondit celui-ci; faites garder votre chambre
sous le prétexte que vous êtes indisposée, et partez incognito

pour l'Écosse, comme a fait le roi Jacques V pour la France, lorsqu'il voulut voir Madeleine de Valois, qu'il épousa depuis.

— Hélas! répondit Élisabeth, je le voudrais bien; mais cela n'est pas aussi facile que vous le croyez. Dites néanmoins à votre reine que je l'aime tendrement, et que je veux que nous vivions plus amies que nous ne l'avons fait encore jusqu'à présent. — Puis passant à un sujet qu'elle paraissait depuis longtemps avoir envie d'aborder : — Voyons, Melvil, continua-t-elle, dites-moi franchement : ma sœur est-elle aussi belle qu'on le dit? — Elle passe pour fort belle, répondit Melvil; mais je ne puis en donner une idée à votre majesté, n'ayant pas de point de comparaison. — Je vais vous en donner un, dit la reine : est-elle plus belle que moi? — Madame, répondit Melvil, vous êtes la plus belle de l'Angleterre, et Marie Stuart est la plus belle de l'Écosse. — Enfin, laquelle des deux est la plus grande? demanda Élisabeth, que cette réponse, si habile qu'elle fût, ne satisfaisait pas entièrement. — C'est ma maîtresse, madame, reprit Melvil; je suis forcé de l'avouer. — Alors, elle l'est donc trop, dit aigrement Élisabeth, car je suis de la plus grande taille. Et, continua-t-elle, quels sont ses amusements favoris? — Madame, répondit Melvil, c'est la chasse, l'équitation, le luth et le clavecin.

— Est-ce qu'elle est forte sur ce dernier instrument? demanda Élisabeth.

— Mais oui, madame, dit Melvil; assez forte pour une reine.

La conversation en resta là; mais comme Élisabeth était elle-même excellente musicienne, elle chargea milord Husden d'introduire Melvil chez elle au moment où elle serait à son clavecin, afin qu'il pût l'entendre sans qu'elle eût cependant l'air de jouer pour lui. En effet, le même jour, Husden, conformément à ses instructions, conduisit l'ambassadeur dans une galerie qui n'était séparée de l'appartement de la reine que par une tapisserie; de sorte que, l'introducteur l'ayant soulevée, Melvil put entendre à loisir Élisabeth, qui ne se retourna que lorsqu'elle eut achevé le grand morceau qu'elle était en train de jouer, au reste, avec beaucoup de talent. En apercevant Melvil, elle feignit d'entrer dans une grande colère, et voulut même le battre; mais cette colère se calma peu à peu devant les compliments de l'ambassadeur, et finit par tomber lorsqu'il lui avoua que Marie Stuart n'était point de force. Mais ce n'était pas tout : fière de ce triomphe, Élisabeth voulut encore que Melvil la vît danser. En conséquence, elle retarda ses dépêches de deux jours pour qu'il pût assister à un bal qu'elle donnait. Ces dépêches, comme nous l'avons dit, contenaient le désir que Marie Stuart épousât Leycester; mais cette proposition ne pouvait être prise au sérieux. Leycester, dont le mérite personnel était d'ailleurs assez médiocre, était d'une naissance trop inférieure pour prétendre à la main de la fille de tant de rois : Marie répondit donc qu'une pareille alliance ne pouvait lui convenir.

Sur ces entrefaites, il arriva à la cour une étrange et tragique histoire.

Parmi les seigneurs qui avaient suivi Marie Stuart en Écosse, était, comme nous l'avons dit, un jeune gentilhomme nommé Chatelard, véritable type de la noblesse de cette époque, neveu de Bayard par sa mère, poëte et chevalier, plein de talent et de courage, et appartenant au maréchal Damville, de la maison duquel il faisait partie. Grâce à cette position élevée, Chatelard avait, pendant tout le temps de son séjour en France, fait sa cour à Marie Stuart, qui n'avait jamais vu dans les hommages qu'il lui rendait en vers autre chose que ces déclarations poétiques et galantes, en usage à cette époque, et dont elle surtout était chaque jour accablée. Or, il arriva que vers le temps où Chatelard était le plus amoureux de la reine, elle fut, comme nous l'avons dit, forcée de quitter la France. Alors le maréchal Damville, qui ignorait la passion de Chatelard, et qui lui-même, encouragé par le bon accueil de Marie, s'était mis sur les rangs pour succéder comme époux à François II, partit pour l'Écosse avec la pauvre exilée, emmenant avec lui Chatelard, et, ne s'imaginant point trouver un rival en lui, lui fit confidence de sa passion, et le laissa près de Marie lorsqu'il fut forcé de la quitter, chargeant le jeune poëte de maintenir auprès d'elle les intérêts de son amour. Cette charge de confident rapprocha donc encore Chatelard de Marie; et comme, en sa qualité de poëte, la reine le traitait en frère, il s'enhardit dans sa passion au point de tout risquer pour obtenir un autre titre. En conséquence, il s'introduisit un soir dans la chambre de Marie Stuart, et se cacha sous le lit ; mais au moment où la reine commençait à se déshabiller, un petit chien qu'elle avait se mit à japper avec une telle force que les femmes accoururent à ses aboiements, et, suivant du regard la direction qu'ils indiquaient, aperçurent Chatelard. Une femme pardonne facilement un crime dont trop d'amour est l'excuse ; Marie Stuart était femme avant d'être reine, elle pardonna.

Mais cette bonté ne fit qu'augmenter la confiance de Chatelard ; il attribua la réprimande qu'il avait reçue à la présence des femmes de la reine, et supposa que si elle eût été seule, elle lui eût pardonné plus complétement encore : de sorte que trois semaines après cette même scène se renouvela. Mais cette fois, Chatelard, surpris dans une armoire quand la reine était déjà couchée, fut remis aux mains des gardes.

Le moment était mal choisi : un pareil scandale, au moment où la reine allait se remarier, était fatal à Marie s'il n'était fatal à Chatelard. Murray prit en main l'affaire, et pensant qu'un procès public pourrait seul sauver la réputation de sa sœur, il poussa l'accusation avec tant de vigueur que Chatelard, convaincu du crime de lèse-majesté, fut condamné à mort. Marie fit quelques instances auprès de son frère pour que Chatelard fût renvoyé en France ; mais Murray lui fit voir quelles terribles conséquences pourrait avoir un pareil emploi de son droit de grâce, de sorte que Marie fut forcée de laisser la justice poursuivre son cours : Chatelard fut conduit au supplice.

Arrivé sur l'échafaud, qui était dressé devant le palais de la reine, Chatelard, qui avait refusé l'aide d'un prêtre, se fit lire l'ode de Ronsard sur la mort ; et lorsque la lecture, qu'il suivit avec un plaisir évident, fut terminée, il se tourna vers les fenêtres de la reine, et s'étant écrié une dernière fois : « Adieu, la plus belle et la plus cruelle princesse du monde, » il tendit son cou à l'exécuteur, sans manifester aucun repentir ni pousser aucune plainte. Cette mort impressionna d'autant plus la reine qu'elle n'osa y compatir ouvertement.

Pendant ce temps, le bruit s'était répandu que la reine

d'Écosse consentait à un nouveau mariage, et plusieurs prétendants se présentèrent, qui étaient issus des premières maisons souveraines d'Europe : ce fut d'abord l'archiduc Charles, troisième fils de l'empereur d'Allemagne; puis le prince héréditaire d'Espagne, don Carlos, le même qui fut mis depuis à mort par son père; puis le duc d'Anjou, qui devint ensuite Henri III. Mais épouser un prince étranger, c'était renoncer à ses droits sur la couronne d'Angleterre. Marie refusa donc, et, se faisant honneur de ce refus auprès d'Élisabeth, elle jeta les yeux sur un parent de cette dernière, nommé Henry Stuart lord Darnley, et qui était le fils du comte de Lennox.

Élisabeth, qui ne pouvait rien dire de plausible contre ce mariage, puisque la reine d'Écosse choisissait non-seulement un Anglais pour époux, mais encore prenait cet époux dans sa propre famille, permit au comte de Lennox et à son fils de se rendre à la cour d'Écosse, se réservant, si les affaires lui paraissaient prendre une tournure sérieuse, de les rappeler tous deux auprès d'elle, ordre auquel ils seraient bien forcés d'obéir, puisque tous leurs biens étaient en Angleterre.

Darnley avait dix-huit ans : il était beau, bien fait, élégant; il possédait ce séduisant jargon des jeunes seigneurs de la cour de France et d'Angleterre que Marie avait cessé d'entendre depuis son exil en Écosse; elle se laissa prendre à ces apparences, et ne s'aperçut point que sous cette écorce brillante Darnley cachait une nullité profonde, un courage équivoque et un caractère changeant et brutal. Il est vrai de dire qu'il était arrivé jusqu'à elle sous les auspices d'un homme dont l'influence était aussi singulière que l'élévation même qui lui donnait l'occasion de l'exercer. Nous voulons parler de David Rizzio.

David Rizzio, qui a joué un si grand rôle dans la vie de Marie Stuart, et dont la faveur étrange a donné, sans cause probable, à ses ennemis de si cruelles armes contre elle, était le fils d'un musicien de Turin chargé d'une nombreuse famille, qui, lui reconnaissant un goût prononcé pour la musique, lui avait appris les principes de cet art. A l'âge de quinze ans il avait quitté la maison paternelle, et s'était rendu à pied à Nice, où le duc de Savoie tenait sa cour; là, il était entré au service du duc de Moreto, et ce seigneur ayant été nommé, quelques années après, à l'ambassade d'Ecosse, Rizzio le suivit dans ce royaume. Comme ce jeune homme avait une fort belle voix, et jouait sur la viole et le rebec des chansons dont il composait les airs et les paroles, l'ambassadeur en parla à Marie, qui désira le voir. Rizzio, plein de confiance en lui-même, voyant dans ce désir de la reine un moyen de parvenir, s'empressa de se rendre à son ordre, chanta devant elle et lui plut. Elle le demanda alors à Moreto, sans plus d'importance qu'elle n'en eût mis à lui demander un chien de race ou un faucon bien dressé. Moreto le lui donna, enchanté de trouver cette occasion de lui faire sa cour; mais à peine fut-il à son service, que Marie s'aperçut que la musique était le moindre de ses talents, et qu'il avait, outre cela, une instruction sinon profonde, du moins variée, l'esprit souple, l'imagination vive, les manières douces, et en même temps beaucoup de hardiesse et de suffisance. Il lui rappelait ces artistes d'Italie qu'elle avait vus à la cour de France, et lui parlait la langue de Marot et de Ronsard, dont il savait par cœur les plus belles poésies : c'était plus qu'il n'en fallait pour plaire à Marie Stuart. En peu de temps il devint son favori, et sur ces entrefaites, la place de secrétaire des dépêches françaises étant venue à vaquer, Rizzio en fut pourvu.

Darnley, qui voulait réussir à tout prix, mit donc Rizzio dans ses intérêts, ignorant qu'il n'avait pas besoin de cet appui; et comme de son côté, Marie, qui à la première vue s'était prise d'amour pour lui, craignant quelque nouvelle intrigue d'Élisabeth, hâtait, autant que les convenances le permettaient, cette union, les choses allèrent avec une merveilleuse rapidité, et au milieu de la joie publique, avec l'approbation de la noblesse, moins une faible minorité, à la tête de laquelle était Murray, le mariage fut célébré le 29 juillet 1565, sous les plus heureux auspices. La surveille, Darnley et le comte de Lennox, son père, avaient reçu l'ordre de retourner à Londres, et comme ils n'avaient pas obéi, huit jours après la célébration du mariage, ils apprirent que la comtesse de Lennox, la seule personne de leur famille qui fût restée au pouvoir d'Élisabeth, avait été arrêtée et conduite à la tour. Ainsi Élisabeth, malgré sa dissimulation, cédant à ce premier mouvement de violence qu'elle avait toujours si grand'peine à vaincre, venait de mettre à jour tous ses ressentiments.

Cependant Élisabeth n'était point femme à se contenter d'une vengeance inutile : aussi elle relâcha bientôt la comtesse et tourna les yeux vers Murray, le plus mécontent des lords de l'opposition et qui perdait à ce mariage toute son influence personnelle ; il ne fut donc pas difficile à Élisabeth de lui mettre les armes à la main. Effectivement, après avoir échoué dans une première entreprise qu'il fit pour s'emparer de Darnley, il appela à lui le duc de Chatellerault, Glaincairn, Argyle et Rothes, et, rassemblant ce qu'ils purent de partisans, ils se mirent en révolte ouverte contre la reine. Ce fut là le premier acte ostensible de cette inimitié qui fut depuis si fatale à Marie.

La reine, de son côté, fit un appel à sa noblesse, qui se hâta d'y répondre et de se ranger autour d'elle ; de sorte qu'au bout d'un mois, elle se trouva entourée de la plus belle armée que jamais roi d'Écosse ait levée. Darnley se mit à la tête de cette magnifique assemblée, monté sur un superbe cheval, couvert d'une armure dorée, et accompagné de la reine, qui, vêtue en amazone, et des pistolets à l'arçon de sa selle, voulut faire cette campagne avec lui, pour ne pas le quitter d'un instant. Tous deux étaient jeunes, tous deux étaient beaux, et ils sortirent d'Édimbourg au milieu des acclamations du peuple et de l'armée.

Murray et ses complices n'essayèrent pas même de tenir, et la campagne se passa en marches et contre-marches si rapides et si compliquées, qu'on appela cette insurrection *Run about Raid*, c'est-à-dire la Course en tous sens. — Murray et les rebelles se retirèrent en Angleterre, où Élisabeth, tout en paraissant blâmer leur échauffourée, leur fit passer tous les secours dont ils avaient besoin.

Marie revint à Édimbourg toute joyeuse du succès des deux premières campagnes qu'elle avait faites, ne se doutant pas que cette nouvelle faveur de la fortune était la dernière qu'elle dût en recevoir, et que là s'arrêtaient ses courtes prospérités. En effet, bientôt elle s'aperçut qu'elle s'était donné dans Darnley, non pas, comme elle l'avait cru, un époux galant et empressé, mais un maître impérieux et brutal, qui, n'ayant plus aucun motif de se cacher aux yeux de sa femme, se montra tel qu'il était, c'est-à-dire plein de vices honteux, parmi lesquels l'ivrognerie et la débauche étaient les moindres. Aussi de graves différends ne tardèrent-ils point à éclater dans ce royal ménage.

Darnley, en épousant Marie, n'était pas devenu roi, mais seulement mari de la reine. Il fallait, pour lui conférer une autorité à peu près égale à celle d'un régent, que Marie lui accordât ce qu'on appelait la couronne matrimoniale, couronne que, pendant sa courte royauté, avait portée François II, et que Marie, d'après la conduite de Darnley à son égard, n'avait aucunement l'intention de lui accorder. Aussi, quelques instances qu'il fît, et sous quelque forme qu'il les enveloppât, Marie n'y répondit-elle que par un refus constant et obstiné. Darnley, étonné de cette force de volonté dans une jeune reine qui l'avait aimé au point de l'élever jusqu'à elle, et ne croyant point qu'elle la puisât en elle-même, chercha autour d'elle quel conseiller secret et influent pouvait la lui inspirer. Ses soupçons se fixèrent sur Rizzio.

En effet, à quelque cause (et ce point chez les historiens les plus clairvoyants est constamment resté obscur) que Rizzio dût son influence, soit qu'il commandât comme amant, soit qu'il conseillât comme ministre, ses avis, tant qu'il vécut, furent toujours donnés pour la plus grande gloire de la reine. Parti de si bas, il voulait au moins se montrer digne d'être arrivé si haut, et devant tout à Marie, il essayait en dévouement de lui rendre tout ce qu'il lui devait. Darnley ne s'était donc pas trompé, et c'était bien Rizzio qui, désespéré d'avoir été pour quelque chose dans une union qu'il prévoyait devoir devenir si malheureuse, donnait à Marie le conseil de n'abandonner aucune partie de son pouvoir à celui qui possédait déjà beaucoup plus qu'il ne méritait, en possédant sa personne.

Darnley, comme tous les hommes d'un caractère à la fois

faible et violent, niait chez les autres la persistance de la volonté, si cette volonté n'était pas soutenue par une influence
étrangère. Il crut donc qu'en se débarrassant de Rizzio, il ne
pouvait manquer de gagner sa cause, puisque lui seul, pen-
sait-il, s'opposait à ce que cette couronne matrimoniale, objet
ardent de ses désirs, lui fût accordée. En conséquence, comme
Rizio était d'autant plus haï de la noblesse qu'il s'était élevé
au-dessus d'elle par son propre mérite, il ne fut pas difficile à
Darnley d'organiser un complot, et James Douglas de Morton,
chancelier du royaume, consentit à en être le chef.

C'est la seconde fois, depuis le commencement de ce récit,
que nous écrivons ce nom de Douglas, si souvent prononcé
dans l'histoire d'Écosse, et qui, à cette époque, éteint dans la
branche aînée, que l'on appelait les Douglas Noirs, se perpé-
tuait dans la branche cadette, que l'on appelait les Douglas
Roux. C'était une antique, noble et puissante famille, qui,
lorsque la descendance mâle de Robert Bruce avait disparu,
disputa la royauté au premier des Stuarts, et qui, depuis ce
temps, avait constamment côtoyé le trône, tantôt son soutien,
tantôt son ennemie, jalousant toute grande maison, car toute
grandeur lui portait ombrage, et surtout celle des Hamilton,
qui, sinon son égale, était du moins la plus puissante après
elle.

Pendant tout le règne de Jacques V, grâce à la haine que
leur portait le roi, les Douglas avaient non-seulement perdu
toute leur influence, mais encore ils avaient été exilés en Angleterre. Cette haine venait de ce qu'ils s'étaient emparés de
la tutelle du jeune prince, et l'avaient gardé prisonnier jusqu'à l'âge de quinze ans. Alors, avec l'aide d'un de ses pages,
Jacques V s'était sauvé de Falkland, et avait gagné Stirling,
dont le gouverneur était dans ses intérêts. Puis, à peine arrivé dans ce château, il avait fait proclamer que tout Douglas
qui en approcherait à douze milles de distance serait poursuivi comme coupable de haute trahison. Ce ne fut pas tout,
il obtint un arrêt du parlement qui les déclara coupables de
forfaiture et les condamna à l'exil ; ils demeurèrent donc pros-
crits tant que le roi vécut, et ne rentrèrent en Écosse qu'à
sa mort. Il en résultait que, quoiqu'ils eussent été rappelés

autour du trône, et qu'ils y occupassent, grâce à l'influence qu'avait eue Murray qui, on se le rappelle, était Douglas par sa mère, les emplois les plus importants, ils n'avaient point pardonné à la fille la haine que leur portait le père.

Voilà pourquoi James Douglas, tout chancelier du royaume qu'il était, et par conséquent chargé de faire exécuter les lois, se mit à la tête d'un complot qui avait pour but la violation de toutes les lois divines et humaines.

La première idée de Douglas avait été de traiter Rizzio, comme avaient été traités les favoris de Jacques III au pont de Lauder, c'est-à-dire de lui faire faire une apparence de procès, et de le pendre ensuite. Mais une pareille mort ne suffisait pas à la vengeance de Darnley; comme c'était surtout la reine qu'il voulait punir dans la personne de Rizzio, il exigea que le meurtre eût lieu en présence de la reine.

Douglas s'associa lord Rutwen, sybarite paresseux et débauché, qui promit de pousser le dévouement, en cette circonstance, jusqu'à mettre une cuirasse; puis, sûr de cet important complice, il s'occupa de trouver d'autres agents.

Cependant le complot ne put point se tramer si secrètement qu'il n'en transpirât quelque chose : aussi Rizzio reçut-il plusieurs avis qu'il méprisa. Sir Jacques Melvil, entre autres, essaya de toutes les façons possibles de lui faire comprendre les périls que courait, dans une cour jalouse et sauvage comme celle d'Écosse, un étranger qui jouissait d'une confiance si absolue : Rizzio reçut ses allusions en homme résolu à ne point se les appliquer; et sir Jacques Melvil, convaincu qu'il en avait fait assez pour l'acquit de sa conscience, n'insista point davantage.

Alors vint un prêtre français qui passait pour un fort habile astrologue, qui se fit introduire jusqu'auprès de Rizzio, et le prévint que les astres annonçaient qu'il était en péril de mort, et qu'il eût surtout à sa défier d'un certain bâtard. Rizzio répondit que, du jour où il avait été honoré de la confiance de sa souveraine, il avait fait d'avance le sacrifice de sa vie à sa position; que cependant, depuis ce temps, il avait pu s'apercevoir que les Écossais étaient, en général, prompts à la menace et lents à l'effet; que, quant au bâtard dont il lui parlait, et qui sans doute était le comte de Murray, il aurait soin qu'il n'entrât jamais assez loin en Écosse pour que son épée pût l'atteindre, fût-elle longue de Dumfries à Édimbourg; ce qui voulait dire, en d'autres termes, que Murray resterait exilé toute sa vie en Angleterre, puisque Dumfries était une des premières places de la frontière.

Pendant ce temps, le complot marchait toujours son train, et Douglas et Ruthwen, ayant réuni leurs complices et pris leurs mesures, vinrent trouver Darnley, afin d'arrêter le pacte. Pour prix du service sanglant qu'ils rendaient au roi, ils exigèrent de celui-ci la promesse d'obtenir le pardon de Murray et des seigneurs compromis comme lui dans l'affaire de la *Course en tous sens*. Darnley promit tout ce que l'on voulut, et un courrier fut envoyé à Murray, pour lui dire quelle était l'expédition qui se préparait, et l'inviter à se tenir prêt à rentrer en Écosse au premier avis qu'il en recevrait. Puis, ce point terminé, on fit signer à Darnley un écrit par lequel il reconnaissait qu'il était l'auteur et le chef de l'entreprise. Les autres assassins étaient le comte de Morton, le comte de Ruthwen, Georges Douglas, bâtard d'Angus, Lindley et André Karrew. Le reste se composait de soldats, véritables machines à meurtres, qui ne savaient pas même de quoi il s'agissait. Darnley se réserva de fixer le moment.

Le surlendemain du jour où ces conventions furent arrêtées, Darnley, ayant été averti que la reine était seule avec Rizzio, voulut s'assurer par lui-même du degré de faveur dont le ministre jouissait auprès d'elle. En conséquence, il se rendit à son appartement par une petite porte dont il avait toujours la clef sur lui; mais la clef eut beau tourner dans la serrure, la porte ne s'ouvrit point. Alors Darnley frappa en se nommant; mais tel était le mépris où il était tombé près de sa femme, que Marie le laissa dehors, quoique, en supposant qu'elle eût été seule avec Rizzio, elle eût eu tout le temps de le faire sortir. Darnley, poussé à bout par ce dernier événement, fit venir Morton, Ruthwen, Lennox, Lindley et le bâtard de Douglas, et fixa l'assassinat de Rizzio au surlendemain.

Ils venaient d'en arrêter tous les détails, et de se distribuer les rôles que chacun devait jouer dans cette sanglante tragédie, lorsque tout à coup, et au moment où l'on s'y attendait le moins, la porte s'ouvrit, et Marie Stuart parut sur le seuil.

— Milords, dit-elle, il est inutile que vous teniez des conseils secrets. Je suis instruite de vos complots, et, avec l'aide de Dieu, j'y appliquerai bientôt le remède.

A ces mots, et avant que les conjurés eussent eu le temps de se reconnaître, elle referma la porte, et disparut comme une vision éphémère, mais menaçante. Tous demeurèrent interdits. Morton retrouva le premier la parole.

— Milords, dit-il, nous jouons ici un jeu de vie et de mort, et cela non pas au plus habile et au plus fort, mais au plus prompt. Si nous ne perdons pas cet homme, nous sommes perdus. Ce n'est donc pas après-demain qu'il faut le frapper, mais bien ce soir.

Tous applaudirent, jusqu'à Ruthwen, qui, tout pâle et tout fiévreux qu'il était encore d'une maladie de débauche, promit de ne pas demeurer en arrière. Le seul point qui fut changé à la proposition de Morton, c'est que le meurtre n'aurait lieu que le lendemain, car, de l'avis de tous, il ne fallait rien moins qu'un jour d'intervalle pour rassembler les conjurés subalternes, dont le nombre se montait à cent cinquante.

Le lendemain, qui était le samedi 9 mars 1566, Marie Stuart, qui avait hérité de son père Jacques V la haine de l'étiquette et le besoin de la liberté, avait invité à souper avec elle six personnes, au nombre desquelles était Rizzio. Darnley, dès le matin averti de cette circonstance, en prévint aussitôt les conjurés, leur faisant savoir qu'il les introduirait lui-même dans le palais de six à sept heures du soir. Les conjurés répondirent qu'ils seraient prêts.

La matinée avait été sombre et tempestueuse, comme le sont en Écosse presque toutes les premières journées du printemps, et vers le soir la neige et le vent avaient redoublé d'épaisseur et de force. Marie était donc restée renfermée avec Rizzio, et Darnley, qui s'était avancé plusieurs fois jusqu'à la porte secrète, avait pu entendre le son des instruments et la voix du favori, qui chantait ces douces mélodies qui se sont perpétuées jusqu'à nos jours, et que le peuple d'Édim-

bourg lui attribue encore. Ces mélodies étaient pour Marie
un souvenir de son séjour de la France, dont les artistes venus
à la suite des Médicis avaient déjà fait un écho de l'Italie;
mais pour Darnley elles étaient une insulte, et chaque fois il
s'était retiré plus affermi dans son dessein.

A l'heure dite, les conjurés qui avaient reçu dans la journée le mot de passe, frappèrent à la porte du château, et y
furent reçus avec d'autant moins de difficulté, que Darnley
lui-même, enveloppé dans un grand manteau, les attendait à
la poterne par laquelle ils furent introduits. Aussitôt les cent
cinquante soldats se glissèrent dans une cour intérieure, où
ils se rangèrent sous des hangars, autant pour se garantir du
froid que pour n'être pas vus sur la neige dont le sol était
couvert. Une fenêtre ardemment éclairée donnait sur cette
cour; c'était celle du cabinet de la reine : au premier signal
qui leur serait donné par cette fenêtre, les soldats devaient
enfoncer la porte et venir au secours des chefs de la conspiration.

Ces instructions données, Darnley conduisit Morton, Ruthwen, Lennox, Lindlay, André Karrew et le bâtard de Douglas,
dans la chambre contiguë au cabinet, et qui n'en était séparée que par une tapisserie qui pendait devant la porte. De là
on pouvait entendre tout ce qui se disait, et d'un seul bond
tomber au milieu des convives.

Darnley les laissa dans cette chambre, en leur recommandant le silence; puis, leur donnant comme signal d'entrée le
moment où ils l'entendraient crier : *A moi, Douglas!* il fit
le tour par le corridor secret, afin qu'en le voyant entrer par
sa porte accoutumée, la reine ne prît pas de soupçons de
cette visite imprévue.

Marie était à souper avec six personnes, ayant, disent de
Thou et Melvil, Rizzio assis à sa droite; tandis qu'au contraire, Campden assure qu'il mangeait debout à un buffet. La
conversation était gaie et familière; car chacun s'abandon-
nait à ce bien-être qu'on éprouve à se sentir bien clos et bien
couvert, assis à une table somptueuse, quand la neige vient
battre les fenêtres et que le vent mugit dans les cheminées.
Tout à coup Marie, étonnée que le silence le plus profond suc-

cédât aux paroles vives et animées que les convives échangeaient entre eux depuis le commencement du souper, et soupçonnant, à la direction de leurs regards, que la cause de leur inquiétude était derrière elle, se retourna, et aperçut Darnley appuyé au dossier de son fauteuil. La reine tressaillit; car, quoique son mari eût le sourire sur les lèvres, ce sourire avait pris, en regardant Rizzio, une expression si étrange, qu'il était évident que quelque chose de terrible allait se passer. Au même instant, Marie entendit dans la chambre voisine un pas lourd et traînant qui s'approchait du cabinet, puis la tapisserie se souleva, et lord Ruthwen, couvert de son armure, dont il pouvait à peine soutenir le poids, pâle comme un fantôme, apparut sur le seuil de la porte, et tirant en silence son épée, il s'appuya dessus. La reine crut qu'il était en délire.

— Que voulez-vous, milord? lui dit-elle; et pourquoi venez-vous au palais armé ainsi? — Demandez cela au roi, madame, répondit Ruthwen d'une voix sourde. C'est à lui de vous répondre. — Expliquez-vous, milord, demanda Marie en se retournant vers Darnley; que signifie un pareil oubli des convenances? — Cela signifie, madame, répondit Darnley en montrant du doigt Rizzio, qu'il faut que cet homme sorte d'ici à l'instant même. — Cet homme est à moi, milord, dit Marie en se levant fièrement, et par conséquent n'a d'ordre à recevoir que de moi.

— A moi, Douglas! cria Darnley.

A ces mots, les conjurés, qui, depuis quelques instants, s'étaient rapprochés de Ruthwen, craignant, tant était versatile le caractère de Darnley, qu'il ne les eût fait venir inutilement et n'osât point prononcer le signal, se précipitèrent avec tant de rapidité dans la chambre, qu'ils renversèrent la table. Alors David Rizzio, voyant que c'était à lui que l'on en voulait, se jeta derrière la reine, à genoux, saisissant le bas de sa robe, et criant en italien : *Giustizia! giustizia!* En effet, la reine, fidèle à son caractère, ne se laissant pas intimider par cette invasion terrible, se mit devant Rizzio, et l'abrita derrière sa majesté. Mais elle comptait trop sur le respect de cette noblesse habituée depuis cinq siècles à lutter corps à corps avec ses rois. André Karrew lui mit un poignard sur la poitrine, et la menaça de la tuer si elle s'obstinait plus longtemps à défendre celui dont la mort était résolue. Alors Darnley, sans égards pour la grossesse de la reine, la prit à bras le corps et l'enleva de devant Rizzio, qui resta à genoux, pâle et tremblant, tandis que le bâtard de Douglas, vérifiant la prédiction de l'astrologue, qui avait averti Rizzio de se défier d'un certain bâtard, tirant le propre poignard du roi, l'enfonça dans la poitrine du ministre, qui tomba blessé, mais non pas mort. Aussitôt Morton le prit par les pieds et le tira du cabinet dans la chambre, laissant sur le plancher cette longue trace de sang que l'on y montre encore; puis, arrivé là, chacun se rua sur lui comme à une curée, et s'acharna au cadavre, qui fut percé de vingt-cinq coups de poignard. Pendant ce temps, Darnley maintenait la reine, qui, croyant que tout n'était point fini, ne cessait de crier grâce. Mais Ruthwen reparut, plus pâle que la première fois, et à la demande de Darnley, qui s'informait si Rizzio était mort, il fit de la tête un signe affirmatif; puis, comme dans l'état de convalescence où il était, il ne pouvait supporter une plus longue fatigue, il s'assit, quoique la reine, que Darnley avait enfin lâchée, fût restée debout à la même place. A ce coup, Marie ne put se contenir.

— Milord! cria-t-elle, qui vous a permis de vous asseoir devant moi, et d'où vous vient une pareille insolence? — Madame, répondit Ruthwen, ce n'est point par insolence, mais par faiblesse, que j'en agis ainsi; car je viens de prendre, pour rendre service à votre mari, plus d'exercice que les médecins ne me le permettent. Puis, se retournant vers un valet : — Donnez-moi un verre de vin, dit-il en montrant, avant de le remettre dans la gaîne, son poignard tout sanglant à Darnley; car voilà la preuve que je l'ai bien gagné. — Le valet obéit, et Ruthwen vida son verre avec autant de tranquillité que s'il venait d'accomplir l'action la plus innocente. — Milord! dit alors la reine en faisant un pas vers lui, il se peut que, comme je suis une femme, malgré le désir et la volonté que j'en ai, je ne trouve jamais l'occasion de vous rendre ce que vous me faites; mais, ajouta-t-elle en rappant avec énergie son ventre de sa main, celui que je porte là, et dont vous eussiez dû respecter les jours, puisque vous respectez si peu ma majesté, me vengera un jour de toutes ces insultes. — Puis, avec un geste à la fois superbe et menaçant, elle se retira par la porte de Darnley, qu'elle referma derrière elle.

En ce moment, on entendit une grande rumeur dans la chambre de la reine. Huntly, d'Athole et Bothwell, que nous allons bientôt voir jouer un rôle si important dans la suite de cette histoire, soupaient réunis dans un autre vestibule du palais, lorsque tout à coup ils avaient entendu des clameurs et des bruits d'armes; de sorte qu'ils étaient accourus en toute hâte, et que d'Athole, qui marchait le premier, ayant heurté du pied, sans savoir qui il était, le cadavre de Rizzio, qui était étendu au haut de l'escalier, ils avaient cru, en voyant un homme assassiné, qu'on en voulait aux jours du roi et de la reine, et avaient mis l'épée à la main pour forcer la porte que gardait Morton. Mais dès que Darnley put comprendre ce dont il s'agissait, il s'élança du cabinet, suivi de Ruthwen, et se montrant aux nouveaux venus : — Milords, dit-il, la personne de la reine et la mienne sont en sûreté, et il ne s'est rien passé ici que par nos ordres. Retirez-vous donc, vous en saurez davantage lorsqu'il en sera temps. Quant à celui-ci, ajouta-t-il en soulevant la tête de Rizzio par les cheveux, tandis que le bâtard de Douglas éclairait avec une torche sa figure afin qu'on pût la reconnaître, voyez qui il est, et si c'est la peine de vous faire pour lui une mauvaise affaire. — Effectivement, dès que Huntley, d'Athole et Bothwell eurent reconnu le ministre musicien, ils remirent leurs épées au fourreau, et ayant salué le roi, se retirèrent.

Marie était sortie avec une seule pensée dans le cœur, la vengeance. Mais elle avait compris qu'elle ne pouvait se venger à la fois de son mari et de ses compagnons : elle mit donc en œuvre toutes les séductions de son esprit et de sa beauté pour détacher le roi de ses complices. La chose ne lui fut pas difficile : lorsque cette furie brutale qui emportait souvent Darnley au delà de toute limite fut calmée, il s'épouvanta lui-même du crime qu'il avait commis, et tandis que les assassins, réunis à Murray, décidaient qu'on lui donnerait cette couronne matrimoniale tant ambitionnée, Darnley, aussi léger que violent, aussi pusillanime que cruel, passait, dans la chambre même de Marie, en face du sang à peine essuyé, un autre traité, par lequel il s'engageait à livrer ses complices. En effet, trois jours après l'événement que nous venons de raconter, les meurtriers apprirent une étrange nouvelle, c'est que Darnley et Marie, accompagnés de lord Seyton, s'étaient échappés ensemble du palais d'Holyrood. Trois jours encore après, une proclamation signée de Marie et datée de Dumbar parut, qui appelait autour de la reine, en son nom et en celui du roi, tous les nobles et tous les barons d'Écosse, y compris ceux qui avaient été compromis dans l'affaire de la Course en tous sens, à qui non-seulement elle accordait un plein et entier pardon, mais encore rendait toute sa confiance. De cette manière, elle détachait la cause de Murray de celle de Morton et des autres assassins, qui, à leur tour, voyant qu'il n'y avait plus de sûreté pour eux en Écosse, se réfugièrent en Angleterre où tout ennemi de la reine, malgré les bonnes relations qui régnaient en apparence entre Marie et Élisabeth, était toujours sûr de trouver un bon accueil. Quant à Bothwell, qui avait voulu s'opposer à l'assassinat, il fut nommé lord gardien de toutes les marches du royaume.

Malheureusement pour son honneur, Marie, toujours plus femme que reine, tandis qu'au contraire Élisabeth était toujours plus reine que femme, ne fut pas plutôt redevenue puissante, que son premier acte royal fut de faire exhumer Rizzio, qui avait été enterré sans appareil au seuil du temple le plus proche du château d'Holyrood et de le faire transporter dans la sépulture des rois d'Écosse, se compromettant plus encore par les honneurs qu'elle rendait au mort que par la faveur qu'elle accordait au vivant.

Cette démonstration si imprudente amena naturellement de nouvelles querelles entre Marie et Darnley; ces querelles furent d'autant plus amères, que, comme on le comprend bien, la réconciliation entre le mari et la femme, du moins de la part de cette dernière, n'avait jamais été que feinte :

de sorte que, se sentant plus forte encore de sa grossesse, elle ne garda plus de mesure, et, quittant Darnley, elle se rendit de Dumbar au château d'Édimbourg, où le 19 juin 1556, c'est-à-dire trois mois après l'assassinat de Rizzio, elle accoucha d'un fils qui fut depuis Jacques VI.

Aussitôt délivrée, Marie fit venir Jacques Melvil, son envoyé ordinaire près d'Élisabeth, et le chargea de porter cette nouvelle à la reine d'Angleterre, la priant en même temps d'être la marraine du royal enfant. En arrivant à Londres, Melvil se présenta aussitôt au palais; mais comme il y avait bal à la cour, il ne put voir la reine, et se contenta de faire savoir au ministre Cécil la cause de son voyage, en le priant de solliciter de sa maîtresse une audience pour le lendemain. Élisabeth figurait dans un quadrille, au moment où Cécil, s'approchant d'elle, lui dit tout bas : — La reine Marie d'Écosse vient d'accoucher d'un fils. — A ces paroles, elle pâlit affreusement, et, regardant autour d'elle d'un œil égaré, et comme si elle était près de défaillir, elle alla s'appuyer contre un fauteuil; puis bientôt, ne pouvant se tenir debout, elle s'assit, renversant la tête en arrière, et plongée dans une douloureuse rêverie. Alors une des femmes de la cour, fendant le cercle qui s'était formé autour de la reine, s'approcha d'elle, inquiète, et lui demanda à quoi elle songeait si tristement. — Eh! madame, répondit Élisabeth avec impatience, ne savez-vous pas que Marie Stuart est accouchée d'un fils, tandis que moi, je ne suis qu'un tronc stérile, qui mourra sans laisser de rejeton?

Néanmoins, Élisabeth était trop bonne politique, malgré sa facilité à se laisser entraîner à un premier mouvement, pour se compromettre par une plus longue manifestation de sa douleur. Aussi le bal n'en continua-t-il pas moins, et le quadrille interrompu fut repris et terminé. — Le lendemain, Melvil eut son audience. Élisabeth le reçut à merveille, l'assurant de tout le plaisir que lui avait causé la nouvelle dont il était porteur, et qui l'avait, disait-elle, guérie d'une maladie dont elle était atteinte depuis quinze jours. Melvil lui répondit que sa maîtresse s'était empressée de lui faire part de sa joie, sachant qu'elle n'avait pas de meilleure amie;

mais il ajouta que cette joie avait manqué coûter la vie à Marie, tant sa couche avait été douloureuse. Comme il revenait pour la troisième fois sur ce point, dans le but d'augmenter encore l'aversion de la reine d'Angleterre pour le mariage : — Soyez tranquille, Melvil, lui répondit Élisabeth, vous n'avez que faire d'insister là-dessus, je ne me marierai jamais ; mon royaume me tient lieu de mari, et mes sujets sont mes enfants. Quand je serai morte, je veux qu'on grave sur mon tombeau : « Ci-gît Élisabeth, qui régna tant d'années et qui mourut vierge. »

Melvil profita de cette occasion pour rappeler à Élisabeth le désir qu'elle avait manifesté, trois ou quatre ans auparavant, de voir Marie ; mais, outre les affaires de son royaume qui nécessitaient, dit Élisabeth, sa présence au cœur de ses États, elle ne se souciait point, d'après ce qu'elle avait entendu dire de la beauté de sa rivale, d'aller s'exposer à un parallèle désavantageux à son orgueil. Elle se contenta donc de remettre sa procuration au comte de Bedfort, qui partit avec plusieurs autres seigneurs pour le château de Stirling, où le jeune prince fut baptisé en grande pompe, et reçut le nom de Charles-Jacques.

On remarqua que Darnley ne parut point à cette cérémonie, et que son absence parut fort scandaliser l'envoyé de la reine d'Angleterre. Au contraire, Jacques Hepburn, comte de Bothwell, y tenait le premier rang.

C'est que depuis le soir où Bothwell était accouru aux cris de Marie, pour s'opposer au meurtre de Rizzio, il avait fait un grand chemin dans la faveur de la reine, au parti de laquelle il paraissait lui-même s'être franchement attaché, à l'exclusion des deux autres, qui étaient ceux du roi et du comte de Murray. Bothwell était un homme déjà âgé de trente-cinq ans, chef de la puissante famille d'Hepburn, qui avait une grande influence dans le Lothian oriental et dans le comté de Berwick ; au reste, violent, brutal, adonné à toutes les débauches, et capable de tout pour satisfaire une ambition qu'il ne se donnait même pas la peine de dissimuler. Dans sa jeunesse il avait passé pour brave ; mais depuis longtemps il n'avait eu aucune occasion sérieuse de tirer l'épée.

Si l'autorité du roi avait été ébranlée par le crédit de Rizzio, elle fut entièrement renversée par celui de Bothwell. Les grands, suivant l'exemple du favori, ne se levaient plus devant Darnley, et cessèrent peu à peu de le traiter comme leur égal; son train fut diminué, on lui ôta sa vaisselle d'argent, et quelques officiers qui restèrent auprès de lui lui firent acheter leur service par les dégoûts les plus amers. Quant à la reine, elle ne prenait plus même la peine de cacher son aversion pour lui, l'évitant sans ménagement, à tel point qu'un jour qu'elle était allée avec Bothwell à Alway, elle en repartit aussitôt, parce que Darnley les y était venu rejoindre: le roi cependant prit encore patience; mais une nouvelle imprudence de Marie amena enfin la catastrophe terrible que, depuis la liaison de la reine avec Bothwell, quelques-uns prévoyaient déjà.

Vers la fin du mois d'octobre 1566, comme la reine tenait une cour de justice à Jedburg, on vint lui annoncer que Bothwell, en cherchant à s'emparer d'un malfaiteur nommé Elliot du Parc, avait été blessé grièvement à la main; la reine, qui allait se rendre au conseil, remit aussitôt la séance au lendemain, et ayant donné l'ordre qu'on lui sellât un cheval, elle partit pour le château de l'Ermitage, qu'habitait Bothwell, et fit toute la route d'une traite, quoiqu'il y eût vingt milles, et qu'il lui fallût traverser des bois, des marais et des rivières; puis, après être restée quelques heures en tête-à-tête avec lui, elle repartit avec la même diligence pour Jedburg, où elle fut de retour dans la nuit.

Quoique cette démarche eût fait grand bruit, envenimée qu'elle fut encore par les ennemis de la reine, qui appartenaient surtout à la religion réformée, Darnley ne l'apprit que près de deux mois après, c'est-à-dire lorsque Bothwell, complétement guéri, était de retour avec la reine à Edimbourg.

Alors Darnley crut qu'il ne devait pas supporter plus longtemps de pareilles humiliations. Mais comme, depuis sa trahison envers ses complices, il n'eût pas trouvé dans toute l'Écosse un noble qui eût voulu tirer l'épée pour lui, il résolut d'aller trouver le comte de Lennox, son père, espérant que par son crédit il pourrait rallier les mécontents qui, depuis la faveur de Bothwell, étaient en grand nombre. Malheureusement, indiscret et imprudent comme d'habitude, Darnley confia ce projet à quelques-uns de ses officiers, qui prévinrent Bothwell de l'intention de leur maître. Bothwell ne parut s'opposer aucunement à ce voyage ; mais Darnley était à peine à un mille d'Édimbourg, qu'il ressentit de violentes douleurs : il n'en continua pas moins sa route, et arriva fort malade à Glascow. Il fit aussitôt venir un célèbre médecin, nommé Jacques Abrenets, qui lui trouva le corps couvert de pustules, et déclara, sans hésitation aucune, qu'il avait été empoisonné. Cependant d'autres assurent, et de ce nombre est Walter Scott, que cette maladie n'était rien autre chose que la petite vérole.

Quoi qu'il en soit, la reine, en présence du danger que courait son mari, parut oublier ses ressentiments, et, au risque de ce qui pouvait en résulter de fâcheux pour elle, elle se rendit auprès de Darnley, après s'être fait précéder de son médecin. Il est vrai que, si l'on en croit les lettres suivantes datées de Glascow et qu'on accusa Marie d'avoir écrites à Bothwell, elle connaissait trop bien la maladie dont il était atteint pour croire à la contagion. Comme ces lettres sont peu connues et nous paraissent fort curieuses, nous les transcrivons ici ; plus tard nous dirons comment elles tombèrent au pouvoir des seigneurs confédérés, et de leurs mains passèrent dans celles d'Élisabeth, qui, toute joyeuse, s'écria en les recevant : — Par la mordieu, je tiens donc enfin sa vie et son honneur entre mes mains !

PREMIÈRE LETTRE.

« Quand je suis partie du lieu où j'avais laissé mon cœur, jugez dans quel état j'étais, pauvre corps et sans âme : aussi pendant tout le dîner n'ai-je parlé à personne, et personne n'a-t-il osé s'approcher de moi, car il était facile de voir qu'il n'y faisait pas bon. Lorsque je suis arrivée à une lieue de la ville, le comte de Lennox m'a envoyé un de ses gentilshommes pour me complimenter de sa part et pour l'excuser de ce qu'il n'était pas venu lui-même : il m'a fait dire, en outre, qu'il n'osait se présenter devant moi depuis la réprimande que j'avais faite à Cuningham. Ce gentilhomme m'a priée, comme de son propre mouvement, d'examiner la conduite de son maître, pour vérifier si mes soupçons étaient fondés. Je lui ai répondu que la peur était une maladie incurable; que le comte de Lennox ne serait pas si agité si sa conscience ne lui reprochait rien, et que s'il m'était échappé quelques vivacités, ce n'étaient que de justes représailles de la lettre qu'il m'avait écrite.

» Aucun des habitants n'est venu me faire visite, ce qui me fait croire qu'ils sont tous dans ses intérêts; de plus, ils en parlent en fort bons termes, ainsi que de son fils. Le roi envoya chercher hier Joachim, et lui demanda pourquoi je ne logeais point avec lui, ajoutant que ma présence le guérirait bientôt, et me demanda aussi dans quel dessein j'étais venue; si c'était pour me réconcilier avec lui; si vous étiez ici; si j'avais fait dresser l'état de ma maison; si j'avais pris Pâris et Gilbert pour secrétaires, et si j'étais toujours dans la résolution de congédier Joseph. Je ne sais qui l'a si bien instruit. Il n'est point jusqu'au mariage de Sébastien dont il ne soit informé. Je lui ai demandé l'explication d'une de ses lettres, dans laquelle il se plaignait de la cruauté de certaines gens. Il m'a répondu qu'il était frappé, mais que ma présence lui causait tant de joie qu'il croyait en mourir. Il m'a fait quelques reproches de ce qu'il me trouvait rêveuse; je l'ai quitté pour aller souper; il m'a priée de revenir : j'y suis allée. Il m'a fait alors l'histoire de sa maladie, et m'a dit qu'il ne voulait faire qu'un testament par lequel il me laisserait tout, ajoutant que j'étais un peu la cause de son mal, et qu'il l'attribuait à mon refroidissement. — Vous me demandez, ajouta-t-il, quels sont ces gens dont je me plains : c'est de vous, cruelle, de vous, que je n'ai jamais pu apaiser par mes larmes et par mon repentir. Je sais que je vous ai offensée, mais non pas sur l'article que vous me reprochez : j'ai offensé aussi quelques-uns de vos sujets, mais vous me l'avez pardonné. Je suis jeune, et vous dites que je retombe toujours dans mes fautes; mais aussi un jeune homme comme moi, dépourvu d'expérience, ne peut-il point en faire, manquer à ses promesses, se repentir ensuite, et se corriger avec le temps ? Si vous voulez me pardonner encore une fois, je vous promets de ne plus vous offenser jamais. Toute la grâce que je vous demande, c'est de vivre ensemble comme deux époux, de n'avoir qu'une même table et qu'un même lit : si vous êtes inflexible, jamais je ne me relèverai d'ici. Dites-moi, je vous prie, votre résolution ; Dieu seul sait ce que je souffre, et cela parce que je ne m'occupe que de vous, parce que je n'aime et n'adore que vous. Si je vous ai offensée quelquefois, c'est à vous que vous devez vous en prendre : car, lorsque quelqu'un m'offense, s'il m'était permis de me plaindre à vous, je ne confierais point mes chagrins à d'autres ; mais lorsque nous sommes mal ensemble, je suis forcé de les renfermer en moi-même, et cela me rend fou.

» Il m'a ensuite fort pressée de rester avec lui et de loger dans sa maison ; mais je m'en suis excusée, et lui ai répondu qu'il avait besoin d'être purgé, et qu'il ne pouvait l'être commodément à Glascow : alors il m'a dit qu'il savait que j'avais fait venir une litière pour lui, mais qu'il eût mieux aimé faire le voyage avec moi. Il croyait, je pense, que j'avais le dessein de l'envoyer dans quelque prison : je lui ai répondu que je le ferais conduire à Craigmiller, qu'il y trouverait des médecins, que je resterais près de lui et que nous serions à portée de voir mon fils. Il m'a répondu qu'il ira où je voudrai le conduire, pourvu que je lui accorde ce qu'il m'a demandé. Il ne veut, au reste, être vu de personne.

» Il m'a dit de plus cent jolies choses que je ne puis vous rapporter et dont vous seriez vous-même surpris ; il ne voulait point me laisser aller, il voulait me faire veiller toute la nuit. Pour moi, je faisais semblant de tout croire, et je paraissais m'intéresser véritablement à lui. Au reste, je ne l'ai jamais vu si petit ni si humble ; et si je n'avais su combien son cœur s'épanche facilement, et combien le mien est impénétrable à tout autre trait qu'à ceux dont vous l'avez blessé, je crois que j'aurais pu me laisser attendrir : mais que cela ne vous alarme pas, je mourrai plutôt que de renoncer à ce que je vous ai promis. Pour vous, songez à en user de même vis-à-vis de ces perfides qui feront tous leurs efforts pour vous éloigner de moi; je crois que tous ces gens-là ont été jetés dans le même moule : celui-ci a toujours la larme à l'œil, il s'incline devant tout le monde, depuis le plus grand jusqu'au plus petit; il veut les intéresser en sa faveur et se faire plaindre. Son père a jeté aujourd'hui le sang par le nez et par la bouche; jugez ce que signifient ces symptômes : je ne l'ai point encore vu, car il garde la maison. Le roi veut que je lui donne à manger moi-même, ou sans cela il ne mange point; mais, quoi que je fasse, vous n'y serez pas plus trompé que je ne m'y trompe moi-même. Nous sommes unis, vous et moi, à deux espèces de gens bien haïssables (3); que l'enfer brise donc ces nœuds, et que le ciel en forme de plus beaux, que rien ne puisse rompre, qu'il fasse de nous le couple le plus tendre et le plus fidèle qui soit jamais; voilà la profession de foi dans laquelle je veux mourir.

» Excusez mon griffonnage : il faudra que vous en deviniez plus de la moitié, mais je n'y sais point de remède. Je suis forcée de vous écrire à la hâte, tandis que tout le monde dort ici : mais soyez tranquille, je prends à ma veille un plaisir infini; car je ne puis dormir ainsi que les autres, ne pouvant dormir comme je le voudrais, c'est-à-dire entre vos bras.

» Je vais me mettre au lit; demain j'achèverai ma lettre : j'ai trop de choses à vous mander, la nuit est trop avancée : jugez de ma peine. C'est à vous que j'écris, c'est de moi que je vous entretiens, et je suis forcée de finir...

» Je ne puis cependant m'empêcher de remplir à la hâte ce qui me reste de papier. Maudit soit l'écervelé qui me tourmente si fort! Sans lui je pourrais vous entretenir de choses plus agréables : il n'est pas fort changé; *et cependant il en a pris beaucoup.* Il m'a, au reste, presque fait mourir par la fétidité de son haleine; car il l'a maintenant plus mauvaise encore que celle de votre cousin : vous devinez que c'est une nouvelle raison pour que je n'approche pas de lui; au contraire, je m'en éloigne le plus que je peux et me tiens sur une chaise au pied de son lit.

» Voyons si je n'oublie rien :

» L'envoyé de son père pendant la route;

» L'interrogation sur Joachim;

» L'état de ma maison ;

» Les gens de ma suite ;

» Sujet de mon arrivée ;

» Joseph ;

» Entretien entre lui et moi ;

» L'envie qu'il a de me plaire et son repentir ;

» Interprétation de sa lettre ;

» Le sieur de Lewingston.

» Ah ! j'oubliais cela. Hier Lewingston dit tout bas pendant le souper à la de Rères de boire à la santé de qui je savais bien, et de me prier d'y faire honneur. Après le souper, comme je m'appuyais sur son épaule auprès du feu, il me dit : — N'est-il point vrai que voilà des visites bien agréables pour ceux qui les font et ceux qui les reçoivent ? Cependant, quelque satisfaits qu'ils paraissent de votre arrivée, je défie que leur joie égale le chagrin de celui que vous avez laissé seul aujourd'hui, et qui ne sera jamais content qu'il ne vous revoie. Je lui demandai de qui il voulait me parler. Il me répondit alors en me serrant le bras : — D'un de ceux qui ne vous ont pas suivie ; et parmi ceux-là, il vous est facile de deviner qui je veux dire.

» J'ai travaillé jusqu'à deux heures au bracelet ; j'y ai enfermé une petite clef qui est attachée par deux cordons ; il n'est pas aussi bien travaillé que je le voudrais ; mais je n'ai pas eu le temps de le faire mieux ; je vous en ferai la première fois un plus beau. Prenez garde qu'on ne vous le voie ; car j'y ai travaillé devant tout le monde, et à coup sûr il serait reconnu.

» Je reviens toujours, malgré moi, à l'attentat horrible que vous me conseillez. Vous me forcez à des dissimulations et surtout à des trahisons qui me font frémir ; j'aimerais mieux mourir, croyez-moi, que de commettre de pareilles actions ; car cela me fait saigner le cœur. Il ne veut point me suivre que je ne lui promette de n'avoir qu'une même table et qu'un même lit que lui, comme auparavant, et de ne point l'abandonner si souvent. Si j'y consens, il fera, dit-il, tout ce que je voudrai, et me suivra partout : cependant il m'a priée de retarder mon départ de deux jours. J'ai feint de consentir à tout ce qu'il voulait; mais je lui ai dit de ne parler à personne de notre réconciliation, de peur qu'elle ne causât de l'ombrage à quelques seigneurs. Enfin, je l'emmènerai partout où je voudrai... Hélas! je n'ai jamais trompé personne; mais que ne ferais-je pas pour vous plaire? Ordonnez, et quoi qu'il puisse arriver, j'obéirai. Mais voyez vous-même si l'on ne pourrait pas imaginer quelque secret moyen par forme de remède. Il doit se purger à Craigmiller et y prendre les bains; il sera quelques jours sans sortir. Autant que je puis le voir, il est fort inquiet : cependant il a grande confiance dans ce que je lui dis; mais sa confiance ne va pas jusqu'à s'ouvrir à moi. Si vous voulez, je lui découvrirai tout : je ne puis avoir de plaisir à tromper quelqu'un qui est dans la confiance. Au reste, il n'en sera que ce que vous voudrez : ne m'en estimez pas moins pour cela. C'est vous qui me l'avez conseillé : jamais la vengeance ne m'eût emportée si loin. Quelquefois il m'attaque par un endroit bien sensible, et il me touche au vif quand il me dit que ses crimes à lui sont connus, mais qu'il s'en commet tous les jours de plus grands, que l'on entreprend inutilement de cacher, parce que tous les crimes, quels qu'ils soient, grands et petits, viennent à la connaissance des hommes et font la matière ordinaire de leurs entretiens. Il ajoute quelquefois, en me parlant de madame de Rères : — Je souhaite que ses services vous fassent honneur. — Il m'a assuré que bien des gens croyaient, et qu'il le croyait lui-même, que je n'étais pas ma maîtresse; c'est sans doute parce que j'ai rejeté les conditions qu'il m'offrait. Enfin, il est sûr qu'il est fort inquiet au sujet de ce que vous savez, et qu'il soupçonne même que l'on en veut à sa vie. Il entre en désespoir toutes les fois que la conversation tombe sur vous, sur Lethigton et sur mon frère. Au reste, il ne dit ni bien ni mal des absents; mais, au contraire, il évite toujours d'en parler. Son père garde la maison : je ne l'ai point encore vu. Les Hamilton sont ici en grand nombre, et m'accompagnent partout; tous les amis de l'autre me suivent chaque fois que je vais le voir. Il m'a prié de me trouver demain à son lever. Mon courrier vous dira le reste.

» Brûlez ma lettre : il y aurait du danger à la garder.

D'ailleurs, elle n'en vaut guère la peine, n'étant remplie que de pensées noires.

» Quant à vous, ne vous offensez pas si je suis triste et inquiète aujourd'hui; que pour vous plaire je passe par-dessus l'honneur, les remords et les dangers. Ne prenez donc pas en mauvaise part ce que je vous dis, et n'écoutez point les interprétations malignes du frère de votre femme; c'est un fourbe que vous ne devez point entendre au préjudice de la plus tendre et de la plus fidèle maîtresse qui fut jamais. Ne vous laissez pas surtout fléchir par cette femme; ses feintes larmes ne sont rien en comparaison des larmes réelles que je verse, et de ce que l'amour et la constance me font souffrir pour parvenir à lui succéder; c'est pour cela seul que je trahis, malgré moi, tous ceux qui pourraient traverser mon amour. Dieu me fasse miséricorde et vous envoie toutes les prospérités que vous souhaite une humble et tendre amie, qui attend bientôt de vous une autre récompense. Il est fort tard; mais c'est toujours à regret que je quitte la plume quand je vous écris; cependant, je ne finirai ma lettre que lorsque je vous aurai baisé les mains. Pardonnez-moi de ce qu'elle est si mal écrite : peut-être le fais-je exprès ainsi pour que vous soyez obligé de la relire plusieurs fois. J'ai transcrit à la hâte ce que j'avais mis sur mes tablettes, et le papier m'a manqué. Souvenez-vous d'une tendre amie, et écrivez-lui souvent : aimez-moi aussi tendrement que je vous aime, et souvenez-vous

» Des paroles de madame de Rères;
» Des Anglais;
» De sa mère;
» Du comte d'Argyle;
» Du comte de Bothwell;
» De la demeure d'Édimbourg. »

DEUXIÈME LETTRE.

« Il paraît que vous m'avez oubliée pendant votre absence, d'autant plus que vous m'aviez promis, en partant, de me mander dans un plus long détail tout ce qui se passerait de nouveau. L'espérance de recevoir de vos nouvelles m'avait

causé presque autant de joie qu'aurait pu m'en apporter votre
retour : vous l'avez plus différé que vous ne me l'aviez promis. Pour moi, quoique vous ne m'écriviez point, je fais toujours mon rôle. Je le mènerai lundi à Craigmiller, et il y passera tout le mercredi. J'irai ce jour-là à Édimbourg pour m'y
faire saigner, à moins que vous n'en ordonniez autrement. Il
est plus gai qu'à l'ordinaire, et il se porte mieux que jamais.
Il me dit tout ce qu'il peut pour me persuader qu'il m'aime;
il a pour moi mille attentions, et il me prévient en tout : tout
cela m'est si agréable, que je n'entre jamais chez lui que mon
mal de côté ne me reprenne, tant sa compagnie me pèse. Si
Pâris m'apportait ce que je lui ai demandé, je serais bientôt
guérie. Si vous n'êtes point encore de retour lorsque j'irai où
vous savez, écrivez-moi, je vous prie, et mandez-moi ce que
vous voulez que je fasse : car, si vous ne conduisez les choses
avec prudence, je prévois que tout le fardeau tombera sur
moi : examinez tout et pesez mûrement la chose. Je vous
envoie ma lettre par Beton, qui partira le jour qui a été assigné à Balfour. Il ne me reste plus qu'à vous prier de m'informer de votre voyage.

» Glascow, ce samedi matin. »

TROISIÈME LETTRE.

« Je me suis arrêtée où vous savez plus longtemps que je
n'aurais fait, si ce n'eût été pour tirer de lui une chose que
le porteur de ces présentes vous apprendra : c'est là une belle
occasion d'envelopper tous nos desseins; je lui ai promis d'a-
mener demain la personne que vous savez. Prenez soin du
reste, si vous le trouvez bon. Hélas! j'ai manqué à nos conventions; car vous m'avez défendu de vous écrire, ou de vous
dépêcher un courrier. Au reste, mon dessein n'est point de
vous offenser : si vous saviez de quelles craintes je suis agitée,
vous n'auriez pas vous-même tant d'ombrages et de soupçons. Mais je les prends en bonne part, persuadée que je suis
qu'ils n'ont d'autre principe que l'amour, amour que j'estime
plus que tout ce qui est sous le ciel.

» Mes sentiments et mes bienfaits me sont de sûrs garants

de cet amour, et me répondent de votre cœur; ma confiance est entière sur cet article; mais expliquez-vous, de grâce, et ouvrez-moi votre âme; autrement, je craindrais que, par la fatalité de mon étoile, et par l'influence trop heureuse des astres sur des femmes moins tendres et moins fidèles que moi, je ne sois supplantée dans votre cœur, comme Médée le fut dans celui de Jason : non que je veuille vous comparer à un amant aussi infortuné que Jason, et me mettre en parallèle avec un monstre tel que Médée, quoique vous ayez assez d'influence sur moi pour me forcer à lui ressembler toutes les fois que l'exigera notre amour, et qu'il s'agira de me conserver votre cœur qui m'appartient, et qui n'appartient qu'à moi seule; car j'appelle m'appartenir ce que j'ai acheté par l'amour tendre et constant dont j'ai brûlé pour vous, amour aujourd'hui plus vif que jamais, et qui ne finira qu'avec ma vie; amour enfin qui me fait mépriser et les dangers et les remords qui en seront peut-être les tristes suites. Pour prix de ce sacrifice, je ne vous demande qu'une grâce, c'est de vous souvenir d'un lieu qui n'est pas loin d'ici : je n'exige pas que vous teniez demain votre promesse; mais je veux vous voir, afin de dissiper vos soupçons. Je ne demande qu'une chose à Dieu : c'est qu'il vous fasse lire dans mon cœur, qui est moins à moi qu'à vous, et qu'il vous préserve de tout malheur, du moins pendant ma vie; cette vie ne m'est chère qu'autant qu'elle vous plaît et que je vous plais moi-même. Je vais me remettre au lit : adieu; donnez-moi demain matin de vos nouvelles; car je serai inquiète jusqu'à ce que j'en aie. Semblable à l'oiseau échappé de sa cage, ou à la tourterelle qui a perdu son compagnon, je serai seule à pleurer votre absence, si courte qu'elle puisse être. Cette lettre, plus heureuse que moi, ira ce soir où je ne puis aller, pourvu que le courrier ne vous trouve point endormi, comme je le crains. Je n'ai point osé l'écrire en présence de Joseph, de Sébastien et de Joachim, qui ne faisaient que de me quitter quand je l'ai commencée. »

Ainsi qu'on le voit, et en supposant toujours ces lettres réelles, Marie s'était prise pour Bothwell d'une de ces passions insensées, d'autant plus fortes, chez les femmes qui y sont en proie, que l'on comprend moins ce qui a pu les inspirer : Bothwell n'était plus jeune, Bothwell n'était point beau, et cependant Marie lui sacrifiait un jeune époux, qui passait pour un des plus beaux hommes de son siècle. C'était comme une espèce de magie.

Aussi Darnley, seul obstacle à la réunion des deux amants, avait-il été condamné déjà depuis longtemps, sinon par Marie, du moins par Bothwell; mais comme la force de son tempérament avait triomphé du poison, on chercha un autre genre de mort.

La reine, ainsi qu'elle l'annonce dans sa lettre à Bothwell, avait refusé de ramener Darnley avec elle, et était revenue seule à Édimbourg. Arrivée en cette ville, elle donna ordre que le roi fût transporté à son tour dans une litière; mais, au lieu de le faire conduire à Stirling ou à Holyrood, elle décida qu'il serait logé dans l'abbaye de l'église des Champs. Le roi fit quelques difficultés lorsqu'il connut cette disposition; cependant, comme il n'avait aucun pouvoir de s'y opposer, il se contenta donc de se plaindre de la solitude de la demeure qu'on lui assignait; mais la reine lui fit répondre qu'elle ne pouvait le recevoir en ce moment, ni à Holyrood, ni à Stirling, de peur, si sa maladie était contagieuse, qu'il ne la communiquât à son fils : force fut donc à Darnley de se contenter du séjour qu'on lui assignait.

C'était une abbaye isolée, et peu faite par sa position pour dissiper les craintes que le roi avait conçues; car elle était située entre deux églises ruinées et deux cimetières : la seule maison qui en fût distante d'un trait d'arbalète à peu près appartenait aux Hamilton, et comme ils étaient les ennemis mortels de Darnley, le voisinage n'était rien moins que rassurant; plus loin, vers le nord, s'élevaient quelques méchantes cabanes, que l'on appelait le carrefour des Voleurs. En faisant le tour de son nouveau domicile, Darnley s'aperçut que deux trous assez grands pour donner chacun passage à un homme avaient été pratiqués dans les murs; il demanda que ces trous, par lesquels des malfaiteurs pouvaient s'introduire, fussent bouchés : on promit d'y envoyer des maçons; mais on n'en fit rien, et les trous restèrent libres et ouverts.

Le lendemain de son arrivée à Kirchfield, le roi aperçut de la lumière dans cette maison voisine de la sienne, et qu'il croyait déserte : il s'informa le lendemain, à Alexandre Durham, d'où elle venait, et il apprit que l'archevêque de Saint-André avait, sans qu'on sût pourquoi, quitté son palais d'Édimbourg, et habitait là depuis la veille : cette nouvelle augmenta encore les inquiétudes du roi, l'archevêque de Saint-André étant un de ses ennemis les plus déclarés.

Le roi, abandonné peu à peu de tous ses serviteurs, habitait le premier étage d'un petit pavillon isolé, n'ayant auprès de lui que ce même Alexandre Durham, que nous avons déjà nommé, et qui était son valet de chambre. Darnley, qui avait une amitié toute particulière pour lui, et qui d'ailleurs, comme nous l'avons dit, craignait à tout instant quelque tentative contre sa vie, lui avait fait transporter son lit dans son appartement ; de sorte que tous les deux couchaient dans la même chambre.

Dans la nuit du 8 février, Darnley réveilla Durham : il lui semblait entendre marcher dans l'appartement au-dessous de lui ; Durham se leva, prit une épée d'une main, une bougie de l'autre, et descendit au rez-de-chaussée ; mais, quoique Darnley fût bien certain de ne s'être pas trompé, Durham remonta un instant après en disant qu'il n'avait vu personne.

La matinée du lendemain se passa sans rien amener de nouveau. La reine mariait un de ses domestiques, nommé Sébastien : c'était un Auvergnat qu'elle avait ramené avec elle de France et qu'elle aimait beaucoup. Cependant, comme le roi lui fit dire qu'il y avait deux jours qu'il ne l'avait vue, elle quitta vers les six heures du soir la noce, et vint lui faire une visite, accompagnée de la comtesse d'Argyle et de la comtesse de Huntly. Pendant qu'elle était là, Durham, en apprêtant son lit, mit le feu à sa paillasse, qui fut brûlée, ainsi qu'une partie du matelas : ce qui fit que, les ayant jetés tout enflammés, par la fenêtre, de peur que le feu ne se communiquât aux autres meubles, il se trouva sans lit, et demanda la permission de revenir coucher à la ville ; mais Darnley, qui se rappelait ses terreurs de la nuit précédente, et qui s'étonnait de cette promptitude qu'avait mise Durham à jeter toute sa literie par la fenêtre, le pria de ne point s'éloigner, lui offrant un de ses matelas, ou bien de le recevoir dans son propre lit. Cependant, malgré cette offre, Durham insista, disant qu'il se sentait indisposé, et qu'il était bien aise de voir le même soir un médecin. La reine alors intercéda pour Durham, et promit à Darnley de lui envoyer un autre valet de chambre pour passer la nuit près de lui ; force fut alors à Darnley de céder, et, s'étant fait répéter par Marie qu'elle lui enverrait quelqu'un, il donna pour ce soir le congé à Durham. En ce moment, Pâris, dont la reine parle dans ses lettres, entra : c'était un jeune Français qui était depuis quelques années en Écosse, et qui, après avoir servi chez Bothwell et Seyton, était actuellement à la reine. En le voyant elle se leva, et comme Darnley voulait la retenir encore : — Vraiment, dit-elle, c'est impossible, milord : j'ai déjà quitté, pour vous venir voir, la noce de ce pauvre Sébastien, et il faut que j'y retourne ; car j'ai promis de venir masquée à son bal. — Le roi n'osa point insister ; il lui rappela seulement la promesse qu'elle avait faite de lui envoyer un domestique ; Marie la lui renouvela encore une fois, et sortit avec sa suite. Quant à Durham, il était parti du moment où il en avait reçu la permission.

Il était neuf heures du soir : Darnley, resté seul, ferma avec soin ses portes en dedans, et se coucha, quitte à se lever pour ouvrir au domestique qui devait venir passer la nuit près de lui. Il était à peine au lit, que le même bruit qu'il avait entendu la veille se renouvela : cette fois Darnley écoutait avec toute l'attention de la crainte ; et bientôt il n'eut plus de doute que plusieurs hommes ne marchassent au-dessous de lui. Appeler était inutile, sortir était dangereux ; attendre était le seul parti qui restât au roi. Il s'assura de nouveau que ses portes étaient bien fermées, mit son épée sur le chevet de son lit, éteignit sa lampe, de peur que sa lueur ne le dénonçât, et attendit en silence l'arrivée de son domestique ; mais les heures s'écoulèrent, et le domestique ne vint pas.

A une heure du matin, Bothwell, après avoir causé longtemps avec la reine, en présence du capitaine des gardes, était rentré chez lui pour changer de costume ; quelques minutes après, il en sortit enveloppé d'un large manteau de houssard allemand, traversa le corps de garde et se fit ouvrir la porte du château : une fois dehors, il s'achemina en toute hâte vers Kirchfield, où il pénétra par l'ouverture de la muraille ; à peine eut-il fait quelques pas dans le jardin, qu'il y rencontra Jacques Balfour, gouverneur du château.

— Eh bien ! lui dit-il, où en sommes-nous ? — Tout est prêt, répondit Balfour : et nous vous attendions pour mettre le feu à la mèche. — C'est bien, reprit Bothwell ; mais auparavant je veux m'assurer qu'il est dans sa chambre.

A ces mots, Bothwell ouvrit la porte du pavillon avec une fausse clef, et, ayant monté l'escalier à tâtons, il alla écouter à la porte de Darnley. N'entendant plus de bruit, il avait fini par s'endormir, mais d'un sommeil dont sa respiration saccadée indiquait l'agitation. Peu importait à Bothwell de quel sommeil il dormait, pourvu qu'il fût réellement dans sa chambre : il redescendit donc en silence, comme il était monté, et, prenant une lanterne des mains d'un des conjurés, il entra lui-même dans la salle basse pour voir si tout était bien disposé ; cette salle était pleine de barils de poudre, et une mèche préparée n'attendait plus qu'une étincelle pour communiquer sa flamme au volcan. Bothwell se retira alors au fond du jardin avec Balfour, David, Chambers et trois ou quatre autres, laissant un homme pour mettre le feu à la mèche. Au bout d'un instant cet homme vint les joindre.

Il y eut alors quelques minutes d'anxiété, pendant lesquelles les cinq hommes se regardèrent en silence et comme effrayés d'eux-mêmes : puis, voyant que rien n'éclatait, Bothwell se retourna avec impatience du côté de l'artificier, lui reprochant d'avoir, par peur sans doute, mal rempli son office. Celui-ci assura son maître qu'il était certain que tout était en bon état, et comme Bothwell, impatient, voulait rentrer lui-même dans la maison pour s'en assurer, il offrit de retourner voir où cela en était. En effet, il revint jusqu'au pavillon, et, passant sa tête par une espèce de soupirail, il aperçut la mèche qui brûlait encore. Quelques secondes après, Bothwell le vit revenir en courant et en faisant signe que tout allait bien : au même moment une détonation terrible se fit en-

tendre, le pavillon vola en débris, la ville et le golfe s'illu-
minèrent d'une clarté qui surpassait la lumière du jour le
le plus vif : puis tout rentra dans la nuit, et le silence ne fut
plus interrompu que par la chute des pierres et des solives,
qui retombaient aussi pressées que la grêle dans un ouragan.

Le lendemain on retrouva le corps du roi dans un jardin
du voisinage ; il avait été garanti de l'action du feu par les
matelas sur lesquels il était couché, et comme sans-doute,
dans sa terreur, il s'était seulement jeté sur son lit, enveloppé
dans sa robe de chambre et ses pantoufles aux pieds, et qu'il
fut retrouvé ainsi, moins ses pantoufles jetées à quelques pas
de lui, on crut qu'il avait été étranglé d'abord, puis porté
là : mais la version la plus probable fut que les meurtriers
s'en étaient tout simplement rapportés à la poudre, auxiliaire
assez puissant par lui-même pour qu'on n'ait pas la crainte
qu'il manque son effet.

La reine était-elle ou non son complice ? c'est ce que personne n'a jamais su, qu'elle, Bothwell et Dieu ; mais, complice ou non, sa conduite, imprudente cette fois comme toujours, donna à l'accusation que ses ennemis portèrent contre
elle, sinon la consistance, du moins l'aspect de la vérité. A
peine eut-elle appris cette nouvelle, qu'elle ordonna que le
corps fût apporté devant elle, et que, l'ayant fait étendre sur
un banc, elle l'examina pendant quelques instants avec plus
de curiosité que de douleur ; puis le cadavre, embaumé, fut
déposé le même soir et sans pompe à côté de celui de Rizzio.

Le cérémonial d'Écosse prescrivait aux veuves des rois de
se retirer pendant quarante jours dans une chambre entièrement fermée à la lumière du ciel : le douzième jour Marie fit
ouvrir ses fenêtres, et le quinzième partit avec Bothwell pour
Seyton, maison de campagne située à deux lieues de la capi-
tale, où l'ambassadeur de France, Ducroc, alla la trouver, et
lui fit des remontrances qui la déterminèrent à revenir à
Édimbourg ; mais, au lieu des acclamations qui accueillaient
ordinairement sa venue, elle y fut reçue par un silence de
glace, et une seule femme dans la foule s'écria : — Dieu la
traite comme elle le mérite !

Le nom des meurtriers n'était point un secret pour le peuple.

Bothwell ayant porté à un tailleur un magnifique habit trop grand pour lui, en le chargeant de le refaire à sa taille, l'ouvrier le reconnut pour avoir appartenu au roi : — C'est juste, dit-il, l'habitude est que le bourreau hérite du patient.

Cependant le comte de Lennox, soutenu par les murmures du peuple, demandait hautement justice de la mort de son fils, et se portait comme accusateur contre ses meurtriers. La reine fut donc forcée, pour apaiser le cri paternel et le ressentiment public, d'ordonner au comte d'Argyle, grand justicier du royaume, de faire des informations : le même jour où cet ordre fut donné, une proclamation fut affichée dans les rues d'Édimbourg, dans laquelle la reine promettait deux mille livres sterling à quiconque donnerait connaissance des meurtriers du roi. Le lendemain, partout où ce monitoire avait été affiché, on trouva un autre placard ainsi conçu :

« Comme il a été publié que ceux qui feraient connaître les meurtriers du roi auraient deux mille livres sterling, moi, qui ai fait de bonnes perquisitions, affirme que les auteurs du meurtre sont le comte de Bothwell, Jacques Balfour, le curé de Flitz, David, Chambers, Blackmester, Jean Spens et la reine elle-même. » Ce placard fut déchiré; mais, comme cela arrive ordinairement, il avait déjà été lu par toute la population.

Le comte de Lennox accusait Bothwell, et la voix publique, qui l'accusait comme lui, le secondait avec une telle violence, que Marie fut contrainte de le laisser mettre en jugement; seulement toutes les mesures furent prises pour ôter à l'accusateur le moyen de convaincre l'accusé. Le 28 mars le comte de Lennox reçut avis que le 12 avril était fixé pour le jugement : c'était quatorze jours qu'on lui accordait pour rassembler des preuves mortelles contre l'homme le plus puissant de toute l'Écosse; aussi le comte de Lennox, jugeant que ce procès n'était qu'une dérision, ne comparut-il point. Bothwell, au contraire, se rendit au tribunal, accompagné de cinq mille de ses partisans et de deux cents fusiliers d'élite, qui gardèrent les portes aussitôt qu'il y fut entré; de sorte qu'il paraissait bien plutôt un roi qui va violer les lois qu'un accusé qui vient s'y soumettre. Aussi arriva-t-il ce qui devait arriver, c'est-à-dire que le jury acquitta Bothwell du crime dont tout le monde et les juges eux-mêmes le savaient coupable.

Le jour du jugement, Bothwell fit afficher ce cartel :.

« Quoique je sois suffisamment lavé du meurtre du roi, dont on m'a faussement accusé, cependant, pour mieux justifier mon innocence, je suis prêt de me battre contre quiconque osera avancer que j'ai tué le roi. »

Le lendemain, on trouva affichée cette réponse :

« J'accepte le défi, pourvu que tu choisisses un lieu neutre. »

Cependant ce jugement était à peine rendu, que des bruits de mariage se répandirent entre la reine et le comte de Bothwell. Quelque étrange et quelque insensé que fût ce mariage, les relations des deux amants étaient si connues, que personne ne douta que ce ne fût la vérité. Mais comme tout était soumis à Bothwell, soit par crainte, soit par ambition, deux hommes seulement osèrent protester à l'avance contre cette union : l'un fut lord Herris, et l'autre Jacques Melvil.

Marie était à Stirling, lorsque lord Herris, profitant d'une absence momentanée de Bothwell, vint se jeter à ses pieds, la suppliant de ne point se perdre d'honneur en épousant le meurtrier de son mari ; ce qui ne manquerait pas de convaincre ceux qui en doutaient encore qu'elle était sa complice. Mais la reine, au lieu de remercier Herris de ce dévouement, parut fort étonnée de sa hardiesse, et, lui faisant dédaigneusement signe de se relever, lui répondit froidement que son cœur ne lui disait rien pour le comte de Bothwell, et que, si jamais elle se remariait, ce qui n'était point probable, elle n'oublierait ni ce qu'elle devait à son peuple ni ce qu'elle se devait à elle-même.

Melvil ne se laissa point décourager par ce précédent, et feignit d'avoir reçu une lettre qu'un de ses amis, nommé Thomas Bishop, lui écrivait d'Angleterre. Il montra cette lettre à la reine ; mais Marie, aux premières lignes, reconnut le style et surtout l'amitié de son ambassadeur, et donnant la lettre au comte de Lidington, qui était présent :

— Voilà, lui dit-elle, une lettre fort singulière. Lisez-la. C'est un tour de la façon de Melvil.

Lidington jeta les yeux sur la lettre; mais, parvenu à la moitié à peine, il prit Melvil par la main, et l'entraînant dans l'embrasure d'une fenêtre :

— Mon cher Melvil, lui dit-il, vous étiez fou, certainement, quand tout à l'heure vous avez communiqué cette lettre à la reine; car, dès que le comte de Bothwell en aura connaissance, et ce ne sera pas long, il vous fera assassiner. Vous avez agi en honnête homme, c'est vrai; mais, à la cour, mieux vaut agir en homme habile. Retirez-vous donc au plus vite; c'est moi qui vous le dis.

Melvil ne se fit point répéter cet avis, et s'absenta huit jours. Lidington ne s'était point trompé; à peine Bothwell était-il de retour auprès de la reine, qu'il sut tout ce qui s'était passé. Il éclata alors en imprécations contre Melvil et le fit chercher partout; mais il ne put le trouver.

Ce commencement d'opposition, si faible qu'il fût, n'en inquiéta pas moins Bothwell, qui, sûr de l'amour de Marie, résolut de brusquer les choses. En conséquence, comme la reine revenait de Stirling à Édimbourg, quelques jours après les scènes que nous venons de raconter, Bothwell parut tout à coup au pont de Crammont avec mille cavaliers, et, ayant fait désarmer le comte de Huntly, Lidington et Melvil, qui était revenu près de sa maîtresse, il saisit le cheval de la reine par la bride, et, avec une violence apparente, il força Marie de rebrousser chemin et de le suivre à Dumbar; ce que la reine fit sans aucune résistance, chose étrange de la part d'une personne du caractère de Marie.

Le lendemain, les comtes de Huntly, Lidington, Melvil et les gens de leur suite furent remis en liberté; puis, dix jours après, Bothwell et la reine, parfaitement réconciliés, revinrent ensemble à Édimbourg.

Le surlendemain de ce retour, Bothwell donna dans une taverne un grand dîner aux nobles ses partisans. Après le repas, sur la table même où il avait eu lieu, et au milieu des verres à moitié vides et des bouteilles renversées, Lindsay, Ruthwen, Morton, Maitland, et douze ou quinze autres seigneurs, signèrent un acte qui déclarait non-seulement que, dans leur âme et conscience, Bothwell était innocent, mais encore qui le désignait à la reine comme l'époux qui lui convenait. Cet acte était terminé par cette déclaration assez étrange :

« Après tout, la reine ne peut faire autrement, puisque le comte l'a enlevée et a couché avec elle. »

Cependant deux choses s'opposaient encore à ce mariage : la première, c'est que Bothwell était déjà marié trois fois, et que ses trois femmes étaient vivantes ; la seconde était qu'ayant enlevé la reine, cette violence pouvait faire regarder comme nulle l'alliance qu'elle contracterait avec lui : on s'occupa d'abord de la première de ces difficultés, comme la plus difficile à résoudre.

Les deux premières femmes de Bothwell étaient de naissance obscure ; par conséquent, on dédaigna de s'inquiéter d'elles. Mais il n'en était point ainsi de la troisième, fille du comte Huntly, le même qui avait été écrasé sous les pieds des chevaux, et sœur de Gordon, qui avait eu la tête tranchée. Heureusement pour Bothwell que ses déportements passés faisaient désirer le divorce à sa femme avec autant d'ardeur qu'il le poursuivait lui-même. On n'eut donc point de peine à la décider à porter une plainte en adultère contre son mari. Bothwell avoua qu'il avait eu un commerce criminel avec une parente de sa femme, et l'archevêque de Saint-André, le même qui était venu se loger dans cette maison solitaire de Kirchfield pour assister à la mort de Darnley, prononça la sentence de dissolution. Le procès fut intenté, poursuivi et jugé en dix jours.

Quant au second obstacle, relatif à la violence employée vis-à-vis de la reine, Marie se chargea de le lever elle-même ; car, s'étant transportée au tribunal, elle déclara que non-seulement elle pardonnait à Bothwell la conduite qu'il avait tenue à son égard, mais encore que le reconnaissant pour un bon et fidèle sujet, elle comptait l'élever incessamment à de nouveaux honneurs. En effet, quelques jours après elle le créa duc d'Orkeney, et le 15 du même mois, c'est-à-dire quatre mois à peine après la mort de Darnley, avec une légèreté qui tenait de la folie, Marie, qui avait sollicité une dispense pour épouser un prince catholique, son parent au troisième degré, épousa Bothwell, parvenu protestant, qui, outre son divorce, était encore bigame, et qui se trouva ainsi avoir quatre femmes vivantes, y compris la reine.

Les noces furent tristes, et comme il convenait à une fête donnée sous de si sanglants auspices. Morton, Maitland et quelques bas flatteurs de Bothwell y assistèrent seuls. L'ambassadeur de France, quoiqu'il fût une créature de la maison de Guise, dont était la reine, refusa de s'y trouver.

L'illusion de Marie fut courte : à peine au pouvoir de Bothwell, elle vit quel maître elle s'était donné. Grossier, brutal et violent, il semblait choisi par la Providence pour être le vengeur des fautes dont il avait été l'instigateur ou le complice. Bientôt ses emportements arrivèrent à un tel point, qu'un jour, ne pouvant plus les supporter, Marie s'empara du poignard d'Areskine, qui était présent avec Melvil à une de ces scènes, et voulut s'en frapper, disant qu'elle aimait mieux mourir que de continuer de vivre malheureuse comme elle était ; et cependant, chose inexplicable, malgré ces duretés sans cesse renouvelées, Marie, oubliant qu'elle était femme et reine, revenait toujours la première à Bothwell, tendre et soumise comme un enfant.

Néanmoins ces scènes publiques donnèrent un prétexte aux nobles, qui ne cherchaient qu'une occasion d'éclater. Le comte de Mar, gouverneur du jeune prince, Argyle, Athole, Glaincairn, Lindlay, Boyd, et jusqu'à Morton et Maitland eux-mêmes, ces complices éternels de Bothwell, se soulevèrent pour venger, dirent-ils, la mort du roi, et pour tirer le fils des mains qui avaient fait mourir le père et retenaient la mère captive. Quant à Murray, il s'était complétement effacé pendant tous les derniers événements, étant dans le comté de Fife lorsque le roi fut assassiné, et trois jours avant le procès de Bothwell, ayant sollicité et obtenu de sa sœur la permission d'aller faire un voyage sur le continent.

L'insurrection avait eu lieu d'une manière si prompte et si instantanée, que les seigneurs confédérés, dont le plan était de s'emparer par surprise de Marie et de Bothwell, pensèrent y réussir du premier coup. Le roi et la reine étaient à table chez lord Borthwick, qui leur donnait une fête, lorsque tout à coup on annonça qu'une troupe considérable d'hommes armés entourait le château. Les deux époux se doutèrent que c'était à eux que l'on en voulait, et comme ils n'avaient aucun moyen de résistance, Bothwell prit les habits d'un écuyer, Marie ceux d'un page, et tous deux, montant aussitôt à cheval, s'échappèrent par une porte, tandis que déjà les confédérés entraient par l'autre. Les fugitifs se retirèrent à Dumbar.

Là ils convoquèrent tous les amis de Bothwell et leur firent signer une espèce de confédération par laquelle ils s'engageaient à défendre la reine et son mari. Sur ces entrefaites, Murray arriva de France, et Bothwell lui présenta, comme aux autres, l'acte d'association; mais Murray refusa d'y apposer sa signature, disant que c'était lui faire insulte, que de croire qu'il avait besoin d'être tenu par un engagement écrit lorsqu'il s'agissait de défendre sa sœur et sa reine. Ce refus ayant amené une altercation entre lui et Bothwell, Murray, fidèle à son système de neutralité, se retira dans son comté, et laissa les affaires suivre sans lui la peute fatale qu'elles avaient prise.

Cependant les confédérés, après avoir manqué leur coup à Borthwick, ne se sentant point assez forts pour aller attaquer Bothwell à Dumbar, marchèrent sur Édimbourg, où ils avaient des intelligences avec un homme dont Bothwell se croyait sûr. Cet homme était Jacques Balfour, commandant de la citadelle, le même qui avait présidé à la confection de la mine qui avait fait sauter Darnley, et que Bothwell avait rencontré en entrant dans le jardin de Kirchfield. Non-seulement Balfour livra la citadelle d'Édimbourg entre les mains des confédérés, mais encore il leur remit un petit coffret d'argent, dont le chiffre, qui était un F couronné, indiquait qu'il venait de François II; et, en effet, c'était un cadeau de son premier mari dont la reine avait fait don à Bothwell. Balfour assura que ce coffret renfermait des papiers précieux qui, dans les circonstances présentes, pouvaient être aux ennemis de Marie d'une grande utilité. Les lords confédérés l'ouvrirent, et y trouvèrent les trois lettres vraies ou fausses que nous avons citées, le contrat de mariage des deux époux, et douze pièces de vers de la main de la reine. Comme l'avait dit Balfour, c'était là, pour les ennemis de Marie, une riche et précieuse trouvaille, et qui valait mieux qu'une victoire; car une victoire ne leur livrait que la vie de la reine, tandis que la trahison de Balfour leur livrait son honneur.

Pendant ce temps, Bothwell avait fait des levées et se croyait en état de tenir la campagne : en conséquence, il se mit en route avec son armée, sans même attendre les Hamilton, qui réunissaient leurs vassaux, et le 15 juin 1567 les deux partis opposés se trouvèrent en présence. Marie, qui voulait tâcher d'éviter l'effusion du sang, envoya aussitôt aux lords confédérés l'ambassadeur de France, pour les exhorter à mettre bas les armes; mais ceux-ci répondirent « que la reine se trompait en les prenant pour des rebelles; que ce n'était point contre elle qu'ils marchaient, mais contre Bothwell. » Alors les amis du roi firent ce qu'ils purent pour rompre les négociations et engager le combat : il était déjà trop tard, les soldats savaient qu'ils défendaient la cause d'un homme, et qu'ils allaient se battre pour le caprice d'une femme et non pour le bien du pays; ils crièrent donc hautement que, « puisque c'était à Bothwell seul que l'on en voulait, c'était à Bothwell de défendre sa cause. » Et celui-ci, vaniteux et rodomont comme toujours, fit publier alors qu'il était prêt à prouver son innocence les armes à la main contre quiconque oserait soutenir qu'il était coupable. A l'instant même, tout ce qu'il y avait de noblesse dans le camp opposé accepta le cartel; et comme on cédait la place aux plus vaillants, Kirkaldi de Lagrange, Murray de Tullibardin et lord Lindsay de Byres le défièrent successivement. Mais, soit que le courage l'abandonnât, soit qu'au moment du danger il ne crût pas lui-même à la justice de sa cause, il chercha, pour éluder le combat, des prétextes si étranges, que la reine elle-même en eut honte et que ses amis les plus dévoués en murmurèrent.

Alors Marie, voyant la disposition fatale où étaient les esprits, résolut de ne point tenter les risques d'une bataille. Elle envoya donc un héraut à Kirkaldi de Lagrange, qui commandait un poste avancé, et comme celui-ci s'avançait sans défiance pour s'entretenir avec la reine, Bothwell, furieux de sa propre lâcheté, donna ordre à un soldat de tirer sur lui;

mais cette fois Marie elle-même s'interposa, défendant, sous peine de mort, qu'il lui fût fait la moindre violence. En même temps, comme l'ordre imprudent donné par Bothwell s'était répandu dans l'armée, de tels murmures éclatèrent, qu'il vit bien que sa cause était à jamais perdue.

C'est ce que pensa aussi la reine : car le résultat de sa conférence avec lord Kirkaldi fut qu'elle abandonnerait la cause de Bothwell, et passerait dans le camp des confédérés, à condition qu'ils mettraient bas les armes devant elle, et qu'ils la ramèneraient en reine à Édimbourg. De Lagrange alla porter les conditions aux nobles, et promit de revenir le lendemain avec une réponse satisfaisante.

Mais, au moment de quitter Bothwell, Marie fut reprise pour lui de cet amour fatal qu'elle ne put jamais surmonter, et se sentit atteinte d'une telle faiblesse, que, pleurant à chaudes larmes, et aux yeux de tous, voulut faire dire à Lagrange qu'elle rompait toute négociation ; mais comme Bothwell avait compris qu'il n'était plus en sûreté dans le camp, ce fut lui-même qui insista pour que les choses restassent dans l'état où elles étaient ; et laissant Marie éplorée, il monta à cheval, et s'éloignant, à franc étrier, il ne s'arrêta qu'à Dumbar.

Le lendemain, à l'heure dite, les trompettes qui précédaient lord Kirkaldi de Lagrange annoncèrent son arrivée. Marie monta aussitôt à cheval et alla au-devant de lui ; puis, comme il avait mis pied à terre pour la saluer : — Mylord, dit-elle, je me rends à vous, aux conditions que vous m'avez proposées de la part des nobles, et voici ma main en signe de parfaite confiance. — Alors Kirkaldi mit un genou en terre, baisa respectueusement la main de la reine ; puis, se relevant, il prit son cheval par la bride, et le conduisit vers le camp des confédérés.

Tout ce qu'il y avait de seigneurie et de noblesse dans l'armée la reçut avec des marques de respect telles, qu'elle n'en pouvait demander de plus grandes ; mais il n'en fut pas de même des soldats et des communes gens. A peine la reine fut-elle arrivée à la seconde ligne, qui était formée par eux, qu'il s'éleva de grands murmures et que plusieurs voix criè-

rent : « Au bûcher, l'adultère ! au bûcher, la parricide ! »
Cependant Marie supporta assez stoïquement ces outrages ;
mais elle était réservée à une épreuve plus terrible encore.
Tout à coup elle vit se dresser devant elle une bannière sur
laquelle était peint d'un côté le roi mort et étendu dans le
fatal jardin, et de l'autre le jeune prince à genoux, les mains
jointes et les yeux au ciel, avec cette devise : « O Seigneur !
juge et venge ma cause ! » Marie arrêta son cheval tout court
à cette vue, et voulut retourner en arrière ; mais à peine eut-
elle fait quelques pas, que la bannière accusatrice lui ferma
de nouveau le passage. Partout où elle alla, elle rencontra
cette fatale apparition. Sans cesse, pendant deux heures, elle
eut devant les yeux et le cadavre du roi demandant vengeance, et le jeune prince, son fils, priant Dieu de punir les
meurtriers. Enfin, elle ne put supporter plus longtemps cette
vue, et, jetant un cri, elle se renversa en arrière, ayant complétement perdu connaissance et prête à tomber, si on ne
l'avait retenue.

Le soir, elle entra à Édimbourg, toujours précédée de cette
cruelle bannière ; elle avait déjà plus l'air d'une prisonnière
que d'une reine ; car, n'ayant pas eu un instant de la journée
à donner à sa toilette, ses cheveux retombaient épars sur ses
épaules ; son visage était pâle et portait la trace des larmes ;
enfin, ses vêtements étaient couverts de poussière et de boue.
Là, et à mesure qu'elle avançait dans la ville, les huées de
la populace et les malédictions de la multitude la poursuivirent. Enfin, à demi morte de fatigue, brisée de douleur, courbée de honte, elle arriva dans la maison du lord-prévôt ; mais
à peine y fut-elle, que toute la population d'Édimbourg se
pressa sur la place, avec des cris qui de temps en temps prenaient un caractère de menace effrayant. Plusieurs fois alors
Marie voulut s'approcher de la fenêtre, espérant que son aspect, dont elle avait si souvent éprouvé l'influence, désarme-
rait toute cette multitude ; mais à chaque fois elle vit, comme
un rideau sanglant, se déployer entre elle et le peuple cette
bannière, traduction terrible des sentiments de la multitude.

Cependant toute cette haine s'adressait encore plutôt à
Bothwell qu'à elle ; c'était Bothwell que l'on poursuivait dans

la veuve de Darnley. Les malédictions étaient pour Bothwell : Bothwell était l'adultère, Bothwell était le meurtrier, Bothwell était le lâche; tandis que Marie était la femme faible et fascinée, qui, le soir même, donna une nouvelle preuve de sa folie.

En effet, aussitôt que la nuit en s'avançant eut dispersé cette multitude et qu'un peu de silence se fut rétabli, Marie, cessant d'être agitée pour son propre compte, revint aussitôt à Bothwell, qu'elle avait été obligée d'abandonner, et qui à cette heure était proscrit et fugitif; tandis qu'elle, à ce qu'elle croyait, allait reprendre son titre et son rang de reine. Avec cette éternelle confiance de la femme en son propre amour, auquel elle mesure toujours l'amour d'autrui, elle pensa que la plus grande douleur de Bothwell n'était point d'avoir perdu la richesse et la puissance, mais de l'avoir perdue, elle. Elle lui écrivit donc une longue lettre, où, s'oubliant elle-même, elle lui promettait, avec les expressions de l'amour le plus tendre, de ne jamais l'abandonner et de le rappeler auprès d'elle aussitôt que la séparation des lords confédérés lui en donnerait le pouvoir; puis, cette lettre écrite, elle appela un soldat, lui donna une bourse pleine d'or, et le chargea d'aller porter cette lettre à Dumbar, où devait être Bothwell, et, s'il en était déjà parti, de le suivre jusqu'à ce qu'il le rejoignît.

Alors elle se coucha et s'endormit plus tranquille; car, toute malheureuse qu'elle était, elle croyait qu'elle venait d'adoucir des malheurs encore plus grands que les siens.

Le lendemain, la reine fut réveillée par le pas d'un homme armé qui entrait dans sa chambre. Étonnée et effrayée à la fois de cet oubli des convenances, qui ne lui indiquait rien de bon, Marie se souleva sur son lit, et, en écartant les rideaux, aperçut, debout devant elle, lord Lindsay de Byres : c'était, elle le savait, un de ses plus vieux et de ses plus anciens ennemis; aussi lui demanda-t-elle, d'une voix qu'elle essayait vainement de rendre assurée, ce qu'il voulait d'elle à une pareille heure.

— Connaissez-vous cet écrit, madame? demanda lord Lindsay d'une voix rude, en présentant à la reine la lettre qu'elle avait écrite pendant la nuit à Bothwell, et que le soldat avait portée aux lords confédérés, au lieu de la remettre à son adresse. — Oui, sans doute, milord, répondit la reine; mais suis-je donc déjà prisonnière, que ma correspondance soit interceptée? ou bien n'est-il plus permis à une femme d'écrire à son mari? — Quand le mari est un traître, répondit Lindsay, non, madame, il n'est plus permis d'écrire à son mari, à moins cependant que cette femme ne soit de moitié dans sa trahison; ce qui me paraît, au reste, bien prouvé par la promesse que vous faites à ce misérable de le rappeler auprès de vous. — Milord, s'écria Marie, interrompant Lindsay, vous oubliez que vous parlez à votre reine? — Il y eu une époque, madame, répondit Lindsay, où je vous eusse parlé d'une voix plus douce et en inclinant les genoux, quoiqu'il ne soit point dans notre nature, à nous autres, vieux Écossais, de nous modeler sur vos courtisans de France; mais depuis quelque temps, grâce à vos changements d'amours, vous nous tenez si souvent en campagne, le harnais sur le dos, que notre voix s'est enrouée à l'air glacé de la nuit, et que nos genoux roidis ne peuvent plus plier dans nos cuissards : il faut donc que vous me preniez tel que je suis, madame, aujourd'hui que, pour le bonheur de l'Écosse, vous n'êtes plus libre de choisir vos favoris.

Marie pâlit affreusement à ce manque de respect, auquel elle n'était point encore accoutumée; mais bientôt renfermant, autant qu'il lui était possible, sa colère en elle-même :

— Mais encore, milord, dit-elle, si disposée que je sois à vous prendre tel que vous êtes, faut-il, au moins, que je sache à quel titre vous venez près de moi. Cette lettre, que vous tenez à la main, me ferait penser que c'est comme espion, si votre facilité à entrer dans ma chambre sans y être demandé ne me portait à croire que c'est comme geôlier. Ayez donc la bonté de me dire duquel de ces deux noms il faut que je vous appelle. — Ni de l'un ni de l'autre, madame; car je suis tout bonnement votre compagnon de route, le chef de l'escorte qui doit vous conduire au château de Lochleven, votre future résidence. Et encore, à peine arrivé là, serai-je obligé de vous y laisser, pour venir aider les lords confédérés à choisir un régent au royaume. — Ainsi, dit Marie, c'était comme prisonnière et non comme reine que je m'étais rendue à lord de Lagrange? Les choses étaient convenues autrement, ce me semble; mais je suis aise de voir combien de temps il faut à des nobles écossais pour trahir les engagements qu'ils ont jurés. — Votre grâce oublie que ces engagements étaient pris à une condition, reprit Lindsay. — Et à laquelle? demanda Marie. — C'est que vous vous sépareriez à tout jamais du meurtrier de votre mari; et voilà qui fait foi, ajouta-t-il en montrant la lettre, que vous avez oublié votre promesse avant que nous ne songions à révoquer la nôtre. — Et pour quelle heure est fixé mon départ? dit Marie, que cette discussion commençait à lasser. — Pour onze heures, madame. — C'est bien, milord; comme je ne veux pas faire attendre votre seigneurie, vous allez avoir la bonté, en vous retirant, de m'envoyer quelqu'un pour m'aider à m'habiller, à moins que je n'en sois réduite à me servir seule.

Et, en prononçant ces paroles, Marie fit un geste si impérieux, que, quelque envie qu'eût Lindsay de lui répondre, il s'inclina et sortit. Derrière lui Marie Seyton entra.

A l'heure dite la reine se trouva prête : elle avait tant souffert à Édimbourg, qu'elle en sortait sans aucun regret. Au reste, soit pour lui épargner les humiliations de la veille, soit pour dérober son départ à ce qui pourrait rester de partisans, une litière avait été préparée pour elle. Marie y monta sans aucune résistance, et après deux heures de route elle arriva à Duddington : là un petit bâtiment l'attendait, qui mit à la voile aussitôt qu'elle fut à bord, et le lendemain, au point du jour, elle débarquait de l'autre côté du golfe d'Édimbourg dans le comté de Fife.

Marie ne fit halte au château de Rosithe que juste le temps qu'il lui fallait pour déjeuner; puis aussitôt elle se remit en route; car lord Lindsay avait déclaré qu'il voulait arriver ce même soir à sa destination. En effet, au moment où le soleil allait se coucher, Marie aperçut, dorées de ses derniers rayons, les hautes tours du château de Lochleven, situé sur une petite île au milieu du lac du même nom.

Sans doute, la royale prisonnière était déjà attendue au

château de Lochleven ; car, en arrivant sur les bords du lac, l'écuyer de lord Lindsay déploya sa bannière, qui, jusque-là, était restée dans son étui, et l'agita de droite à gauche pendant que son maître sonnait d'un petit cor de chasse qu'il portait suspendu à son côté. Aussitôt une barque se détacha de l'île et s'avança vers le cortége, mise en mouvement par quatre vigoureux rameurs, qui lui eurent bientôt fait franchir l'espace qui la séparait du rivage : Marie y monta toujours en silence, et s'assit à la poupe, tandis que lord Lindsay et son écuyer se tenaient debout devant elle ; et comme son conducteur ne paraissait pas plus disposé à parler qu'elle n'était disposée elle-même à lui répondre, elle eut tout le temps d'examiner sa future demeure.

Le château ou plutôt la forteresse de Lochleven, déjà passablement sombre par sa position et son architecture, empruntait encore une nouvelle tristesse de l'heure à laquelle elle apparaissait aux yeux de la reine. C'était, autant qu'elle en pouvait juger au milieu des vapeurs qui s'élevaient du lac, une de ces massives bâtisses du douzième siècle, qui semblent, tant elles sont bien fermées, les armures de pierre d'un géant : à mesure qu'elle en approchait, Marie commençait à distinguer les contours de deux grandes tours rondes qui flanquaient ses angles et lui donnaient le caractère sévère d'une prison d'État ; un bouquet de vieux arbres, qui, enfermé par une muraille élevée où plutôt par un rempart, s'élevait vers sa face septentrionale, et semblait une végétation de pierre, complétait l'ensemble de cette triste demeure, tandis qu'au contraire, la vue, en s'écartant d'elle et en sautant d'îles en îles, allait se perdre à l'ouest, au nord et au midi, dans la vaste plaine de Kinross, ou s'arrêter vers le sud aux cimes dentelées du Ben Lomond, dont les dernières collines venaient mourir sur les rives du lac.

Trois personnes attendaient Marie à la porte du château : c'étaient lady Douglas, Williams Douglas, son fils, et un jeune enfant de douze ans, que l'on appelait le petit Douglas, et qui n'était ni fils ni frère des habitants du château, mais seulement un parent éloigné. Comme on le pense bien, les compliments furent courts entre Marie et ses hôtes, et la reine, conduite à son appartement, qui était situé au premier et dont les fenêtres donnaient sur le lac, fut bientôt laissée avec Marie Seyton, la seule de ses quatre Maries à qui on eût permis de l'accompagner.

Cependant, si rapide qu'eût été l'entrevue, et quelque courtes et mesurées que fussent les paroles échangées entre la prisonnière et ses geôliers, Marie avait eu le temps, d'après ce qu'elle en savait d'avance, de se faire une idée assez exacte des personnages nouveaux qui venaient se mêler à son histoire.

Lady Lochleven, femme de lord Williams Douglas, dont nous avons déjà dit quelques mots au commencement de cette histoire, était une femme de cinquante-cinq à soixante ans, qui avait été assez belle dans sa jeunesse pour fixer sur elle les regards du roi Jacques V, et qui en avait eu un fils, qui était ce même Murray, que nous avons déjà vu figurer si souvent dans l'histoire de Marie, et qui, quoique sa naissance fût illégitime, avait toujours été traité en frère par la reine. Un instant lady Lochleven avait eu l'espoir, tant était grand l'amour du roi pour elle, de devenir sa femme; ce qui, à tout prendre, était possible, la famille de Mar, dont elle descendait, étant l'égale des plus vieilles et des plus nobles familles d'Écosse. Mais, malheureusement, soit calomnie, soit médisance, quelques propos qui avaient cours parmi les jeunes seigneurs de cette époque revinrent aux oreilles de Jacques : on disait qu'en même temps que son royal amant, la belle favorite en avait un autre, qu'elle avait choisi, sans doute par curiosité, dans la dernière classe du peuple. On ajoutait que ce Porterfeld ou Porterfield était le véritable père de l'enfant, qui avait déjà reçu le nom de Jacques Stuart, et que le roi faisait élever comme son fils au monastère de Saint-André. Ces discours, vrais ou faux, avaient donc arrêté Jacques V au moment où, dans sa reconnaissance pour celle qui lui avait donné un fils, il était sur le point de l'élever au rang de reine; de sorte qu'au lieu de l'épouser lui-même, il l'avait invitée à faire un choix parmi les seigneurs de la cour; et comme elle était fort belle et que la faveur du roi accompagnait le mariage, ce choix, qui tomba sur lord Williams Douglas de Lochleven, n'éprouva de la part de celui-ci aucune résistance. Cependant, malgré cette protection directe, que Jacques V lui avait conservée toute sa vie, lady Douglas n'avait jamais pu oublier qu'elle avait touché du doigt à une plus haute fortune : aussi avait-elle pris en haine celle qui, selon elle, avait usurpé sa place, et la pauvre Marie avait naturellement hérité de l'animosité profonde que lady Douglas portait à sa mère, et qui s'était déjà fait jour dans les quelques paroles que les deux femmes avaient échangées entre elles. Au reste, en vieillissant, soit repentir de ses fautes, soit hypocrisie, lady Douglas s'était faite prude et puritaine ; de sorte qu'elle joignait, à cette heure, à l'âcreté naturelle de son caractère toute la roideur de la religion nouvelle qu'elle avait adoptée.

Williams Douglas, qui était le fils aîné du lord de Lochleven, et qui se trouvait par sa mère le demi-frère de Murray, était un homme de trente-cinq à trente-six ans, à la force athlétique, aux traits durs et fortement prononcés, roux comme toute la branche cadette, et qui avait hérité de cette haine paternelle que, depuis un siècle, les Douglas nourrissaient contre les Stuarts, et qui s'était manifestée par tant de complots, de révoltes et d'assassinats. Selon que la fortune avait favorisé ou abandonné Murray, Williams Douglas avait vu les rayons de l'astre fraternel se rapprocher ou s'éloigner de lui ; il avait alors senti qu'il vivait d'une vie étrangère et s'était dévoué, corps et âme, à celui qui était son principe de grandeur ou sa cause d'abaissement. La chute de Marie, qui, nécessairement, devait élever Murray, était donc pour lui un sujet de joie, et les lords confédérés ne pouvaient mieux choisir qu'en confiant la garde de leur prisonnière à la rancune instinctive de lady Douglas et à la haine intelligente de son fils.

Quant au petit Douglas, c'était, comme nous l'avons dit, un enfant de douze ans, orphelin depuis quelques mois, que les Lochleven avaient pris auprès d'eux, et auquel, par toutes sortes de duretés, ils faisaient acheter le pain qu'ils lui donnaient. Il en était résulté que l'enfant, fier et haineux comme un Douglas, et sachant, quoique sa fortune fût inférieure, que sa naissance était égale à celle de ses orgueilleux parents, avait changé peu à peu sa reconnaissance primitive en une haine durable et profonde : car on avait l'habitude de dire qu'il y avait chez les Douglas un âge pour l'amour, mais qu'il n'y en avait pas pour la haine. Il en résulta que, sentant sa faiblesse et son isolement, l'enfant s'était renfermé en lui-même avec une puissance au-dessus de son âge, et, humble et soumis en apparence, n'attendait que le moment où, devenu jeune homme, il pourrait s'éloigner de Lochleven et peut-être même se venger de la protection orgueilleuse de ceux qui l'habitaient. Cependant les sentiments que nous venons d'exprimer ne s'étendaient pas à tous les membres de la famille, et autant au fond du cœur le petit Douglas haïssait Williams et sa mère, autant il aimait Georges, le second des fils de lady Lochleven, dont nous n'avons point encore parlé, parce qu'étant absent du château au moment où la reine y arriva, nous n'avons point trouvé occasion de le présenter encore à notre lecteur.

Georges, qui pouvait avoir à cette époque vingt-cinq ou vingt-six ans à peu près, était le second fils du lord de Lochleven ; mais, par un hasard singulier, que la jeunesse aventureuse de sa mère avait fait mal interpréter à sir Williams, ce second fils ne présentait aucun des traits distinctifs des Douglas, qui étaient d'avoir les joues larges et hautes en couleur, les oreilles grandes et les cheveux roux. Il en était résulté que le pauvre Georges, qui, au contraire de cela, avait reçu de la nature des joues pâles, des yeux bleu foncé et des cheveux noirs, avait été, dès son arrivée en ce monde, l'objet de l'indifférence de son père et de la haine de son frère aîné. Quant à sa mère, soit qu'effectivement elle s'étonnât de bonne foi comme lord Douglas de cette différence dans la race, soit qu'elle en connût la cause et se la reprochât intérieurement, Georges n'avait jamais été, ostensiblement du moins, l'objet d'un amour maternel bien vif de sa part : il en était résulté que le jeune homme, poursuivi dès sa jeunesse par une fatalité qu'il ne s'expliquait pas, avait poussé comme un arbuste sauvage, plein de séve et de force, mais inculte et isolé. Aussi, dès l'âge de quinze ans, s'était-on habitué à ses absences sans cause, que l'indifférence que chacun lui portait rendait au reste parfaitement explicables ; de temps en temps seulement on le voyait reparaître au château, pareil à ces oiseaux voyageurs qui reviennent toujours au même endroit, mais ne s'y reposent qu'un instant ; puis repartent sans qu'on sache vers quel point du monde ils dirigent leur vol.

Un instinct de malheur pareil avait réuni le petit Douglas à Georges : Georges, en voyant l'enfant maltraité par tous, s'était pris d'amitié pour lui, et le petit Douglas, en se sentant aimé au milieu de cette atmosphère d'indifférence qui l'entourait, s'était tourné les bras et le cœur ouverts du côté de Georges ; il était résulté de cette affection mutuelle, qu'un jour que l'enfant avait commis je ne sais quelle faute, et que Williams Douglas levait pour le frapper le fouet avec lequel il battait ses chiens, Georges, qui était assis triste et pensif sur une pierre, s'était élancé aussitôt, avait arraché le fouet des mains de son frère, et l'avait jeté loin de lui. A cette insulte, Williams avait tiré son épée, et Georges la sienne, de sorte que ces deux frères, qui depuis vingt ans se haïssaient comme ennemis, allaient s'égorger, lorsque le petit Douglas qui avait ramassé le fouet, revenant se mettre à genoux devant Williams, lui avait présenté l'arme infamante, en lui disant : Frappe, cousin, je l'ai mérité. — Cette action de l'enfant avait donné quelques minutes de réflexion aux deux jeunes hommes, qui, effrayés du crime qu'ils allaient commettre, avaient remis leur épée au fourreau, et s'étaient éloignés en silence, et chacun de son côté. Depuis cette aventure, l'amitié de Georges et du petit Douglas avait pris une nouvelle force, et de la part de l'enfant elle était devenue une vénération.

Nous nous appesantissons sur tous ces détails un peu longuement peut-être, mais nos lecteurs nous les pardonneront sans doute, lorsqu'ils verront de quelle utilité ils sont pour l'avenir.

Voilà au milieu de quelle famille, moins Georges, qui, comme nous l'avons dit, était absent au moment de son arrivée, la reine était tombée, passant en un instant du faîte de la puissance à l'état de prisonnière ; car, dès le lendemain de son arrivée, Marie avait pu voir que c'était à ce titre

4.

qu'elle était commensale du château de Lochleven. En effet, lady Douglas s'était présentée devant elle dès le matin, et avait, avec un embarras et une haine mal déguisés sous les apparences d'une indifférence respectueuse, invité Marie à la suivre pour prendre connaissance des différentes parties de la forteresse qui avaient été désignées d'avance pour son usage particulier. Alors elle lui avait fait traverser trois chambres, dont l'une était destinée à lui servir de chambre à coucher, la seconde de salon, et la troisième d'antichambre; puis, descendant la première un escalier en spirale, qui donnait dans la grande salle du château, sa seule issue, elle avait traversé cette salle, et avait conduit Marie dans le jardin, dont la reine avait vu à son arrivée les arbres dépasser les hautes murailles : c'était un petit carré de terrain, formant un parterre, au milieu duquel s'élevait une fontaine artificielle. On y entrait par une porte fort basse, qui se répétait sur le mur opposé; cette seconde porte donnait sur le lac, et comme toutes les portes du château, dont les clefs cependant ne quittaient jamais le ceinturon ou le chevet de Williams Douglas, elle était gardée jour et nuit par une sentinelle. C'était là tout le domaine de celle qui avait eu à elle les palais, les plaines et les montagnes de tout un royaume.

Marie, en rentrant dans sa chambre, trouva le déjeuner préparé et Williams Douglas debout près de la table : il venait remplir près de la reine les fonctions d'écuyer tranchant et de dégustateur. Malgré leur haine pour Marie, les Douglas auraient regardé comme une tache éternelle à leur honneur qu'il arrivât quelque accident à la prisonnière tout le temps qu'elle habiterait leur château : or, c'était pour que la reine elle-même ne conçût aucune crainte à cet égard que Williams Douglas, en sa qualité de châtelain, avait non-seulement voulu tailler devant la reine, mais même déguster en sa présence et avant elle tous les mets qui lui étaient servis, ainsi que l'eau et les différents vins qui lui devaient être apportés. Cette précaution attrista plus Marie qu'elle ne la rassura; car elle comprit que, pendant le temps qu'elle serait au château, cette étiquette ôterait toute intimité à sa table. Cependant la chose venait d'une intention trop noble pour qu'elle pût en faire un crime à ses hôtes : elle se résigna donc à cette compagnie, quelque insupportable qu'elle lui fût ; seulement, à compter de ce jour, elle abrégea tellement ses repas, qu'à peine, pendant tout le temps qu'elle fut à Lochleven, ses dîners les plus longs durèrent-ils un quart d'heure.

Le surlendemain de son arrivée, Marie, en se mettant à table pour le déjeuner, trouva sur son assiette une lettre à son adresse, qui y avait été déposée par Williams Douglas. Marie reconnut l'écriture de Murray, et son premier sentiment fut tout à la joie ; car s'il lui restait un rayon d'espoir, il lui venait du côté de son frère, pour lequel elle avait toujours été parfaitement bonne, que de prieur de Saint-André elle avait fait comte, en lui donnant les magnifiques terres qui faisaient partie de l'ancien comté de Murray, et auquel depuis, ce qui était bien plus encore, elle avait pardonné ou feint de pardonner la part qu'il avait prise dans l'assassinat de Rizzio. Son étonnement fut donc grand, lorsque, ayant ouvert la lettre, elle y trouva des reproches amers contre sa conduite, une exhortation à faire pénitence, et une assurance plusieurs fois réitérée de ne jamais sortir de sa prison. Il terminait sa lettre en lui annonçant que, malgré le dégoût qu'il avait pour les affaires publiques, il avait été forcé d'accepter la régence, ce qu'il avait fait moins encore pour sa patrie que pour sa sœur, attendu que c'était le seul moyen qu'il eût de s'opposer au procès infamant que les nobles voulaient lu faire, comme auteur, ou du moins comme principale complice de la mort de Darnley. C'était donc, à l'entendre, un grand bonheur pour elle que cette captivité, et elle devait en remercier le ciel, comme d'un adoucissement au sort qui l'eût attendue, s'il n'eût point intercédé pour elle.

Cette lettre fut un coup de foudre pour Marie : seulement, comme elle ne voulait pas donner à ses ennemis la joie de la voir souffrir, elle renferma sa douleur en elle-même, et se retournant vers Williams Douglas :

— Milord, lui dit-elle, cette lettre contient des nouvelles que vous savez sans doute déjà, car, quoique nous ne soyons pas enfants de la même mère, celui qui m'écrit est notre parent à un égal degré, et n'aura pas voulu écrire à sa sœur sans écrire en même temps à son frère : d'ailleurs, en bon fils, il aura désiré faire part à sa mère des grandeurs inattendues qui lui arrivent. — Oui, madame, répondit Williams, nous savons depuis hier, que, pour le bonheur de l'Écosse, mon frère a été nommé régent du royaume; et comme c'est un fils aussi respectueux pour sa mère que dévoué à sa patrie, nous espérons qu'il réparera le mal que, depuis cinq ans, les favoris de tous genres et de toute espèce ont fait à toutes deux. — C'est d'un bon fils et en même temps d'un hôte courtois, que de ne pas remonter plus haut dans l'histoire d'Écosse, répondit Marie Stuart, et de ne pas faire rougir la fille des fautes du père : car j'ai entendu dire que le mal dont se plaint votre seigneurie était antérieur à l'époque où vous le fixez, et que le roi Jacques V avait eu aussi autrefois des favoris et même des favorites. Il est vrai que l'on ajouta que les uns ont aussi mal reconnu son amitié que les autres son amour. C'est, si vous l'ignorez, milord, ce dont pourrait vous instruire, au cas où il vivrait encore, un certain Portefel ou Portefield, je ne sais lequel, m'entendant mal à retenir et à prononcer ces noms de gens du peuple, mais sur lequel, à mon défaut, votre noble mère pourrait vous donner des renseignements.

A ces mots, Marie Stuart se leva, et, laissant Williams Douglas rouge de colère, rentra dans sa chambre à coucher, et verrouilla la porte derrière elle.

De toute cette journée Marie ne descendit point, et demeura devant sa fenêtre, d'où elle jouissait au moins d'une magnifique vue, qui s'étendait sur les plaines et le village de Kinross; mais cette vaste étendue ne faisait que lui resserrer encore le cœur, lorsque, ramenant ses regards de l'horizon au pied du château, elle voyait ses murailles entourées de tous côtés par les eaux profondes du lac, sur la vaste surface duquel se balançait comme un point une seule barque, où le petit Douglas était occupé à pêcher. Depuis quelques instants les yeux de Marie s'étaient arrêtés machinalement sur cet enfant, qu'elle avait déjà aperçu à son arrivée, lorsque tout à coup le bruit du cor retentit du côté de Kinross. Au même instant le petit Douglas jeta sa ligne, et se mit à ramer du côté par où était venu le signal, avec une adresse et une force au-dessus de son âge. Marie, qui, sans motif, avait arrêté son regard sur lui, continua de le suivre des yeux, et le vit se diriger vers un point du rivage si éloigné, que la barque ne lui sembla plus qu'un point imperceptible ; mais bientôt elle reparut, grandissant à mesure qu'elle s'approchait, et Marie alors put remarquer qu'elle ramenait vers le château un nouveau passager, qui, ayant pris à son tour les rames, faisait voler la petite barque sur l'eau tranquille du lac, où elle laissait un sillon étincelant aux derniers rayons du soleil. Bientôt, emportée avec la vitesse d'un oiseau, elle fut assez proche pour que Marie pût remarquer que l'adroit et vigoureux rameur était un jeune homme de vingt-cinq à vingt-six ans, aux longs cheveux noirs, vêtu d'un justaucorps de drap vert, et portant sur la tête une toque de montagnard, ornée d'une plume d'aigle : puis, comme il approchait en tournant le dos à la fenêtre, le petit Douglas, qui était appuyé sur son épaule, lui dit quelques mots qui le firent retourner du côté de la reine : aussitôt Marie, par un mouvement instinctif encore plus que par la crainte d'être l'objet d'une vaine curiosité, se rejeta en arrière, mais point si vite cependant qu'elle n'eût pu voir la belle et pâle figure de l'inconnu, qui, lorsqu'elle se remit à sa fenêtre, avait disparu derrière un des angles du château.

Tout est motif de conjectures pour une prisonnière ; il semblait à Marie que la figure de ce jeune homme ne lui était pas inconnue, et que déjà elle s'était offerte à ses yeux ; cependant, avec quelque soin qu'elle interrogeât sa mémoire, elle ne lui rappelait aucun souvenir distinct ; si bien que la reine finit par croire que c'était un jeu de son imagination, ou que quelque vague et lointaine ressemblance l'avait trompée.

Cependant, malgré Marie, cette pensée avait pris une place importante dans son esprit : elle voyait sans cesse cette petite barque rasant l'eau, et le jeune homme et l'enfant qui la montaient se rapprochant d'elle comme pour lui apporter du secours. Il en résulta que, quoiqu'il n'y eût rien de positif dans tous ces rêves de captive, elle dormit cette nuit d'un sommeil plus tranquille qu'elle n'avait encore fait depuis qu'elle était au château de Lochleven.

Le lendemain, en se levant, Marie courut à sa fenêtre : le temps était beau, et tout semblait lui sourire, l'eau, le ciel et la terre. Cependant, sans se rendre compte du motif .qui la retenait, elle ne voulut pas descendre au jardin avant le déjeuner; mais lorsque la porte s'ouvrit, elle se retourna rapidement : c'était, comme la veille, Williams Douglas qui venait remplir son rôle de dégustateur.

Le déjeuner fut court et silencieux; puis, dès que Douglas fut retiré, Marie descendit à son tour; en traversant la cour, elle aperçut deux chevaux tout sellés, qui indiquaient le prochain départ d'un maître et d'un écuyer. Était-ce le jeune homme aux cheveux noirs qui repartait déjà? c'est ce que Marie n'osa ou ne voulut point demander. Elle continua, en conséquence, sa route, et entra dans le jardin : du premier coup d'œil elle l'embrassa dans toute son étendue, il était solitaire.

Marie s'y promena un instant; puis bientôt, se lassant de la promenade, elle remonta à sa chambre; en repassant dans la cour, elle avait remarqué que les chevaux n'y étaient plus. Aussitôt rentrée dans son appartement, elle alla donc à la fenêtre pour voir si elle ne découvrirait rien sur le lac qui pût la guider dans ses conjectures : en effet, une barque s'éloignait, et dans cette barque étaient les deux chevaux et les deux cavaliers; l'un de ces cavaliers était Williams Douglas, l'autre un simple écuyer de la maison.

Marie suivit la barque des yeux jusqu'à ce qu'elle eût touché le rivage. Arrivés là, les deux cavaliers en sortirent, tirèrent leurs chevaux après eux, et s'éloignèrent au grand galop, suivant le même chemin par lequel la reine était venue; de sorte que, comme les chevaux étaient couverts d'un harnais complet, Marie pensa que Williams Douglas se rendait à Édimbourg. Quant à la barque, à peine eut-elle déposé ses deux passagers sur la rive opposée, qu'elle revint vers le château.

En ce moment, Marie Seyton annonça à la reine que lady Douglas demandait la permission d'être introduite auprès d'elle.

C'était là seconde fois, qu'après une longue haine de la part de lady Douglas, et une indifférence méprisante de la part de la reine, les deux femmes allaient se trouver en face l'une de l'autre : aussi la reine, avec ce mouvement instinctif de coquetterie qui pousse les femmes, dans quelque situation qu'elles se trouvent, à vouloir être belles, surtout pour les femmes, fit-elle un signe de la main à Marie Seyton, et allant devant une petite glace accrochée au mur dans un lourd encadrement gothique, elle arrangea les boucles de ses cheveux, rajusta la dentelle de sa collerette ; puis, s'étant assise, dans la pose qui lui était la plus avantageuse, sur un grand fauteuil, le seul qui se trouvât dans le salon, elle dit en souriant à Marie Seyton qu'elle pouvait faire entrer lady Douglas, qui à l'instant même fut introduite.

L'attente de Marie ne fut pas trompée : lady Douglas, malgré sa haine pour la fille de Jacques V, et si maîtresse qu'elle se crût d'elle-même, ne put s'empêcher de témoigner par un mouvement de surprise l'impression que cette beauté merveilleuse faisait sur elle : elle avait cru trouver Marie écrasée par son malheur, pâlie par ses fatigues, désenorgueillie par la captivité, et elle la voyait calme, belle et hautaine comme d'habitude. Marie s'aperçut de l'effet qu'elle produisait, et s'adressant, avec un sourire ironique, moitié à Marie Seyton, qui était appuyée au dossier de sa chaise, et moitié à celle qui lui rendait cette visite imprévue :

— Nous sommes heureuse aujourd'hui, dit-elle, car nous allons, à ce qu'il paraît, jouir de la société de notre bonne hôtesse, que nous remercions d'ailleurs d'avoir bien voulu garder encore vis-à-vis de nous le vain cérémonial de l'annonce, chose dont elle aurait pu se dispenser, ayant les clefs de notre appartement. — Si ma présence est importune à votre grâce, répondit lady Lochleven, j'en suis d'autant plus désespérée, que les circonstances me feront un devoir de la lui imposer deux fois par jour, du moins pendant tout le temps que durera l'absence de mon fils, qui est appelé à Édimbourg par le régent ; c'est ce dont je venais prévenir votre grâce, non point avec le vain cérémonial de la cour, mais avec les égards que lady Lochleven doit à toute personne qui a reçu l'hospitalité dans son château. — Notre bonne hôtesse s'est méprise à notre intention, reprit Marie avec une bonhomie affectée, et le régent lui-même peut nous rendre témoignage du plaisir que nous avons toujours eu à rapprocher de nous les personnes qui peuvent nous rappeler, même indirectement, notre bien-aimé père, Jacques V. Ce serait donc à tort que lady Douglas interpréterait d'une façon désagréable pour elle notre surprise en la voyant ; et l'hospitalité qu'elle nous offre avec tant d'obligeance ne nous promet pas, malgré sa bonne volonté, assez de distractions, pour que nous nous privions de celles que ne peuvent manquer de nous procurer ses visites. — Malheureusement, madame, répondit lady Lochleven, que Marie tenait debout devant elle, quelque plaisir que j'éprouvasse moi-même à ces visites, je serai forcée de m'en priver, excepté aux heures que je vous ai dites. Je suis maintenant trop vieille pour supporter la fatigue, et j'ai toujours été trop fière pour souffrir les sarcasmes. — En effet, Seyton, s'écria Marie avec un apparent retour sur elle-même, nous n'avions pas songé que lady Lochleven ayant gagné ses droits au tabouret à la cour du roi mon père, avait dû les conserver dans la prison de la reine sa fille. Avancez un tabouret, Seyton, que nous ne soyons pas privée sitôt, et par un manque de mémoire de notre part, de la compagnie de notre gracieuse hôtesse ; ou même, continua Marie en se levant et en indiquant à lady Lochleven, qui faisait un mouvement pour se retirer, son propre siége, si un tabouret ne vous convient pas, milady, prenez ce fauteuil, vous ne serez pas la première personne de votre famille qui se soit mise à ma place.

A cette dernière allusion, qui lui rappelait l'usurpation de Murray, lady Lochleven allait sans doute faire quelque réponse pleine d'amertume, lorsque le jeune homme aux cheveux bruns parut, sans être annoncé, sur le seuil de la porte, et s'avançant vers lady Lochleven sans saluer Marie :

— Madame, lui dit-il en s'inclinant devant elle, la barque qui a conduit mon frère vient de revenir, et l'un des hommes qui la montent est chargé pour vous d'une recommandation pressée, que lord Williams a oublié de vous faire à vous-même.

Puis, saluant la vieille dame avec le même respect, il sortit
aussitôt de la chambre, sans même tourner les yeux du côté
de la reine, qui, blessée de cette impertinence, se retourna
vers Marie Seyton, et avec son calme ordinaire :

— Que nous avait-on raconté, Seyton, de bruits injurieux
qui s'étaient répandus sur notre digne hôtesse, à propos d'un
enfant à visage pâle et à cheveux noirs? Si cet enfant, comme
j'ai tout lieu de le croire, est devenu le jeune homme qui
sort d'ici, je suis prête à affirmer à tous les incrédules que
c'est un véritable Douglas, sinon pour le courage, dont nous
ne pouvons pas juger, mais pour l'insolence, dont il vient de
nous donner des preuves. Rentrons, mignonne, continua la
reine en s'appuyant sur le bras de Marie Seyton ; car notre
bonne hôtesse pourrait se croire, par courtoisie, obligée à
nous tenir compagnie plus longtemps, tandis que nous savons
qu'elle est impatiemment attendue ailleurs.

A ces mots, Marie rentra dans sa chambre à coucher, tandis
que la vieille lady, encore tout étourdie de la nuée de sarcasmes que la reine avait fait pleuvoir sur elle, se retirait en
murmurant : — Oui, oui, c'est un Douglas, et avec l'aide de
Dieu, il le prouvera, je l'espère.

La reine avait eu de la force, tant qu'elle avait été soutenue
par la présence de son ennemie ; mais à peine fut-elle seule
qu'elle se laissa tomber sur une chaise et, n'ayant plus d'autre
témoin de sa faiblesse que Marie Seyton, se mit à fondre en
larmes. En effet, elle venait d'être cruellement frappée : jusques alors aucun homme ne s'était approché d'elle qu'il n'eût
rendu hommage, soit à la majesté de son rang, soit à la
beauté de son visage. Et celui-là justement sur lequel elle avait
conçu sans savoir pourquoi des espérances instinctives l'in-
sultait à la fois dans son double orgueil de reine et de femme :
aussi demeura-t-elle renfermée jusqu'au soir.

A l'heure du dîner, ainsi que lady Lochleven en avait prévenu Marie, elle monta à l'appartement de la reine, vêtue de
sa robe d'honneur et précédant quatre domestiques qui portaient les différents plats dont devait se composer le repas de
la prisonnière, et qui à leur tour étaient suivis du vieil intendant du château, ayant, comme aux jours de grandes céré-

monies, sa chaîne d'or au cou et sa canne d'ivoire à la main. Les domestiques placèrent les plats sur la table, et attendirent en silence qu'il plût à la reine de sortir de sa chambre; mais en ce moment la porte s'ouvrit, et au lieu de la reine, ce fut Marie Seyton qui parut.

— Madame, dit-elle en entrant, sa grâce s'est trouvée indisposée pendant la journée et ne prendra rien ce soir; il serait donc inutile que vous l'attendissiez plus longtemps. — Permettez-moi d'espérer, répondit lady Lochleven, qu'elle changera de résolution; en tout cas, voyez-moi m'acquitter de mon devoir.

A ces mots, un domestique présenta à lady Lochleven du pain et du sel sur un plateau d'argent, tandis que le vieil intendant, qui, en l'absence de Williams Douglas, remplissait les fonctions d'écuyer tranchant, lui servait sur une assiette du même métal un morceau de chacun des plats qu'on avait apportés; puis, cette opération terminée:

— Ainsi, la reine ne paraîtra point aujourd'hui? demanda lady Lochleven. — C'est la résolution de sa majesté, répondit Marie Seyton. — Notre présence est donc inutile, dit la vieille dame; mais en tout cas, la table est servie, et si sa grâce avait besoin de quelque autre chose, elle n'aurait qu'à appeler.

A ces mots, lady Lochleven, avec la même raideur et la même dignité qu'elle était venue, se retira, suivie de ses quatre domestiques et de son intendant.

Ainsi que lady Lochleven l'avait prévu, la reine, cédant aux instances de Marie Seyton, sortit enfin de sa chambre, vers les huit heures du soir, se mit à table, et, servie par la seule dame d'honneur qui lui restât, mangea quelque peu de chose; puis, se levant, elle alla se mettre à sa fenêtre.

Il faisait une de ces magnifiques soirées d'été pendant lesquelles la nature tout entière semble en fête: le ciel était parsemé d'étoiles qui se réfléchissaient dans le lac, et au milieu d'elles, comme une étoile plus ardente, brillait la flamme d'un réchaud, brûlant à la poupe d'une petite barque: la reine, à la lueur de la lumière qu'elle répandait, aperçut Georges Douglas et le petit Douglas qui pêchaient au feu. Quelque envie qu'elle eût de profiter de cette belle soirée pour respirer l'air pur de la nuit, la vue de ce jeune homme qui lui avait fait le jour même une grossière insulte, l'impressionna si vivement, qu'elle referma aussitôt sa fenêtre, et se retirant dans sa chambre, se coucha, et se fit lire à haute voix quelques prières par sa compagne de captivité; puis, ne pouvant s'endormir tant elle était agitée, elle se releva et, passant une robe de chambre, alla se remettre à sa fenêtre : la barque avait disparu.

Marie resta une partie de la nuit les regards perdus dans l'immensité du ciel ou dans les profondeurs du lac; et cependant, malgré la nature des pensées qui l'agitaient, elle n'éprouva pas moins un soulagement physique très-grand dans le contact de cet air pur, et dans la contemplation de cette nuit calme et silencieuse : aussi le lendemain se réveilla-t-elle plus tranquille et plus résignée. Malheureusement la vue de lady Lochleven, qui se présenta devant elle à l'heure du déjeuner pour remplir ses fonctions de dégustatrice, lui rendit toute son irritabilité. Peut-être, cependant, les choses se seraient-elles passées tranquillement, si lady Lochleven, au lieu de demeurer debout près du buffet, se fût retirée après avoir goûté les différents mets qui composaient le service; mais cette insistance à rester près d'elle pendant tout le repas, qui n'était peut-être au fond qu'une marque de respect, parut à la reine une tyrannie insupportable.

— Mignonne, dit-elle en s'adressant à Marie Seyton, as-tu déjà oublié que notre bonne hôtesse s'est plainte hier de la fatigue qu'elle éprouvait à rester debout? Approche-lui donc un des deux tabourets qui forment notre ameublement royal, et aie soin que ce ne soit pas celui dont le pied est cassé. — Si l'ameublement du château de Lochleven est en si mauvais état, madame, répondit la vieille lady, c'est la faute des rois d'Écosse : les pauvres Douglas ont eu, depuis près d'un siècle, si peu de part aux faveurs de leurs souverains, qu'ils n'ont pas pu maintenir la splendeur de leurs ancêtres à la hauteur de celle de simples particuliers, et qu'il y a eu en Écosse tel musicien qui dépensait, à ce que l'on assure, en un mois leur revenu de toute une année.— Ceux qui savent si bien prendre, mylady, répondit la reine, n'ont pas besoin qu'on leur donne :

les Douglas, ce me semble, n'ont rien perdu pour attendre, et il n'y a pas de fils cadet de cette noble famille qui ne puisse aujourd'hui aspirer aux plus hautes alliances : il est fâcheux, vraiment, que notre sœur la reine d'Angleterre ait fait, à ce qu'on assure, vœu de virginité. — Ou bien, interrompit lady Lochleven, que la reine d'Écosse ne soit pas veuve de son troisième mari. Au reste, continua la vieille dame avec un feint retour sur elle-même, je ne dis point cela pour faire un reproche à votre grâce, les catholiques regardent le mariage comme un sacrement, et, à ce titre, le reçoivent le plus souvent qu'ils peuvent. — C'est donc, répondit Marie, la différence qui existe entre eux et les huguenots; car ceux-ci, n'ayant point le même respect pour lui, croient dans certaines circonstances qu'il leur est permis de s'en dispenser.

Lady Lochleven, à ce sarcasme terrible, fit un pas vers Marie Stuart, tenant à la main le couteau dont elle venait de se servir pour tailler un morceau de la viande qu'on lui avait donné à goûter; mais la reine se leva devant elle avec un si grand calme et une telle majesté que, soit respect involontaire, soit honte de ce premier mouvement, elle laissa tomber l'arme qu'elle tenait, et ne trouvant rien d'assez fort à répondre pour exprimer les sentiments qui l'agitaient, elle fit signe aux domestiques de la suivre, et sortit de l'appartement avec toute la dignité que la colère lui permit d'appeler à son secours.

A peine lady Lochleven eut-elle quitté la place que la reine se rassit, joyeuse et triomphante de la victoire qu'elle venait de remporter, et mangea de meilleur appétit qu'elle n'avait encore fait depuis qu'elle était prisonnière, tandis que Marie Seyton déplorait, à demi-voix et avec tout le respect possible, ce funeste don de la repartie que Marie avait reçu du ciel et et qui fut, avec sa beauté, une des causes de tous ses malheurs; mais la reine ne fit que rire de toutes ses observations, disant qu'elle était curieuse de voir la figure que ferait sa bonne hôtesse à l'heure du dîner.

Après le déjeuner, la reine descendit au jardin; son orgueil satisfait lui avait rendu une partie de sa gaieté, si bien que, voyant, en traversant la salle d'honneur, une mandoline oubliée sur une chaise, elle ordonna à Marie Seyton de la prendre, pour voir, dit-elle, si elle se rappelait encore son ancien talent. En effet, la reine était une des meilleures musiciennes de l'époque, et jouait admirablement, dit Brantôme, du luth et de la viole d'amour, instrument qui ressemblait beaucoup à la mandoline. Marie Seyton obéit.

Arrivée dans le jardin, la reine s'assit sous le bosquet le plus sombre, et là, ayant accordé son instrument, elle en tira d'abord des accords vifs et légers, qui bientôt s'assombrirent peu à peu, en même temps que son visage prenait une teinte de mélancolie profonde. Marie Seyton la regardait avec inquiétude, quoiqu'elle fût depuis longtemps habituée à ces variations soudaines dans le caractère de sa maîtresse, et elle allait lui demander la cause de ce voile sombre qui s'était tout à coup étendu sur son visage, lorsque, régularisant ses accords, Marie commença de chanter à voix basse et comme pour elle seule les vers suivants :

> Antres, prés, monts et plaines,
> Rochers, forêts et bois,
> Ruisseaux, fleuves, fontaines,
> Où perdu je me vois,
> D'une plainte incertaine,
> De sanglots toute pleine,
>   Je veux chanter
> La misérable peine
> Qui me fait lamenter.
>
> Mais qui pourra entendre
> Mon soupir gémissant ?
> Ou qui pourra comprendre
> Mon ennui languissant ?
> Sera-ce cet herbage,
> Ou l'eau de ce rivage,
>   Qui, s'écoulant,
> Porte de mon visage
> Ce ruisseau distillant ?
>
> Hélas ! non, car la plaie
> Cherche en vain guérison,
> Qui pour secours essaie,
> Aux choses sans raison.

Il vaut mieux que ma plainte
Raconte son atteinte
   Amèrement
A toi qui as contrainte
Mon âme en tel tourment.

O déesse immortelle,
Écoute donc ma voix,
Toi qui tiens en tutelle
Mon pouvoir sous tes lois,
Afin que si ma vie
Se voit en bref tarie,
   Ta cruauté
La confesse périe
Par ta seule beauté.

On voit bien que ma face
S'écoule peu à peu,
Comme la froide glace
A la chaleur du feu.
Et néanmoins la flamme
Qui me brûle et m'enflamme
   De passion,
N'émeut jamais ton âme
D'aucune affection.

Et cependant ces arbres
Qui sont autour de moi,
Ces rochers et ces marbres,
Savent bien mon émoi.
Bref, rien dans la nature
N'ignore ma blessure,
   Hors seulement
Toi, qui prends nourriture
De mon cruel tourment.

Mais s'il t'est agréable
De me voir misérable
   En tourment tel,
Mon malheur déplorable
Soit alors immortel!

Ce dernier vers s'en alla expirant, comme si la reine fût

arrivée au bout de sa force; en même temps la mandoline lui échappa des mains, et serait tombée à terre, si Marie Seyton ne se fût jetée à genoux et ne l'eût retenue. La jeune fille demeura quelque temps ainsi aux pieds de sa maîtresse, la regardant en silence, et comme elle vit qu'elle s'enfonçait de plus en plus dans de sombres pensées :

— Ces vers ont rappelé à votre majesté un triste souvenir? demanda-t-elle en hésitant. — Oh! oui, répondit la reine : ils m'ont rappelé le malheureux qui les a faits. — Et puis-je, sans indiscrétion, continua Marie Seyton, demander à votre grâce quel en est l'auteur? — Hélas! c'était un noble, brave et beau jeune homme, au cœur dévoué et à la tête ardente, qui me défendrait aujourd'hui si alors je l'eusse défendu; mais sa hardiesse m'a paru de la témérité, et sa faute un crime. Que veux-tu? je ne l'aimais pas. Pauvre Chatelard, j'ai été bien cruelle envers lui!—Ce n'est pas vous qui l'avez poursuivi, c'est votre frère : ce n'est pas vous qui l'avez condamné, ce sont les juges. — Oui, oui; je sais que c'est encore une victime de Murray, et c'est sans doute pour cela que son souvenir m'est revenu à cette heure. Mais je pouvais lui faire grâce, Marie, et j'ai été inflexible : j'ai laissé monter sur l'échafaud un homme dont le seul crime était de m'avoir trop aimée; et maintenant je m'étonne et me plains d'être abandonnée de tous. Écoute, mignonne, il y a une chose qui m'effraye : c'est que, lorsque je descends en moi-même, je trouve que non-seulement j'ai mérité mon sort, mais encore que Dieu ne me punit pas assez sévèrement. — Dans quelles idées va se perdre votre grâce! s'écria Marie, et voyez où vous ont menée ces malheureux vers qui vous sont revenus à la mémoire, aujourd'hui justement où vous commenciez à reprendre un peu de votre gaieté. — Hélas! répondit la reine en secouant la tête et en poussant un profond soupir, il s'est écoulé bien peu de jours, depuis six ans, sans que j'aie dit ces vers tout bas, quoique ce soit aujourd'hui la première fois que je les répète tout haut. C'était encore un Français, Marie : ils m'ont exilé, pris ou tué tous ceux qui me venaient de France. Te rappelles-tu ce vaisseau qui s'engloutit devant nous, lorsque nous sortîmes du port de Calais? je m'écriai alors que c'était un triste présage : vous voulûtes tous me rassurer; eh bien! maintenant, qui avait raison de vous ou de moi?

La reine était dans un de ces accès de tristesse dont les larmes sont le seul remède; aussi Marie Seyton, s'apercevant que non-seulement toute consolation serait vaine, mais encore inopportune, bien loin de continuer à réagir contre la mélancolie de sa maîtresse, abonda-t-elle dans son sens : il en résulta que la reine, qui étouffait, finit enfin par pleurer, et que ses pleurs la soulagèrent; puis peu à peu elle reprit son empire sur elle-même, et cette crise passa comme d'habitude, la laissant plus ferme et plus résolue que jamais, de sorte que lorsqu'elle remonta dans sa chambre, il était impossible de lire sur son visage la moindre altération.

L'heure du dîner s'approchait, et Marie, qui le matin l'attendait avec impatience pour jouir de son triomphe sur lady Lochleven, la voyait s'avancer à cette heure avec inquiétude : l'idée seule de se retrouver en face de cette femme, dont on était toujours obligé de combattre l'orgueil par l'insolence, était, après les fatigues morales de la journée, une fatigue nouvelle. Aussi résolut-elle de ne point paraître au dîner : elle fut d'autant plus aise d'avoir pris cette résolution, que, cette fois, ce n'était pas lady Lochleven qui venait remplir auprès d'elle les fonctions qu'un membre de la famille s'était imposées pour tranquilliser la reine, mais Georges Douglas, que sa mère dans son mécontentement de la scène du matin, envoyait pour la remplacer. Aussi, lorsque Marie Seyton eut dit à la reine qu'elle voyait le jeune homme aux cheveux bruns traverser la cour pour se rendre chez elle, Marie se félicita-t-elle encore davantage du parti qu'elle avait pris; car l'insolence de ce jeune homme lui avait fait une blessure plus profonde au cœur que toutes les orgueilleuses insultes de sa mère. La reine ne fut donc pas peu étonnée lorsqu'au bout de quelques minutes Marie Seyton rentra dans sa chambre, et lui annonça que Georges Douglas, après avoir renvoyé les domestiques, désirait avoir l'honneur de lui parler pour affaire d'importance. La reine refusa d'abord; mais Marie Seyton lui dit que l'air et les manières de ce jeune homme étaient tellement différents, cette fois, de ce qu'elle les avait vus deux jours auparavant, qu'elle croyait que sa maîtresse aurait tort de lui refuser sa demande. La reine alors se leva, et, avec la hauteur et la majesté qui lui étaient habituelles, entra dans la chambre voisine, et, après avoir fait trois pas, s'arrêta d'un air dédaigneux, attendant que Georges lui adressât la parole.

Marie Seyton avait dit vrai; Georges Douglas n'était plus le même homme : autant Marie l'avait vu hautain et orgueilleux la veille, autant aujourd'hui il semblait respectueux et craintif. Il fit à son tour un mouvement vers la reine; mais voyant Marie Seyton debout derrière elle :

— Madame, lui dit-il, je désirais parler à votre majesté seule, n'obtiendrai-je point cette grâce? — Marie Seyton n'est pas quelqu'un pour moi, monsieur : c'est ma sœur, c'est mon amie, c'est plus que tout cela, c'est ma compagne de captivité.

— Et à tous ces titres, madame, j'ai pour elle la vénération la plus grande; cependant ce que j'ai à vous dire ne peut être entendu par d'autres oreilles que les vôtres. Ainsi donc, madame, comme l'occasion offerte en ce moment ne se représenterait peut-être pas, au nom de ce que vous avez de plus cher au monde, accordez-moi ce que je vous demande.

Il y avait dans la voix de Georges une telle expression de respectueuse prière, que Marie se retourna vers la jeune fille, et lui faisant de la main un signe d'amitié :

— Va donc, mignonne, lui dit-elle; mais sois tranquille, tu n'y perdras rien, pour ne pas entendre. Va.

Marie Seyton se retira : la reine la suivit des yeux en souriant, jusqu'à ce que la porte fût fermée; puis alors, se retournant vers Georges :

— Maintenant, monsieur, nous sommes seuls, parlez.

Mais Georges, au lieu de répondre, s'avança vers la reine, et, mettant un genou en terre, tira de sa poitrine un papier qu'il lui présenta. Marie le prit avec étonnement, le déplia en regardant Douglas, qui demeura toujours dans la même attitude, et lut ce qui suit :

« Nous, comtes, lords et barons, ayant considéré que notre

5.

reine est détenue à Lochleven, et que ses fidèles sujets ne peuvent avoir accès auprès de sa personne; voyant, d'autre part, que notre devoir nous engage à pourvoir à sa sûreté, promettons et jurons d'employer tous les moyens raisonnables qui dépendront de nous pour la remettre en liberté à des conditions compatibles avec l'honneur de sa majesté, avec le bien du royaume, et même avec la sûreté de ceux qui la retiennent en prison, pourvu qu'ils consentent à la délivrer; que s'ils refusent, nous déclarons que nous sommes dans la disposition de nous employer, nous et nos enfants, nos amis, nos domestiques, nos vassaux, nos biens, nos corps et nos vies, pour la remettre en liberté, pour procurer la sûreté du prince et pour concourir au châtiment des meurtriers du feu roi. Si l'on nous attaque pour cet effet, soit en corps, soit en particulier, nous promettons de nous défendre et de nous assister les uns les autres, sous peine d'infamie et de parjure. Ainsi Dieu nous soit en aide.

» Signé de nos propres mains à Dumbarton,

» S. ANDRÉ, ARGYLE, HUNTLY, ARBROATH, GALLOWAY, ROSS, FLÉMING, HERRIS, SKIRLING, KILWINNING, WILT, HAMILTON et SAINT-CLAIR, chevalier. »

— Et Seyton! s'écria Marie, je ne vois pas, parmi toutes ces signatures, celle de mon fidèle Seyton.

Douglas, toujours à genoux, tira un second papier de sa poitrine, et le présenta à la reine avec les mêmes marques de respect. Il ne contenait que ces quelques paroles :

« Fiez-vous à Georges Douglas; car votre majesté n'a pas d'ami plus dévoué dans tout son royaume.

» SEYTON. »

Alors Marie abaissa ses yeux vers Douglas avec une expression qui n'appartenait qu'à elle; puis lui tendant la main pour se relever :

— Ah! dit-elle avec un soupir où il y avait plus de joie que de douleur, je vois bien que Dieu ne m'a point, malgré mes fautes, abandonnée encore; mais comment se fait-il, dans ce château, que vous, un Douglas... Oh ! c'est à n'y pas croire ! — Madame, répondit Georges, il y a sept ans que je vous ai vue pour la première fois en France, et il y a sept ans que je vous aime. — Marie fit un mouvement ; mais Douglas étendit la main et secoua la tête avec un air de si profonde tristesse, qu'elle comprit qu'elle pouvait entendre ce qu'avait à lui dire le jeune homme ; il continua : — Rassurez-vous, madame, je ne vous eusse jamais fait cet aveu, si cet aveu, en vous expliquant ma conduite, n'eût pas dû vous donner une plus grande confiance en moi. Oui, il y a sept ans que je vous aime ; mais comme on aime une étoile qn'on ne peut atteindre, une madone qu'on ne peut que prier ; depuis sept ans je vous ai suivie partout sans que jamais vous ayez fait attention à moi, sans que jamais j'aie dit un mot ni fait un geste pour attirer vos regards. J'étais sur la galère du chevalier de Mévillon lorsque vous passâtes en Écosse ; j'étais parmi les soldats du régent lorsque vous battîtes Huntly ; j'étais de l'escorte qui vous accompagna lorsque vous allâtes voir le roi malade à Glascow ; j'arrivai à Édimbourg une heure après que vous en étiez partie pour Lochleven ; et alors il me sembla que, pour la première fois, ma mission m'était révélée, et que cet amour, que jusqu'alors je m'étais reproché comme un crime, était au contraire une faveur de Dieu. J'appris que les nobles étaient rassemblés à Dumbarton : j'y courus. J'engageai mon nom, j'engageai mon honneur, j'engageai ma vie ; et j'obtins d'eux, grâce à la facilité que j'avais de rentrer dans cette forteresse, le bonheur de vous apporter l'acte qu'ils venaient de signer. Maintenant, madame, oubliez tout ce que je vous ai dit, excepté les assurances de mon dévouement et de mon respect : oubliez que je suis près de vous ; je suis habitué à ne pas être vu : seulement, si vous avez besoin de ma vie, faites un signe ; car depuis sept ans ma vie est à vous. — Hélas ! répondit Marie, je me plaignais ce matin de n'être plus aimée, et je devrais me plaindre, au contraire, de ce que l'on m'aime encore : car l'amour que j'inspire est fatal et mortel. Si jeune que je sois, Douglas, tournez les yeux en arrière, et comptez les tombeaux que j'ai déjà laissés sur ma route, François II, Chatelard, Rizzio, Darnley... Oh ! il faut plus que de l'amour maintenant pour s'attacher à ma fortune, il faut de l'héroïsme et du dévouement, d'autant plus, vous l'avez dit, Douglas, que c'est un amour sans récompense possible, entendez-vous bien? — Oh! madame, madame, répondit Douglas, n'est-ce point une récompense au-dessus de mes mérites, que celle de vous voir tous les jours, de nourrir l'espérance que la liberté vous sera rendue par moi, et d'avoir au moins, si je ne vous la rends pas, la certitude de mourir sous vos yeux? — Pauvre jeune homme! murmura Marie, les regards levés au ciel, et comme si elle y lisait d'avance le sort qui attendait son nouveau défenseur. — Heureux Douglas! au contraire, s'écria Georges en saisissant la main de la reine et en la baisant avec plus de respect encore peut-être que d'amour; — heureux Douglas! car il a déjà obtenu de votre majesté plus qu'il n'espérait, en obtenant un soupir. — Et qu'avez-vous décidé avec mes amis? dit la reine en relevant Douglas, qui jusque là s'était tenu à genoux devant elle. — Rien encore, répondit Georges; car à peine avons-nous eu le temps de nous voir : votre évasion, impossible sans moi, est encore difficile même avec moi, et votre majesté a vu qu'il m'a fallu lui manquer publiquement de respect, pour obtenir de ma mère la confiance qui me vaut aujourd'hui le bonheur de la voir : si cette confiance s'étend jamais, de la part de ma mère ou de mon frère, jusqu'à me remettre les clefs du château, alors vous êtes sauvée! Que votre majesté ne s'étonne donc de rien : devant tous je serai toujours un Douglas, c'est-à-dire un ennemi, et jusqu'à ce qu'il y ait péril de vie pour vous, madame, je ne dirai pas une parole, je ne ferai pas un geste qui puisse trahir la foi que je vous ai jurée; mais, de votre côté, que votre grâce sache bien, que présent comme absent, que je me taise ou que je parle, que j'agisse ou que je demeure en repos, tout ne sera qu'apparence, excepté mon dévouement. Seulement, continua Douglas en s'approchant de la fenêtre, et en montrant à la reine une petite maison située sur la colline de Kinross, — seulement regardez tous les soirs dans cette direction, madame, et tant que vous y verrez briller une lumière, c'est que vos amis veilleront pour vous, et qu'il ne faut pas perdre l'espérance. — Merci, Dou-

glas, merci, dit la reine, cela fait du bien de retrouver de
temps en temps un cœur comme le vôtre; oh! merci! — Et
maintenant, madame, répondit le jeune homme, il faut que
je quitte votre majesté; demeurer plus longtemps près de vous
serait donner des soupçons, et un seul soupçon sur moi, songez-y bien, madame, et cette lumière, qui est votre seul
phare, s'éteint, et tout rentre dans la nuit.

A ces mots, Douglas s'inclina plus respectueusement qu'il
n'avait encore fait, et se retira, laissant Marie pleine d'espérance et plus encore d'orgueil; car cette fois, c'était bien pour
la femme, et non pour la reine, qu'était l'hommage qu'elle
venait de recevoir.

Ainsi que le lui avait dit la reine, Marie Seyton sut tout,
même l'amour de Douglas, et les deux femmes attendirent
avec impatience le soir, pour voir si l'étoile qui leur avait
été promise brillerait à l'horizon; leur espoir ne fut pas
trompé : à l'heure dite, le phare s'alluma, la reine en tressaillit de joie, car c'était la confirmation de ses espérances,
et sa compagne ne pouvait pas l'arracher de la fenêtre, où
elle restait les yeux fixés sur la petite maison de Kinross. Enfin elle céda aux prières de Marie Seyton, et consentit à se
coucher; mais deux fois, dans la nuit, elle se releva sans bruit
pour aller à sa fenêtre : la lumière brillait toujours et ne
s'éteignit qu'au crépuscule, avec ses sœurs, les étoiles.

Le lendemain, au déjeuner, Georges annonça à la reine le
retour de son frère, Williams Douglas : il arrivait le soir
même; quant à lui, Georges, il devait quitter Lochleven le
lendemain matin, pour s'entendre avec les lords qui avaient
signé la déclaration, et qui s'étaient séparés aussitôt pour
lever des troupes dans leurs différents comtés. La reine ne
pouvait tenter avec fruit aucune évasion, qu'au moment où
elle serait sûre de rassembler autour d'elle une armée assez
forte pour tenir la campagne; quant à lui, Douglas, on était
tellement habitué à ses disparitions silencieuses et à ses retours inattendus, qu'il n'y avait point lieu de craindre que
son départ inspirât aucun soupçon.

Tout se passa comme l'avait dit Georges : le soir, le son du
cor annonça l'arrivée de Williams Douglas; il avait avec lui

lord Ruthwen, le fils de celui qui avait assassiné Rizzio, et qui, exilé avec Morton, à la suite de ce meurtre, était mort en Angleterre de la maladie dont il était déjà atteint le jour de la catastrophe terrible à laquelle nous l'avons vu prendre une si large part. Il précédait d'un jour lord Lindsay de Byres et sir Robert Melvil, frère de l'ancien ambassadeur de Marie auprès d'Élisabeth; tous trois étaient chargés d'une mission du régent pour la reine.

Le lendemain tout rentra dans l'ordre accoutumé, et Williams Douglas reprit ses fonctions d'écuyer tranchant. Le déjeuner se passa sans que Marie apprît rien du départ de Georges, ni de l'arrivée de Ruthwen. En se levant de table elle se mit à sa fenêtre; à peine y était-elle, qu'elle entendit le son du cor retentir sur les rives du lac, et qu'elle vit une petite troupe de cavaliers faire halte, en attendant que la barque vînt chercher ceux d'entre eux qui devaient se rendre au château.

La distance était trop grande pour que Marie pût reconnaître aucun de ceux qui venaient lui rendre visite; mais il était évident, aux signes d'intelligence échangés entre la petite troupe et les habitants de la forteresse, que les nouveaux arrivants étaient de ses ennemis. Ce fut une raison pour que, dans son inquiétude, la reine ne perdît pas un instant de vue la barque qui les allait chercher. Elle y vit descendre deux hommes seulement, et aussitôt la barque reprendre le chemin du château.

A mesure que la barque s'approchait, les pressentiments de Marie se changeaient en craintes véritables, car dans l'un des hommes qui s'avançaient, elle croyait reconnaître lord Lindsay de Byres, le même qui, huit jours auparavant, l'avait amenée dans sa prison. En effet, c'était lui-même, couvert comme d'habitude d'un casque d'acier sans visière, qui laissait voir son visage rude et fait pour exprimer les fortes passions, et sa longue barbe noire, parsemée de quelques poils gris, qui lui tombait jusque sur la poitrine; son corps était protégé, comme s'il était en guerre, de sa fidèle cuirasse autrefois polie et bien dorée, mais qui, sans cesse exposée à la pluie et aux brouillards, était maintenant rongée par la rouille ; il portait sur le dos, à peu près comme on porte un carquois, une grande épée, si lourde qu'on ne pouvait la manier qu'à deux mains, et si longue, que, tandis que la poignée s'élevait jusqu'à l'épaule gauche, la pointe descendait jusqu'à l'éperon droit : en un mot, c'était toujours le même soldat, brave jusqu'à la témérité, mais brutal jusqu'à l'insolence, ne connaissant rien que le droit et la force, et toujours prêt à user de la force quand il se croyait dans le droit.

La reine était tellement préoccupée de la vue de lord Lindsay de Byres, que ce ne fut qu'au moment où la barque était près de toucher le rivage qu'elle jeta les yeux sur son compagnon et reconnut Robert Melvil ; ce fut une consolation pour elle, car, quelque chose qui arrivât, elle savait au moins trouver en celui-ci une sympathie, sinon ostensible du moins secrète. Au reste, son costume, par lequel on aurait pu le juger, ainsi que lord Lindsay par le sien, formait un contraste parfait avec celui de son compagnon : il se composait d'un pourpoint de velours noir, avec une toque et une plume de la même couleur, attachée par une agrafe d'or ; sa seule arme offensive et défensive était une petite épée, qu'il semblait porter plutôt pour indiquer son rang que pour attaquer ou pour se défendre : quant à ses traits et à ses manières, ils étaient en harmonie avec cette apparence pacifique. Son visage pâle exprimait à la fois la finesse et l'intelligence : son œil vif était plein de douceur, et sa voix insinuante, sa taille mince et légèrement courbée par l'habitude plutôt que par les années, puisqu'il n'avait à cette époque que quarante-cinq ans, indiquaient en lui un caractère facile et conciliant.

Cependant, la présence de cet homme de paix, qui semblait chargé de veiller sur le démon de la guerre, ne put rassurer la reine, et comme pour se rendre au débarcadère, situé devant la grande porte du château, la barque venait de disparaître à l'angle d'une tour, elle ordonna à Marie Seyton de descendre, afin de tâcher d'apprendre quelle cause amenait lord Lindsay à Lochleven, sachant bien qu'avec la force de caractère dont elle était douée, elle n'avait besoin de connaître cette cause que quelques minutes auparavant, pour donner à son visage, quelle qu'elle fût, ce calme et cette majesté dont elle avait toujours éprouvé l'influence sur ses ennemis.

Restée seule, Marie reporta ses yeux sur la petite maison de Kinross, son seul espoir; mais la distance était trop grande pour qu'on y pût rien distinguer; d'ailleurs, ses contrevents restaient fermés tout le jour, et semblaient ne s'ouvrir que le soir, pareils aux nuages, qui, après avoir couvert le ciel toute une matinée, s'écartent enfin pour laisser voir au matelot perdu une seule étoile. Elle n'en était pas moins demeurée ainsi immobile et les yeux toujours fixés sur le même objet, lorsqu'elle fut tirée de cette contemplation muette par les pas de Marie Seyton.

— Eh bien ! mignonne? demanda la reine en se retournant. — Votre majesté ne s'est point trompée, répondit la messagère, c'était bien sir Robert Melvil et lord Lindsay ; mais, dès hier, il était arrivé, avec sir Williams Douglas, un troisième ambassadeur, dont le nom, je le crains bien, sera encore plus odieux à votre majesté qu'aucun des deux que je viens de prononcer. — Tu te trompes, Marie, répondit la reine : ni le nom de Melvil ni celui de Lindsay ne me sont odieux; celui de Melvil, au contraire, est, dans les circonstances où je me trouve, un de ceux que mon oreille a le plus de plaisir à entendre; quant à celui de lord Lindsay, il ne m'est point agréable, sans doute, mais ce n'en est pas moins un nom honorable, toujours porté par des hommes brusques et sauvages, c'est vrai, mais incapables de trahison. Dis-moi donc quel est ce nom, Marie, car, tu le vois, je suis calme et préparée. — Hélas! madame, reprit Marie, si calme et si préparée que vous soyez, rappelez encore toutes vos forces, non-seulement pour entendre prononcer ce nom, mais encore pour recevoir dans quelques instants l'homme qui le porte; car ce nom est celui de lord Ruthwen.

Marie Seyton avait dit vrai, et ce nom eut une influence terrible sur la reine : car, à peine se fut-il échappé des lèvres de la jeune fille, que Marie Stuart jeta un cri, et pâlissant comme si elle allait s'évanouir, se retint au rebord de la croisée. Marie Seyton, effrayée de l'effet qu'avait produit ce nom fatal, s'élança aussitôt vers la reine pour la soutenir; mais celle-ci, étendant une main vers elle, tandis qu'elle appuyait l'autre sur son cœur :

— Ce n'est rien, dit-elle, et dans un instant je serai remise; oui, Marie, oui, tu l'as dit, c'est un nom fatal et mêlé à un de mes plus sanglants souvenirs. Ce que viennent me demander de pareils hommes doit être bien terrible. Mais n'importe, bientôt je serai prête à recevoir les ambassadeurs de mon frère, car sans doute ils sont envoyés en son nom. Toi, mignonne, empêche qu'ils n'entrent, car j'ai besoin de quelques instants pour me remettre : tu me connais; ce ne sera pas long.

A ces mots, la reine se retira d'un pas ferme vers la porte de sa chambre à coucher.

Marie Seyton resta seule, admirant cette force de caractère qui faisait de Marie Stuart, si complétement femme sous tous les autres rapports, un homme au moment du danger. Aussitôt elle alla vers la porte pour la fermer avec la traverse de bois que l'on passait entre deux anneaux de fer, mais la traverse était enlevée, de sorte qu'il n'y avait aucun moyen de la fermer en dedans. Au bout d'un instant elle entendit qu'on montait l'escalier, et devinant au pas lourd et résonnant de celui qui arrivait, que ce devait être lord Lindsay, elle regarda encore une fois autour d'elle si elle ne voyait pas quelque chose qui pût remplacer la traverse, et ne trouvant rien à sa portée, elle passa son bras dans les anneaux, décidée à se le faire briser, plutôt que de laisser entrer près de sa maîtresse avant le moment qui lui conviendrait. En effet, à peine ceux qui montaient furent-ils arrivés sur le palier, qu'on frappa violemment, et qu'une voix brusque s'écria :

— Allons, allons, qu'on ouvre la porte, qu'on ouvre à l'instant. — Et de quel droit, dit Marie Seyton, m'ordonne-t-on insolemment d'ouvrir la porte de la reine d'Écosse? — Du droit qu'a l'ambassadeur du régent d'entrer partout en son nom : je suis lord Lindsay, et je viens pour parler à lady Marie Stuart. — Pour être ambassadeur, répondit Marie Seyton, on n'est point dispensé de se faire annoncer chez une femme, et à plus forte raison chez une reine; et si cet ambassadeur est, ainsi qu'il le dit, lord Lindsay, il attendra, comme le fe-

rait à sa place tout noble Écossais, le loisir de sa souveraine.
— Par saint André ! s'écria lord Lindsay, ouvrez, ou j'enfonce
cette porte. — N'en faites rien, milord, je vous en supplie,
dit une autre voix, que Marie Seyton reconnut pour être celle
de Melvil, attendons plutôt un instant lord Ruthwen, qui n'est
point encore prêt. — Sur mon âme, s'écria Lindsay en secouant la porte, je n'attendrai pas une seconde. Puis, voyant
qu'elle résistait : Que me disais-tu donc, drôle, continua Lindsay en s'adressant à l'intendant, que la traverse avait été enlevée? — C'est la vérité, répondit celui-ci. — Alors, reprit
Lindsay, avec quoi cette péronnelle retient-elle la porte? —
Avec mon bras, milord, que j'ai passé dans les anneaux,
comme fit, pour le roi Jacques Ier, une Douglas, au temps où
les Douglas avaient les cheveux noirs, au lieu de les avoir
roux, et étaient fidèles au lieu d'être traîtres. — Puisque tu
sais si bien ton histoire, répondit Lindsay avec rage, tu dois
te rappeler que cette faible barrière n'arrêta point Graham,
que le bras de Catherine Douglas fut brisé comme une ba-
guette de saule, et que Jacques Ier fut tué comme un chien.
— Mais vous, milord, répondit la courageuse jeune fille, vous
devez savoir aussi la ballade que l'on chante encore de nos
jours :

> Honni soit Robert Grahame,
> Du roi l'assassin infâme;
> Robert Grahame, honni soit
> L'assassin de notre roi.

— Marie, s'écria la reine, qui avait entendu cette altercation de sa chambre à coucher, Marie, je vous ordonne d'ouvrir la porte à l'instant même, entendez-vous?

Marie obéit, et lord Lindsay entra, suivi de Melvil qui marchait derrière lui, la tête baissée et à pas lents. Arrivé au
milieu de la seconde chambre, lord Lindsay s'arrêta, et regardant autour de lui :

— Eh bien, où est-elle donc? demanda-t-il, et ne nous
a-t-elle point fait déjà assez attendre dehors, sans nous faire
encore attendre dedans? ou bien se figurerait-elle, malgré
ces murs et ces barreaux, qu'elle est toujours reine? — Pa-

tience, milord, murmura sir Robert; vous voyez bien que lord Ruthwen n'est point encore arrivé, et puisque nous ne pouvons rien faire sans lui, attendons-le. — Attendra qui voudra, répondit Lindsay enflammé de colère; mais ce ne sera pas moi, et où elle sera, j'irai la chercher.

A ces mots, il fit quelques pas vers la chambre à coucher de Marie Stuart; mais au même instant la reine ouvrit la porte, sans paraître émue, ni de la visite, ni de l'insolence du visiteur, et si belle et si pleine de majesté, que chacun, et jusqu'à Lindsay lui-même, demeura en silence à son aspect, et, comme obéissant à une force supérieure, s'inclina respectueusement devant elle.

— J'ai peur de vous avoir fait attendre, milord, dit la reine, sans répondre autrement que par une légère inclinaison de tête au salut des ambassadeurs; mais une femme n'aime point à recevoir, même des ennemis, sans avoir passé quelques minutes à sa toilette. Il est vrai que les hommes tiennent moins à ce cérémonial, ajouta-t-elle en jetant un coup d'œil indicateur sur l'armure rouillée et sur le pourpoint sale et percé de lord Lindsay. — Bonjour, Melvil, continua-t-elle sans faire attention aux quelques paroles d'excuse que balbutiait Lindsay; soyez le bienvenu dans ma prison, comme vous l'étiez dans mon palais, car je vous crois aussi fidèle à l'une qu'à l'autre. Puis se tournant vers Lindsay, qui interrogeait des yeux la porte, impatient qu'il était de voir arriver Ruthwen : — Vous avez là, milord, dit-elle en montrant du doigt le glaive qu'il portait sur son épaule, un compagnon fidèle, quoique un peu lourd; vous seriez-vous attendu, en venant ici, à trouver des ennemis contre qui l'employer? Dans le cas contraire, c'est une parure étrange pour se présenter devant une femme. Mais n'importe, milord, je suis trop Stuart pour craindre la vue d'une épée, fût-elle nue, je vous en préviens. — Elle n'est point déplacée ici, madame, répondit Lindsay en la faisant passer devant lui et en appuyant son coude sur la croix de sa poignée, car c'est une vieille connaissance de votre famille. — Vos ancêtres, milord, étaient assez braves et assez loyaux pour que je ne révoque pas en doute ce que vous me dites. Au reste, une si bonne lame a dû leur rendre de bons services. — Oui, madame, oui, certes, elle leur en a rendu ; mais de ces services que les rois ne pardonnent point. Celui qui la fit faire pour lui fut Archibald Attache-grelot, et il en était armé le jour où, pour justifier son nom, il alla prendre jusque sous la tente du roi Jacques III, votre aïeul, ses indignes favoris, Cochran, Hummel, Léonard et Torpichen, qu'il fit pendre sur le pont de Lauder avec les licous des chevaux de ses soldats : c'est encore avec cette épée qu'il tua d'un seul coup, en champ clos, Spens de Kilspindie, qui l'avait insulté en présence du roi Jacques IV, comptant sur la protection que lui accordait son maître, et qui ne le garantit pas plus contre elle que son bouclier, qu'elle fendit en deux. A la mort de son maître, qui eut lieu deux ans après la défaite de Flodden, sur le champ de bataille de laquelle il laissa ses deux fils et deux cents guerriers du nom de Douglas, elle passa aux mains du comte d'Angus, qui la tira du fourreau lorsqu'il chassa les Hamilton d'Édimbourg, et cela si rapidement et si complétement, qu'on appela cette affaire le Balayage des rues. Enfin, votre père Jacques V la vit luire au combat du pont de la Tweed, lorsque Buccleuch, soulevé par lui, voulut l'arracher à la tutelle des Douglas, et que quatre-vingts guerriers du nom de Scott restèrent sur le champ de bataille. — Mais, dit la reine, comment cette arme, après de pareils exploits, n'est-elle point restée comme un trophée dans la famille des Douglas ? Sans doute il a fallu au comte d'Angus une grande occasion pour le déterminer à se défaire en votre faveur de cette moderne Caliburn (4). — Oui, sans doute, madame, ce fut dans une grande occasion, répondit Lindsay, malgré les signes suppliants que lui faisait Melvil, et celle-là aura du moins l'avantage sur les autres, d'être assez rapprochée de nous pour que vous vous la rappeliez. C'était, il y a dix jours, sur le champ de bataille de Carberry-Hill, madame, quand l'infâme Bothwell eut l'audace de publier un cartel par lequel il défiait en combat singulier quiconque oserait soutenir qu'il n'était pas innocent du meurtre du roi votre époux. Je lui fis répondre alors, moi troisième, qu'il était un assassin. Et comme il refusait de se battre avec les deux autres sous prétexte qu'ils n'étaient que barons, je me présentai à mon tour, moi qui suis comte et lord. Ce fut à cette occasion que le noble comte de Morton me fit présent de cette bonne épée pour le combattre à outrance. De sorte que s'il eût été un peu plus présomptueux, ou un peu moins lâche, les chiens et les vautours mangeraient à cette heure les morceaux qu'avec l'aide de cette bonne lame je leur aurais découpés sur la carcasse de ce traître.

A ces paroles, Marie Seyton et Robert Melvil se regardèrent effrayés; car les événements qu'elles rappelaient étaient si proches, qu'ils étaient, pour ainsi dire, vivants encore dans le cœur de la reine; mais elle, avec une impassibilité incroyable et le sourire du mépris sur les lèvres : — Il est facile, dit-elle, milord, de vaincre un ennemi qui ne se présente point au combat; cependant, croyez-moi, si Marie eût hérité du glaive des Stuarts, comme elle a hérité de leur sceptre, votre épée, si longue qu'elle soit, aurait pu vous paraître encore trop courte. Mais comme vous n'avez à nous raconter en ce moment, milord, que ce que vous comptiez faire, et non ce que vous avez fait, trouvez bon que je vous ramène à quelque chose de plus réel, car je ne présume pas que vous vous soyez donné la peine de venir ici purement et simplement pour ajouter un chapitre au petit traité des rodomontades espagnoles de M. de Brantôme. — Vous avez raison, madame, répondit Lindsay en rougissant de colère, et vous connaîtriez déjà l'objet de notre mission, si lord Ruthwen ne se faisait pas si ridiculement attendre. Mais, ajouta-t-il, ayez patience, la chose ne sera pas longue maintenant, car le voici.

En effet, en ce moment on entendit des pas qui montaient l'escalier et se rapprochaient de la chambre, et au bruit de ces pas, la reine, qui avait supporté avec tant de fermeté les insultes de Lindsay, pâlit si visiblement, que Melvil, qui ne la quittait pas des yeux, étendit la main vers le fauteuil comme pour le pousser vers elle; mais la reine fit signe qu'il n'en était pas besoin, et fixa avec un calme apparent son regard sur la porte. Lord Ruthwen parut : c'était la première fois qu'elle revoyait le fils, depuis que Rizzio avait été assassiné par le père.

Lord Ruthwen était à la fois un guerrier et un homme

d'État, et dans ce moment son costume tenait de l'une et de l'autre de ces deux professions : c'était un justaucorps de buffle brodé, assez élégant pour être porté en négligé de cour, et sur lequel, au besoin, on pouvait boucler une cuirasse pour en faire une parure de bataille; comme son père, il était pâle; comme son père, il devait mourir jeune, et, de plus que son père, il portait sur sa physionomie cette tristesse de mauvais augure, à laquelle les devins reconnaissent ceux qui doivent mourir de mort violente.

Lord Ruthwen réunissait en lui la dignité polie d'un homme de cour et le caractère inflexible d'un ministre : aussi, tout décidé qu'il était à obtenir de Marie Stuart, fût-ce par la violence, ce qu'il venait lui demander au nom du régent, il ne lui fit pas moins, en entrant, un salut froid, mais respectueux, auquel la reine répondit par une révérence; puis l'intendant approcha du fauteuil vide une lourde table sur laquelle avait été préparé tout ce qu'il fallait pour écrire, et sur un signe des deux lords, sortit, laissant la reine et sa compagne seules avec les trois ambassadeurs. Alors, la reine, jugeant que cette table et ce fauteuil étaient préparés pour elle, alla s'asseoir; puis, après un moment, interrompant elle-même ce silence plus sombre qu'aucune parole n'aurait pu être : — Milords, dit-elle, vous voyez que je vous attends : ce message que vous avez à me communiquer est-il donc si terrible, que deux hommes de guerre aussi renommés que le sont lord Lindsay et lord Ruthwen hésitent au moment de me le transmettre? — Madame, répondit Ruthwen, je ne suis pas d'une famille, vous le savez, qui hésite jamais à remplir un devoir, si pénible qu'il soit; au reste, nous espérons que votre captivité vous a préparée à entendre ce que nous avons à vous dire de la part du conseil secret. — Le conseil secret! dit la reine; et de quel droit, institué par moi, agit-il sans moi? N'importe, j'attends ce message; je présume que c'est une pétition pour implorer ma miséricorde en faveur des hommes qui ont osé toucher à un pouvoir que je ne tenais que de Dieu. — Madame, répondit Ruthwen, qui paraissait s'être chargé du rôle pénible d'orateur, tandis que Lindsay, muet et impatient, tourmentait la poignée de sa longue épée, il m'est pénible d'avoir encore à vous détromper sur ce point : ce n'est point votre miséricorde que je viens vous demander, c'est, au contraire, le pardon du conseil secret que je viens vous offrir. — A moi, milord, à moi! s'écria Marie : des sujets offrent le pardon à leur reine! Oh! la chose est si nouvelle et si miraculeuse, que la surprise l'emporte chez moi sur l'indignation, et que je vous prierai de continuer, au lieu de vous arrêter là, comme je devrais peut-être le faire. — Et je vous obéirai d'autant plus volontiers, madame, continua Ruthwen sans se troubler, que ce pardon n'est accordé qu'à certaines conditions consignées dans ces actes destinés à rétablir la tranquillité de l'État, si cruellement compromise par les fautes qu'ils viennent réparer. — Et me sera-t-il permis, milord, de lire ces actes, ou dois-je, entraînée par ma confiance en ceux qui me les présentent, les signer les yeux fermés? — Non, madame, répondit Ruthwen; le conseil secret désire, au contraire, que vous en preniez connaissance, car c'est librement que vous devez les signer. — Lisez-moi donc ces actes, milord, car cette lecture est, je crois, dans les fonctions étranges que vous avez acceptées.

Lord Ruthwen prit l'un des deux papiers qu'il tenait à la main, et lut, avec son impassibilité de voix ordinaire, la pièce suivante :

« Appelée dès ma plus tendre jeunesse au gouvernement du royaume et à la couronne d'Écosse, j'ai donné tous mes soins à l'administration; mais j'ai éprouvé tant de fatigues et de peines, que je ne me trouve plus l'esprit assez libre ni les forces assez grandes pour supporter le fardeau des affaires de l'État : en conséquence, et comme la faveur divine nous a accordé un fils, à qui nous désirons voir porter de notre vivant la couronne qui lui est acquise par droit de naissance, nous avons résolu de nous démettre et nous démettons en sa faveur par ces présentes, librement et volontairement, de tous nos droits à la couronne et au gouvernement de l'Écosse, voulant qu'il monte sur-le-champ au trône, comme s'il y était appelé par notre mort naturelle, et non par l'effet de notre propre volonté; et pour que notre présente abdication ait un effet plus complet et plus solennel, et que personne n'en puisse prétendre cause d'ignorance, nous donnons pleins pouvoirs à nos féaux et fidèles cousins, les lords Lindsay de Byres et Williams Ruthwen, de comparaître en notre nom devant la noblesse, le clergé et les bourgeois d'Écosse, dont ils convoqueront une assemblée à Stirling, et d'y renoncer publiquement et solennellement, de notre part, à tous nos droits à la couronne et au gouvernement de l'Ecosse.

» Signé librement et comme le témoignage d'une de nos dernières volontés royales, en notre château de Lochleven, le   juin 1567. » La date était en blanc.

Il se fit un moment de silence après cette lecture, puis : — Avez-vous entendu, madame? demanda Ruthwen. — Oui, répondit Marie Stuart, oui, j'ai entendu des paroles rebelles que je n'ai pas comprises, et j'ai pensé que mes oreilles, qu'on essaye d'habituer depuis quelque temps à un étrange langage, me trompaient encore, et cela je l'ai pensé pour votre honneur, milord Williams Ruthwen et milord Lindsay de Byres. — Madame, répondit Lindsay impatienté d'avoir gardé si longtemps le silence, notre honneur n'a rien à faire de l'opinion d'une femme qui a su si mal veiller sur le sien. — Milord ! dit Melvil en hasardant un mot. — Laissez-le dire, Robert, répondit la reine ; nous avons dans notre conscience une cuirasse aussi bien trempée que celle dont est si prudemment revêtu milord Lindsay, quoique, à la honte de la justice, nous n'ayons plus de glaive. Continuez, milord, reprit la reine en se retournant vers lord Ruthwen ; est-ce tout ce que mes sujets requièrent de moi ? Une date et une signature, ah ! c'est trop peu sans doute ; et ce second papier, que vous avez gardé pour observer la gradation, contient probablement quelque demande plus difficile à accorder que celle de céder à un enfant âgé d'un an à peine, une couronne qui m'appartient par droit de naissance, et d'abandonner mon sceptre pour prendre une quenouille. — Cet autre papier, répondit Ruthwen sans se laisser intimider par le ton d'amère ironie qu'avait pris la reine, est l'acte par lequel votre grâce confirme la décision du conseil secret, qui a nommé votre frère bien-aimé, le comte de Murray, régent du royaume. — Comment donc ! reprit Marie, le conseil secret pense qu'il a besoin de ma confirmation pour un acte de si peu d'importance? et mon frère bien-aimé, pour le porter sans remords, a besoin que ce soit moi qui ajoute un nouveau titre à ceux de comte de Mar et de Murray que je lui ai déjà donnés? mais tout cela est on ne peut plus respectueux et plus touchant, et j'aurais grand tort de me plaindre. Milords, continua la reine en se levant et en changeant de ton, retournez vers ceux qui vous ont envoyés, et dites-leur qu'à de pareilles demandes, Marie Stuart n'a point de réponse à faire. — Prenez garde, madame, répondit Ruthwen, car je vous l'ai dit, ce n'est qu'à ces conditions que votre pardon peut vous être accordé. — Et si je refuse ce pardon généreux, demanda Marie, qu'arrivera-t-il? — Je ne puis pas préjuger sur un arrêt, madame; mais votre grâce connaît assez les lois, et surtout l'histoire de l'Écosse et de l'Angleterre, pour savoir que le meurtre et l'adultère sont des crimes pour lesquels plus d'une reine a été punie de mort. — Et sur quelles preuves fonderait-on une accusation pareille, milord? Pardon de mon insistance, qui vous prend un temps précieux; mais je suis assez intéressée à la chose pour qu'on me permette une pareille question. — La preuve, madame, répondit Ruthwen, il n'y en a qu'une, je le sais; mais celle-là est irrécusable : c'est le mariage précipité de la veuve de l'assassiné avec le chef des assassins, et les lettres qui nous ont été remises par Jacques de Balfour, qui prouvent que les coupables avaient uni leurs cœurs adultères avant qu'il ne leur fût permis d'unir leurs mains sanglantes. — Milords, s'écria la reine, oubliez-vous certain repas donné dans une taverne de Londres, par ce même Bothwell, à ces mêmes nobles qui le traitent aujourd'hui d'adultère et de meurtrier? oubliez-vous qu'à la suite de ce repas, et sur la table même où il avait été donné, un écrit fut signé pour inviter cette même femme, à qui vous faites aujourd'hui un crime de la rapidité de ses nouvelles noces, à quitter le deuil de veuve pour revêtir la robe d'épousée? car si vous l'avez oublié, milords, ce qui ne ferait pas plus d'honneur à votre sobriété qu'à votre mémoire, je me chargerais de vous le remettre sous les yeux, moi qui l'ai conservé, et peut-être qu'en cherchant bien nous trouverions au nombre des signatures

6

les noms de Lindsay de Byres et de Williams Ruthwen. O noble lord Herris! s'écria Marie, loyal Jacques Melvil, vous seuls aviez donc raison, quand vous vous jetiez à mes pieds, en me suppliant de ne point conclure ce mariage, qui n'était, je le vois bien aujourd'hui, qu'un piége tendu à une femme ignorante, par des conseillers perfides ou des seigneurs déloyaux. — Madame, s'écria Ruthwen, commençant malgré sa froide impassibilité à s'emporter lui-même, tandis que Lindsay donnait des signes encore plus bruyants et moins équivoques d'impatience, — madame, toutes ces discussions nous éloignent de notre but : revenez-y donc, je vous prie, et dites-nous si, votre vie et votre honneur assurés, vous consentez à vous démettre de la couronne d'Écosse. — Et quelle garantie aurai-je que les promesses que vous me faites ici seront tenues? — Notre parole, madame, répondit fièrement Ruthwen. — Votre parole, milord, c'est un bien faible gage à offrir, quand on oublie si vite sa signature; n'auriez-vous pas quelque bagatelle à y ajouter pour me faire un peu plus tranquille que je ne le serais avec elle? — Assez, Ruthwen, assez, s'écria Lindsay; ne voyez-vous pas que depuis une heure cette femme ne répond que par des insultes à toutes nos propositions? — Oui, partons, dit Ruthwen, et ne vous en prenez qu'à vous, madame, le jour où se brisera le fil qui retient l'épée suspendue sur votre tête. — Milords, s'écria Melvil, milords, au nom du ciel, un peu de patience, et pardonnez quelque chose à celle qui, habituée à commander, est aujourd'hui forcée d'obéir. — Eh bien! dit Lindsay en se retournant, restez donc auprès d'elle et tâchez d'obtenir par vos paroles dorées ce qu'on refuse à notre franche et loyale demande. Dans un quart d'heure nous reviendrons, dans un quart d'heure que la réponse soit prête!

A ces mots, les deux seigneurs sortirent, laissant Melvil avec la reine; et l'on put compter leurs pas, au bruit que faisait la grande épée de Lindsay, en retentissant sur chaque marche de l'escalier.

A peine furent-ils seuls, que Melvil se jeta aux pieds de la reine. — Madame, lui dit-il, vous disiez tout à l'heure que lord Herris et mon frère avaient donné à votre majesté un conseil qu'elle se repentait de n'avoir point suivi; eh bien! madame, songez à celui que je vous donne à mon tour; car il est plus important que l'autre, car vous regretterez, avec plus d'amertume encore, de ne pas l'avoir écouté. Ah! vous ne savez pas ce qui peut arriver, vous ignorez ce dont votre frère est capable. — Il me semble cependant, répondit la reine, qu'il vient de m'instruire sous ce rapport; que fera-t-il de plus que ce qu'il a déjà fait? Un procès public! oh! c'est tout ce que je demande : qu'ils me laissent seulement plaider ma cause, et nous verrons quels juges oseront me condamner. — Aussi voilà ce qu'ils se garderont bien de faire, madame; car il faudrait qu'ils fussent insensés, quand ils vous tiennent ici, dans ce château isolé, sous la garde de vos ennemis, n'ayant pour témoin que Dieu, qui venge le crime, mais qui ne le prévient pas. Rappelez-vous, madame, ce qu'a dit Machiavel : « Jamais le tombeau d'un roi n'est loin de sa prison; » vous êtes d'une famille où l'on meurt jeune, madame, et presque toujours d'une mort fatale : deux de vos aïeux ont péri par le fer, et un par le poison. — Oh! si la mort était prompte et facile, s'écria Marie, oui, je l'accepterais comme une expiation de mes fautes; car si je suis fière quand je me compare, Melvil, je suis humble quand je me juge : c'est injustement qu'on m'accuse d'être complice de la mort de Darnley; mais c'est justement qu'on me condamne pour avoir épousé Bothwell. — Le temps presse, madame! le temps presse, s'écria Melvil en regardant le sablier qui, posé sur la table, mesurait les heures. Ils vont revenir, dans un instant ils seront ici; et, cette fois, il leur faudra une réponse. Écoutez, madame, et tirez du moins de votre position tout le parti possible. Vous êtes ici seule avec une femme, sans amis, sans garde, sans pouvoir : une abdication signée dans une pareille conjoncture ne paraîtra jamais à votre peuple avoir été accordée librement, mais passera toujours pour avoir été arrachée par la force; et s'il le faut, madame, si le jour vient de faire valoir une protestation, eh bien, alors, vous aurez deux témoins de la violence qui vous aura été faite : l'un sera Marie Seyton, et l'autre, ajouta-t-il à voix basse et en regardant avec inquiétude autour de lui, l'autre sera Robert Melvil.

A peine achevait-il ces mots, que l'on entendit de nouveau dans l'escalier les pas des deux lords qui revenaient avant même que le quart d'heure fût écoulé; un instant après la porte s'ouvrit, et Ruthwen parut, tandis qu'au-dessus de son épaule on apercevait la tête de Lindsay.

— Madame, dit Ruthwen, nous voici de retour; votre grâce est-elle décidée? Nous venons chercher sa réponse. — Oui, dit Lindsay, poussant de côté Ruthwen, qui lui barrait le passage, et s'avançant vers la table; oui, une réponse nette, précise, positive et sans arrière-pensée. — Vous êtes exigeant, milord, dit la reine. A peine auriez-vous le droit d'attendre cela de moi si j'étais de l'autre côté du lac, en pleine liberté et entourée d'une escorte fidèle; mais entre ces murs, derrière ces barreaux, au fond de cette forteresse, je vous dirais que je signe volontairement, que vous ne le croiriez pas. Mais n'importe, vous voulez ma signature; eh bien! je vais vous la donner; Melvil, passez-moi la plume. — J'espère, cependant, dit lord Ruthwen, que votre grâce ne compte pas arguer un jour de la position où elle se trouve pour protester contre ce qu'elle va faire.

Déjà la reine était penchée pour écrire, déjà elle avait posé la main sur le papier, lorsque lord Ruthwen lui adressa ces paroles. Mais à peine furent-elles prononcées, qu'elle se releva fièrement, et laissant tomber la plume :

— Milord, lui dit-elle, tout à l'heure ce que vous me demandiez n'était qu'une abdication pure et simple, et j'allais la signer. Mais si à cette abdication est jointe cette apostille, que je renonce de mon propre mouvement, et comme m'en jugeant indigne, au trône d'Écosse, c'est ce que je ne ferais pas pour les trois couronnes réunies que l'on m'a volées tour à tour.

— Prenez garde, madame, s'écria lord Lindsay, saisissant le bas du poignet de la reine avec son gantelet de fer et le serrant de toute la force de sa colère, prenez garde, car notre patience est à bout, et nous pourrions bien finir par rompre ce qui ne voudrait pas plier.

La reine resta debout, et quoiqu'une rougeur violente eût passé comme une flamme sur son visage, elle ne dit pas un

mot et ne fit pas un mouvement ; seulement ses yeux se fixèrent avec une expression de mépris si grande sur les yeux du
grossier baron, que celui-ci, plein de honte de l'emportement
auquel il s'était laissé aller, lâcha la main qu'il avait saisie
et fit un pas en arrière. Alors, relevant la manche de sa robe
et montrant les traces violettes imprimées à son bras par le
gantelet de fer de lord Lindsay :

— Voilà ce que j'attendais, milords, dit-elle aux ambassadeurs, et rien ne m'arrête plus pour signer ; oui, j'abdique
librement le trône et la couronne d'Écosse, et voilà la preuve
que ma volonté n'a point été forcée.

A ces mots, elle prit la plume, et signa rapidement les deux
actes, les tendit à lord Ruthwen, et, faisant un salut plein de
dignité, elle se retira lentement dans sa chambre, accompagnée de Marie Seyton : Ruthwen la suivit des yeux, et lorsqu'elle eut disparu : — N'importe, dit-il, elle a signé, et
quoique le moyen que vous avez employé, Lindsay, soit assez
inusité en diplomatie, il n'en est pas moins efficace, à ce qu'il
paraît. — Ne plaisantez pas, Ruthwen, dit Lindsay ; car c'est
une noble créature, et si j'avais osé, je me serais jeté à ses
pieds, pour lui demander pardon. — Il en est encore temps,
répondit Ruthwen, et Marie, dans la situation où elle est, ne
vous tiendra pas rigueur : peut-être est-elle résolue à en appeler au jugement de Dieu pour prouver son innocence, et,
dans ce cas, un champion tel que vous pourrait bien changer
la face des choses. — Ne plaisantez pas, Ruthwen, reprit une
seconde fois Lindsay avec plus de violence que la première ;
car si j'avais la conviction de son innocence, aussi bien que
j'ai celle de son crime, je vous réponds que personne ne tou-
cherait un cheveu de sa tête, pas même le régent. — Diable !
milord, dit Ruthwen, je ne vous savais pas si impressionnable
à une douce voix et à un œil en pleurs ; vous connaissez l'histoire de la lance d'Achille, qui guérissait avec sa rouille les
blessures qu'elle faisait avec son tranchant : faites comme elle,
milord, faites. — Assez, Ruthwen, assez, répondit Lindsay ;
vous ressemblez à une cuirasse d'acier de Milan, qui est trois
fois plus brillante qu'une armure de fer de Glascow, mais qui
est en même temps trois fois plus dure : nous nous connais-

sons tous deux, Ruthwen, ainsi trêve de railleries ou de menaces; assez, croyez-moi, assez.

Et après ces paroles, lord Lindsay sortit le premier, suivi de Ruthwen et de Melvil : le premier, la tête haute et affectant un air d'insolente indifférence, et le second, triste, le front penché et ne cherchant pas même à dissimuler l'impression douloureuse que lui avait faite cette scène.

La reine ne sortit de sa chambre que le soir, pour venir prendre sa place à la fenêtre qui donnait sur le lac; à l'heure accoutumée, elle vit briller dans la petite maison de Kinross la lumière qui faisait désormais sa seule espérance; pendant tout un long mois elle n'eut d'autre consolation que de la revoir, chaque nuit, fixe et fidèle.

Enfin, au bout de ce temps, et comme elle commençait à désespérer de revoir Georges Douglas, un matin, en ouvrant la fenêtre, elle poussa un cri. Marie Seyton accourut, et la reine, sans avoir la force de prononcer une parole, lui montra au milieu du lac la petite barque à l'ancre, et dans la barque le petit Douglas et Georges qui se livraient à la pêche, leur amusement favori. Le jeune homme était arrivé de la veille, et comme chacun était habitué à ses retours inattendus, la sentinelle n'avait pas même sonné du cor, et la reine n'avait pas su qu'enfin il lui revenait un ami.

Cependant, elle fut trois jours encore sans voir cet ami autrement qu'elle ne venait de le faire, c'est-à-dire sur le lac; il est vrai que du matin au soir Georges ne quittait pas cet endroit, d'où il pouvait contempler les fenêtres de la reine, et la reine elle-même, lorsque, pour découvrir un plus large horizon, elle appuyait son visage contre les barreaux. Enfin, le matin du quatrième jour, la reine fut réveillée par un grand bruit de chiens et de cors : elle courut aussitôt à sa fenêtre, car pour le prisonnier tout est événement, et elle vit Williams Douglas qui s'embarquait avec une meute et des piqueurs. En effet, faisant trêve pour un jour à ses fonctions de geôlier, pour prendre un plaisir plus en harmonie avec son rang et avec sa naissance, il allait chasser dans les bois qui couvrent la dernière croupe du Ben-Lhomond, et qui viennent, en s'abaissant toujours, mourir sur les rives du lac.

La reine tressaillit de joie; car elle espéra que lady Lochle-ven lui conserverait rancune, et qu'alors Georges remplace-rait son frère : cette espérance ne fut pas trompée. A l'heure accoutumée, la reine entendit les pas de ceux qui lui appor-taient son déjeuner; la porte s'ouvrit, et elle vit entrer Georges Douglas précédant les domestiques qui portaient les plats. Georges la salua à peine; mais la reine avait été prévenue par lui de ne s'étonner de rien : elle lui rendit son salut d'un air dédaigneux; puis les domestiques remplirent leur office et sortirent comme ils en avaient l'habitude.

— Enfin, dit la reine, vous voilà donc de retour.

Georges fit un signe du doigt, s'en alla écouter à la porte si tous les domestiques s'éloignaient bien réellement, et si aucun n'était resté là pour les espionner. Alors, revenant plus tranquille et s'inclinant respectueusement :

— Oui, madame, lui répondit-il, et, grâce au ciel, porteur de bonnes nouvelles. — Oh! dites vite! s'écria la reine; car c'est un enfer qu'un séjour dans ce château. Vous avez su qu'ils y étaient venus, n'est-ce pas, et qu'ils m'avaient forcée à signer une abdication? — Oui, madame, répondit Douglas; mais nous avons su aussi que la violence seule avait pu obte-nir de vous cette signature, et notre dévouement à votre majesté s'en est augmenté encore, s'il est possible. — Mais enfin, qu'avez-vous fait? — Les Seyton et les Hamilton, qui sont, comme votre majesté le sait, les plus fidèles de ses ser-viteurs, — Marie se retourna en souriant, et tendit la main à Marie Seyton, — ont déjà, continua Georges, rassemblé leurs troupes, qui se tiennent prêtes au premier signal; cependant, comme à eux seuls ils ne seraient pas en nombre suffisant pour tenir la campagne, nous nous dirigerons directement sur Dumbarton, dont le gouverneur est à nous, et qui, par sa situation et sa force, peut tenir assez longtemps contre toutes les troupes du régent pour donner aux cœurs fidèles qui vous restent le temps de venir nous rejoindre. — Oui, oui, dit la reine; je vois bien ce que nous ferons, une fois sortis d'ici; mais comment en sortirons-nous? — Voilà la cir-constance, madame, répondit Douglas, pour laquelle il faudra que votre majesté rappelle à elle ce courage dont elle a donné de si grandes preuves. — Si je n'ai besoin que de courage et de sang-froid, répondit la reine, soyez tranquille, ni l'un ni l'autre ne me manqueront. — Voici une lime, dit Georges en remettant à Marie Seyton cet instrument qu'il jugeait indigne de toucher les mains de la reine, et ce soir j'apporterai à votre majesté des cordes pour faire une échelle. Vous scierez un des barreaux de cette fenêtre, elle n'est élevée que de vingt pieds; je monterai à vous autant pour l'essayer que pour vous soutenir; un des hommes de la garnison m'est vendu, il nous livrera passage par la porte qu'il sera chargé de garder, et vous serez libre. — Et quand cela? s'écria la reine. — Il faut attendre deux choses, madame, répondit Douglas : la première, c'est que nous ayons réuni à Kinross une escorte suffisante à la sûreté de votre majesté; la seconde, c'est que le tour de garde nocturne de Thomas Warden arrive à une porte isolée que nous puissions gagner sans être vus. — Et comment saurez-vous cela? restez-vous donc au château? — Hélas! non, madame, répondit Georges; au château, je suis pour vous un ami inutile et même dangereux, tandis qu'une fois au delà du lac, je puis vous servir d'une manière efficace. — Et comment saurez-vous que le tour de garde de Warden est arrivé? — La flamme de la girouette de la tour du nord, au lieu de tourner avec les autres au vent, restera fixée contre lui. — Mais moi, comment serai-je prévenue? — Tout est encore prévu de ce côté : la lumière qui brille chaque nuit dans la petite maison de Kinross vous dit incessamment que vos amis veillent pour vous; mais lorsque vous voudrez savoir si l'heure de votre délivrance s'approche ou est reculée, placez à votre tour une lumière devant cette fenêtre. Aussitôt l'autre disparaîtra : alors comptez en mettant la main sur votre poitrine les battements de votre cœur; si vous arrivez jusqu'au nombre vingt sans que la lumière reparaisse, rien n'est fixé encore; si vous arrivez seulement jusqu'au nombre de dix, c'est que le moment approche; si la lumière ne vous laisse pas le temps de compter au delà de cinq, c'est que votre évasion est fixée à la nuit du lendemain; si elle ne reparaît plus, c'est que c'est pour le soir même : alors le cri de la chouette, répété trois fois dans la cour, sera le signal;

jetez donc l'échelle quand vous l'entendrez. — Oh! Douglas, s'écria la reine, il n'y avait que vous pour tout prévoir et tout calculer ainsi. Merci, cent fois! merci! — Et elle lui tendit sa main à baiser.

Une vive rougeur colora les joues du jeune homme; mais presque aussitôt, se rendant maître de son émotion, il mit un genou en terre, et, renfermant en lui-même l'expression de cet amour dont il avait parlé une seule fois à la reine en lui promettant de ne lui en plus parler jamais, il prit la main que lui tendait Marie et la baisa avec tant de respect, que nul n'aurait pu voir autre chose dans cette action que l'hommage du dévouement et de la fidélité.

Puis, ayant salué la reine, il sortit pour qu'un plus long séjour auprès d'elle n'inspirât point de soupçons.

A l'heure du dîner, Douglas apporta, comme il l'avait dit, un paquet de cordes. Il était insuffisant; mais le soir Marie Seyton le déroulerait en laissant pendre le bout par la fenêtre, et Georges y attacherait le reste: la chose se fit comme elle avait été dite et sans accident aucun, une heure après que les chasseurs furent revenus.

Le lendemain Georges avait quitté le château.

La reine et Marie Seyton n'avaient point perdu de temps pour se mettre à l'échelle de corde, aussi le troisième jour était-elle achevée. Le même soir, la reine, dans son impatience, et plutôt encore pour s'assurer de la vigilance de ses partisans que dans l'espoir que le terme de sa délivrance était si proche, approcha sa lampe de la fenêtre: aussitôt, et comme le lui avait dit Georges Douglas, la lumière de la petite maison de Kinross disparut: la reine alors mit la main sur son cœur, et compta jusqu'à vingt-deux; puis la lumière reparut: on se tenait prêt à tout, mais rien n'était encore arrêté.

Pendant huit jours la reine interrogea ainsi la lumière et les battements de son cœur, sans que rien fût changé dans le nombre des chiffres; enfin le neuvième jour elle compta jusqu'à dix seulement, au onzième la lumière reparut.

La reine crut s'être trompée, elle n'osait espérer ce qu'on lui annonçait; elle retira la lampe, puis, au bout d'un quart d'heure, la représenta de nouveau: le correspondant inconnu comprit, avec son intelligence ordinaire, que c'était une nouvelle épreuve qu'on lui demandait, et à son tour la lumière de la petite maison disparut. Marie interrogea de nouveau les pulsations de son cœur, et, si rapide qu'il bondît, avant le douzième battement, l'étoile propice brillait à l'horizon; il n'y avait plus de doute, tout était arrêté.

Marie ne put dormir de toute la nuit; cette persistance de ses partisans lui inspirait une reconnaissance qui allait jusqu'aux larmes. Le jour vint, et la reine interrogea plusieurs fois sa compagne, pour s'assurer que ce n'était point un rêve qu'elle avait fait : à chaque bruit qu'elle entendait, il lui semblait que le projet d'où dépendait sa liberté était découvert, et lorsque, à l'heure du déjeuner et du dîner, Williams Douglas entra comme d'habitude, à peine osa-t-elle le regarder, de peur de lire sur son visage l'annonce que tout était perdu.

Le soir la reine interrogea de nouveau la lumière, elle fit la même réponse : rien n'avait changé; le phare était toujours à l'espoir.

Pendant cinq jours il continua d'indiquer ainsi comme proche le moment de l'évasion; le soir du sixième, avant que la reine eût compté cinq pulsations, la lumière reparut; la reine s'appuya sur Marie Seyton : elle avait failli s'évanouir tout à la fois de joie et de crainte. Son évasion était fixée pour la soirée du lendemain.

La reine renouvela l'épreuve, et obtint la même réponse : il n'y avait plus de doute, tout était prêt, excepté le courage de la prisonnière, car pour un instant il lui manqua, et, si Marie Seyton n'eût approché à temps un siége, elle fût tombée de toute sa hauteur; mais le premier moment passé, elle se remit comme d'habitude, et se retrouva plus forte et plus résolue que jamais.

Jusqu'à minuit la reine demeura à la fenêtre, les yeux fixés sur cette bienheureuse lumière; enfin Marie Seyton obtint d'elle qu'elle se couchât, lui offrant, si elle ne voulait pas dormir, de lui lire quelques vers de M. Ronsard ou quelques chapitres des Histoires de la Mer; mais Marie ne voulut entendre en ce moment aucune lecture profane, et se fit lire ses Heures, répondant aux prières comme si elle eût assisté à une messe dite par un prêtre catholique : vers le jour, cependant, elle s'assoupit, et comme Marie Seyton, de son côté, tombait de fatigue, elle s'endormit aussitôt dans le fauteuil qui était au chevet du lit de la reine.

Le lendemain elle se réveilla en sentant qu'on lui frappait sur l'épaule : c'était la reine qui était déjà levée.

— Viens donc voir, mignonne, lui dit-elle, viens donc voir le beau jour que Dieu nous donne : oh ! comme la nature est vivante, comme j'aurai du bonheur à me retrouver libre par ces plaines et par ces montagnes ! Décidément le ciel est pour nous. — Madame, répondit Marie, j'aimerais mieux voir un temps moins beau : il nous promettrait une nuit plus sombre ; et songez-y, ce qu'il nous faut, c'est de l'obscurité et non de la lumière. — Écoute, c'est à cela que nous allons reconnaître si véritablement Dieu est pour nous : si le temps reste ainsi qu'il est, oui, tu as raison, c'est qu'il nous abandonne ; mais s'il se couvre, oh ! alors, mignonne, n'est-ce pas ! ce sera une preuve évidente de sa protection.

Marie Seyton sourit en faisant signe de la tête qu'elle adoptait la superstition de sa maîtresse ; alors la reine, incapable de demeurer oisive dans une si grande préoccupation d'esprit, réunit les quelques bijoux qu'elle avait conservés, les enferma dans une cassette, apprêta pour le soir une robe noire, afin de se perdre encore mieux dans l'obscurité : puis, ces préparatifs terminés, elle revint s'asseoir à sa fenêtre, reportant sans cesse ses yeux du lac sur la petite maison de Kinross, close et muette comme d'habitude.

L'heure du déjeuner arriva : la reine était si heureuse, qu'elle reçut Williams Douglas avec plus de bienveillance que de coutume, et que ce fut à grand'peine si elle put rester assise tout le temps que dura le repas ; cependant elle se contint, et Williams Douglas se retira sans paraître avoir remarqué son agitation.

A peine fut-il sorti, que Marie courut à la fenêtre ; elle avait soif d'air, et d'avance dévorait des yeux ces vastes horizons qu'elle allait de nouveau franchir ; il lui semblait qu'une fois libre, elle ne se renfermerait plus jamais dans un palais, mais serait sans cesse errante par la campagne ; puis, au milieu de ces tressaillements de joie, il lui prenait de temps en temps un serrement de cœur inattendu. Alors elle se retournait vers Marie Seyton, essayant de retremper sa force dans la sienne, et la jeune fille la soutenait, plutôt encore par devoir que par conviction.

Si lentes qu'elles parussent à la reine, les heures passaient cependant : vers l'après-midi quelques nuages traversèrent en flottant l'azur du ciel ; la reine les fit remarquer avec joie à sa compagne ; Marie Seyton s'en applaudit, non point à cause du présage imaginaire qu'y cherchait la reine, mais à cause de l'importance réelle que le temps fût couvert pour que l'obscurité vînt en aide à leur fuite. Comme les deux prisonnières suivaient au ciel leurs vagues vaporeuses et mouvantes, le moment du dîner arriva : c'était encore une demi-heure de contrainte et de dissimulation d'autant plus pénible, que, sans doute, reconnaissant de l'espèce de bienveillance que la reine lui avait montrée le matin, Williams Douglas se crut obligé, à son tour, d'accompagner ses fonctions de quelques compliments d'usage, qui forcèrent la reine de prendre à la conversation une part plus active que sa préoccupation d'esprit ne le lui permettait : au reste, Williams Douglas ne parut aucunement remarquer ces absences, et tout se passa comme au déjeuner.

Aussitôt qu'il fut sorti, la reine courut à la fenêtre ; les quelques nuages qui couraient dans le ciel une heure auparavant s'étaient épaissis et étendus, et tout azur s'était effacé pour faire place à une teinte terne et mate comme celle de l'étain. Les pressentiments de Marie Stuart se réalisaient donc : quant à la petite maison de Kinross qu'on apercevait encore dans le crépuscule, elle était toujours fermée et semblait solitaire.

La nuit vint : la lumière brilla comme d'habitude, la reine fit le signal, elle disparut. Marie Stuart attendit vainement, tout resta dans l'ombre ; c'était pour le soir même. La reine entendit successivement sonner huit heures, neuf heures et dix heures. A dix heures, on releva les sentinelles ; Marie Stuart entendit les patrouilles passer sous ses fenêtres, les pas de la ronde s'éloigner ; puis tout rentra dans le silence, une demi-heure s'écoula ainsi: tout à coup le cri de la chouette retentit trois fois, la reine reconnut le signal de Georges Douglas; le moment suprême était venu.

C'était dans ces circonstances que la reine retrouvait toute sa force; elle fit signe à Marie Seyton d'enlever le barreau et de fixer l'échelle de corde, tandis qu'éteignant la lumière, elle alla chercher à tâtons dans sa chambre à coucher la cassette qui contenait les quelques bijoux qui lui restaient : lorsqu'elle revint, Georges Douglas était déjà dans la chambre: — Tout va bien, madame! dit-il; vos amis attendent de l'autre côté du lac, Thomas Warden veille à la poterne, et Dieu nous a envoyé une nuit sombre.

La reine, sans lui répondre, lui tendit la main; Georges fléchit le genou et porta cette main à ses lèvres; mais en la touchant il la sentit tremblante et glacée.

— Madame, lui dit-il, au nom du ciel, rappelez tout votre courage, et ne vous laissez point abattre en un pareil moment. — Notre-Dame de Bon-Secours, murmura Marie Seyton, venez-nous en aide! — Appelez à vous l'esprit des rois vos aïeux, répondit Georges, car à cette heure ce n'est point la résignation d'une chrétienne qu'il vous faut, mais la force et la résolution d'une reine. — O Douglas! Douglas! s'écria douloureusement Marie; un devin m'a prédit que je mourrais en prison et de mort violente, l'heure de la prédiction n'est-elle point arrivée? — Peut-être, dit Georges, mais mieux vaut mourir en reine que de vivre en ce vieux château, prisonnière et calomniée. — Vous avez raison, Georges, lui dit la reine; mais le premier mouvement est tout à la femme : pardonnez-moi; puis après une pause d'un instant : Allons, dit-elle, je suis prête.

Georges alla aussitôt à la fenêtre, assura de nouveau l'échelle et d'une manière plus solide, puis, montant sur l'appui et se tenant d'une main aux barreaux, il tendit l'autre à la reine, qui, aussi résolue qu'un instant auparavant elle était craintive, monta sur un tabouret, et avait déjà posé un pied sur le rebord de la croisée, lorsque tout à coup le cri : *Qui vive?* retentit au pied de la tour. La reine se rejeta en arrière, moitié par instinct, moitié repoussée par Georges qui, au con traire, se pencha hors de la fenêtre pour voir d'où venait ce cri qui, deux fois renouvelé encore, resta deux fois sans réponse, et fut aussitôt suivi de la détonation d'une arme à feu : au même instant la sentinelle en faction sur la tour sonna du cor, un autre mit en branle la cloche d'alarme, et les cris : — Aux armes, aux armes ! et trahison, trahison ! retentirent par tout le château.

— Oui, oui, trahison, trahison ! s'écria Georges Douglas en sautant dans la chambre. Oui, l'infâme Warden nous a trahis ; puis, s'avançant vers Marie, froide et immobile comme une statue : — Du courage, madame, lui dit-il, du courage ! quelque chose qui arrive, il vous reste encore un ami dans le château, c'est le petit Douglas.

A peine avait-il achevé ces mots, que la porte de l'appartement de la reine s'ouvrit, et que Williams Douglas et lady Lochleven, précédés de serviteurs portant des torches et de soldats armés, parurent sur le seuil : l'appartement se trouva plein de monde et de lumière.

— Ma mère, dit Williams Douglas, montrant son frère devant Marie Stuart et la couvrant de son corps, me croyez-vous maintenant ? Regardez.

La vieille lady fut un moment sans pouvoir répondre ; puis enfin retrouvant la parole, et faisant un pas en avant :

— Parlez, Georges Douglas, s'écria-t-elle, parlez, et lavez-vous à l'instant même de l'accusation qui pèse sur votre honneur ; dites ces seules paroles : Un Douglas n'a jamais manqué à son devoir ; et je vous crois. — Oui, ma mère, reprit Williams, un Douglas !... mais lui, lui, ce n'est pas un Douglas. — Que Dieu accorde à ma vieillesse la force nécessaire, s'écria lady Lochleven, pour supporter de la part d'un de mes fils un pareil malheur, et de la part de l'autre une pareille injure. O femme née sous un astre funeste, continua-t-elle en s'adressant à la reine, quand cesseras-tu donc d'être, aux mains du démon, un instrument de perdition et de mort pour tout ce qui t'approche ! O vieille maison de Lochleven, maudite soit l'heure où cette enchanteresse a franchi ton seuil !

— Ne dites pas cela, ma mère, s'écria Georges ; béni soit, au contraire, l'instant qui prouve que s'il est des Douglas qui ne se souviennent plus de ce qu'ils doivent à leurs souverains, il y en a d'autres qui ne l'ont jamais oublié. — Douglas! Douglas! murmura Marie Stuart, ne vous l'avais-je pas dit? — Et moi, madame, dit Georges, que vous avais-je répondu alors? que c'était à tout fidèle sujet de votre majesté un devoir et un honneur de mourir pour elle. — Eh bien, meurs donc, s'écria Williams Douglas, s'élançant sur son frère l'épée haute, tandis que celui-ci, faisant un bond en arrière, tirait la sienne, et, par un mouvement rapide comme la pensée et ardent comme la haine, se mettait en défense. Mais au même instant Marie Stuart s'élança entre les deux jeunes gens. — Ne faites pas un pas de plus, lord Douglas, dit-elle; remettez votre épée au fourreau, Georges, ou si vous vous en servez, que ce soit pour sortir d'ici, et contre tout autre que votre frère. J'ai besoin encore de votre vie, ménagez-la. — Ma vie, comme mon bras et mon honneur, est à votre disposition, madame, et dès que vous l'ordonnez, je la conserverai pour vous.

A ces mots, s'élançant vers la porte avec une violence et une résolution qui ne permettaient point qu'on l'arrêtât :

— Arrière, cria-t-il aux domestiques qui barraient le passage, faites place au jeune maître de Douglas, ou malheur à vous! — Arrêtez-le, cria Williams; qu'on le saisisse mort ou vif; faites feu sur lui, tuez-le comme un chien!

Deux ou trois soldats, n'osant désobéir à Williams, firent semblant de poursuivre son frère. Puis on entendit quelques coups de fusil, et une voix qui criait que Georges Douglas venait de se précipiter dans le lac.

— Il s'est donc échappé? s'écria Williams.

Marie Stuart respira, la vieille lady leva les mains au ciel.

— Oui, oui, murmura Williams; oui, remerciez le ciel de la fuite de votre fils; car sa fuite couvre de honte toute notre maison, car, à compter de cette heure, nous serons regardés comme les complices de sa trahison. — Aie pitié de moi, Williams, s'écria lady Lochleven en se tordant les bras, au nom du ciel, aie pitié de ta vieille mère! ne vois-tu pas que je me meurs?

A ces mots, elle se renversa en arrière, pâle et chancelante; l'intendant et un domestique la retinrent dans leurs bras.

— Je crois, mylord, dit Marie Seyton s'avançant, que votre mère a autant besoin en ce moment de soins, que la reine a besoin de repos : ne jugeriez-vous pas qu'il est temps de vous retirer? — Oui, oui, dit Williams, pour vous donner le temps de filer de nouvelles toiles, n'est-ce pas? et de chercher quels nouveaux moucherons vous pouvez y prendre? C'est bien, continuez votre œuvre; mais vous venez de voir qu'il n'est pas facile de tromper Williams Douglas. Jouez votre jeu, je jouerai le mien. Puis, se retournant vers les domestiques : Sortez tous, ajouta-t-il, et vous, venez, ma mère.

Les serviteurs et les soldats obéirent : puis, Williams Douglas sortit le dernier, soutenant lady Lochleven, et la reine l'entendit fermer derrière lui, et à double tour, les deux portes de sa prison.

— A peine Marie fut-elle seule et certaine qu'elle n'était plus regardée ni entendue, que toute sa force l'abandonna, et que, se laissant aller sur un fauteuil, elle éclata en sanglots.

En effet, il lui avait fallu tout son courage pour se soutenir jusque-là, et ce courage, c'était la vue seule de ses ennemis qui le lui avait donné; mais à peine furent-ils sortis que sa situation se présenta devant elle dans toute sa fatale rigueur. Détrônée, prisonnière, sans autre ami, dans ce château imprenable, qu'un enfant auquel elle avait fait attention à peine, et qui était le seul et dernier fil qui rattachait ses espérances passées à ses espérances à venir, que restait-il à la reine Marie Stuart de ses deux trônes et de sa double puissance? Son nom, voilà tout; son nom, avec lequel, en liberté, elle eût sans doute remué l'Écosse, mais qui petit à petit allait s'effacer au cœur de ses partisans, et que de son vivant l'oubli peut-être allait couvrir comme un linceul. Une pareille idée était insupportable pour une âme aussi élevée que l'était celle de Marie Stuart, et pour une organisation qui, pareille à celle des fleurs, avait besoin, avant tout, d'air, de lumière et de soleil.

Heureusement il lui restait la plus aimée de ses quatre

Maries, qui, toujours fidèle et consolante, s'empressa de la secourir et de la consoler; cependant, cette fois ce n'était pas chose facile, et la reine la laissait faire et dire sans lui répondre autrement que par ses sanglots et par ses larmes; lorsque tout à coup, en regardant par la fenêtre dont elle avait approché le fauteuil de sa maîtresse :

— La lumière! s'écria-t-elle, madame, la lumière! En même temps elle soulevait la reine, et, le bras tendu hors de la fenêtre, elle lui montrait le phare, éternel symbole d'espérance, qui s'était rallumé au milieu de cette nuit sombre sur la colline de Kinross : il n'y avait pas à s'y tromper, pas une étoile ne brillait au ciel. — Mon Dieu, Seigneur, je vous rends grâces, dit la reine en tombant à genoux et en élevant les bras au ciel avec un geste de reconnaissance : Douglas est sauvé, et mes amis veillent toujours.

Puis, après une fervente prière qui lui rendit un peu de force, la reine rentra dans sa chambre, et, brisée par les émotions diverses qui s'étaient succédé, elle s'endormit d'un sommeil inquiet et agité, sur lequel l'infatigable Marie Seyton veilla jusqu'au jour.

Williams Douglas l'avait dit : à compter de ce moment, la reine fut véritablement prisonnière, et la permission de descendre au jardin ne lui fut plus accordée que sous la surveillance de deux soldats; aussi cette gêne lui parut-elle si insupportable, qu'elle préféra renoncer à cette distraction, qui, environnée de pareilles mesures, devenait un supplice. Elle se renferma donc dans son appartement, trouvant une certaine jouissance amère et orgueilleuse dans l'excès même de son infortune.

Huit jours après les événements que nous avons racontés, comme neuf heures du soir venaient de sonner à la cloche du château, et que la reine et Marie Seyton étaient assises devant une table où elles faisaient de la tapisserie, une pierre lancée de la cour passa à travers les barreaux de la fenêtre, brisa une vitre, et tomba dans la chambre. Le premier mouvement de la reine fut de croire à un accident ou à une insulte; mais Marie Seyton, en se retournant, s'aperçut que la pierre était enveloppée d'un papier; elle la ramassa aussitôt.

Le papier était une lettre de Georges Douglas, conçue en ces termes :

« Vous m'avez ordonné de vivre, madame, je vous ai obéi, et votre majesté a pu reconnaître, à la lumière de Kinross, que ses serviteurs continuaient de veiller pour elle. Cependant, pour ne pas inspirer de soupçons, les soldats rassemblés pour cette nuit fatale se sont dispersés dès le point du jour, et ne se réuniront que lorsqu'une tentative nouvelle rendra leur présence nécessaire. Mais, hélas ! cette tentative, ce serait vous perdre que de la renouveler en ce moment, où les geôliers de votre majesté sont sur leurs gardes. Laissez-leur donc prendre toutes leurs précautions, madame ; laissez-les s'endormir dans leur sécurité, tandis que nous, nous continuerons de veiller dans notre dévouement.

» Patience et courage ! »

— Cœur brave et loyal, s'écria Marie, plus constamment dévoué au malheur que les autres ne le sont à la prospérité ! Oui, j'aurai la patience et le courage, et tant que cette lumière brillera, je croirai encore à la liberté.

Cette lettre rendit à la reine tout son ancien courage : elle avait avec Georges un moyen de communication par le petit Douglas ; car sans doute c'était lui qui avait jeté cette pierre. Elle s'empressa d'écrire à son tour une lettre adressée à Georges, et dans laquelle elle le chargeait de l'expression de sa reconnaissance pour tous les lords qui avaient signé la protestation, et dans laquelle elle les suppliait, au nom de la fidélité qu'ils lui avaient jurée, de ne pas se refroidir dans leur dévouement, leur promettant que de son côté elle en attendrait le résultat avec cette patience et ce courage qu'ils lui demandaient.

La reine ne s'était pas trompée : le lendemain, comme elle était à sa fenêtre, le petit Douglas vint jouer au pied de la tour, et, sans lever la tête, s'arrêta juste au-dessous d'elle pour creuser un trébuchet à prendre des oiseaux. La reine regarda si personne ne pouvait la voir, et, s'étant assurée que cette partie de la cour était solitaire, elle laissa tomber la pierre enveloppée dans sa lettre : d'abord elle craignit d'avoir commis une erreur grave, car le petit Douglas ne se retourna pas même au bruit, et ce ne fut qu'après un instant, pendant lequel le cœur de la prisonnière fut serré d'une horrible anxiété, qu'indifféremment, et comme s'il cherchait toute autre chose, l'enfant mit la main sur la pierre, et sans se hâter, sans relever la tête, sans donner enfin aucun signe d'intelligence à celle qui l'avait jetée, il mit la lettre dans sa poche, achevant avec le plus grand calme l'ouvrage commencé, et indiquant à la reine, par ce sang-froid au-dessus de son âge, quel fond elle pouvait faire sur lui.

Dès ce moment, la reine reprit un nouvel espoir; cependant les jours, les semaines, les mois s'écoulèrent sans apporter aucun changement à sa situation : l'hiver arriva; la prisonnière vit la neige s'étendre sur les plaines et sur les montagnes, et le lac lui offrir, si elle eût pu franchir seulement la porte, un chemin solide pour gagner l'autre rive; mais aucune lettre ne vint pendant tout ce temps lui apporter la consolante nouvelle qu'on s'occupait de sa délivrance; seulement chaque soir la lumière fidèle lui annonçait qu'un ami veillait.

Bientôt la nature se réveilla de son sommeil de mort, quelques rayons hâtifs de soleil percèrent les nuages de ce sombre ciel d'Écosse; la neige fondit, le lac brisa sa croûte de glace, les premiers bourgeons poussèrent, la verdure reparut; chaque chose sortit de sa prison à l'approche joyeuse du printemps, et ce fut une grande tristesse pour Marie de voir qu'elle seule était condamnée à un hiver éternel.

Enfin un soir elle crut remarquer aux mouvements de la lumière qu'il se passait quelque chose de nouveau; elle avait interrogé si souvent cette pauvre étoile vacillante, et si souvent elle l'avait laissée compter plus de vingt fois les battements de son cœur, que, pour s'épargner la douleur du désappointement, depuis longtemps elle ne l'interrogeait plus; cependant elle résolut de faire une dernière tentative, et presque sans espoir elle approcha la lumière de la fenêtre, et l'éloigna aussitôt; toujours fidèle au signal, l'autre disparut à l'instant même, et reparut au onzième battement du cœur de la reine. Au même instant, et par une coïncidence étrange,

une pierre, passant par la fenêtre, tomba aux pieds de Marie
Seyton. Elle était, comme la première, enveloppée dans une
lettre de Georges; la reine la prit des mains de sa compagne,
l'ouvrit et lut :

« Le moment approche; vos partisans sont réunis; rappelez tout votre courage.

» Laissez demain, à onze heures du soir, pendre une corde
par votre fenêtre, et enlevez le paquet que l'on y attachera. »

Il restait dans l'appartement de la reine le superflu des cor-
dages qui avaient servi à l'échelle enlevée par les gardes le
soir de l'évasion manquée : le lendemain, à l'heure dite, les
deux prisonnières enfermèrent la lampe dans la chambre à
coucher, afin qu'aucune lumière ne les trahît, et Marie Seyton, s'approchant de la fenêtre, laissa pendre la corde. Au
bout d'un instant, elle sentit à ses mouvements qu'on y atta-
chait quelque chose. Marie Seyton tira, et un paquet assez
volumineux se présenta aux barreaux, qu'il ne put franchir
à cause de sa grosseur. Alors la reine vint en aide à sa compagne. Le paquet fut dénoué, et les objets qu'il contenait,
séparés les uns des autres, passèrent facilement. Les deux
prisonnières les emportèrent dans la chambre à coucher, et,
s'étant barricadées en dedans, elles commencèrent leur inventaire : c'étaient deux habits d'homme complets à la livrée
des Douglas. La reine n'y comprenait rien, lorsqu'elle vit
une lettre attachée au collet d'un de ces deux justaucorps.
Empressée de connaître le mot de cette énigme, elle l'ouvrit
aussitôt et lut ce qui suit :

« Ce n'est qu'à force d'audace que votre majesté peut reconquérir sa liberté : que votre majesté lise donc cette lettre,
et suive ponctuellement, si elle daigne les adopter, les instructions qu'elle y trouvera.

» Les clefs du château ne quittent point pendant le jour la
ceinture du vieil intendant; lorsque le couvre-feu est sonné,
et qu'il a fait sa ronde pour s'assurer que toutes les portes
sont bien fermées, il les remet à Williams Douglas, qui, s'il
veille, les attache au ceinturon de son épée, ou, s'il dort, les

met sous son chevet. Depuis cinq mois, le petit Douglas, qu'on est habitué à voir travailler à la forge de l'armurier du château, est occupé à exécuter des clefs assez semblables aux autres, pour qu'une fois substituées, Williams puisse s'y tromper. Hier, le petit Douglas a achevé la dernière.

» A la première occasion favorable, que sa majesté saura être prête à s'offrir en interrogeant chaque jour avec soin la lumière, le petit Douglas substituera les fausses clefs aux vraies, entrera dans la chambre de la reine, qu'il trouvera revêtue, ainsi que miss Marie Seyton, de leurs costumes d'hommes, et marchera devant elles pour les conduire, par le chemin qui offrira le plus de chances à leur évasion; une barque sera préparée et les attendra.

» Jusque-là, chaque soir, autant pour s'habituer à ces nouveaux costumes que pour leur donner l'apparence d'avoir été portés, Sa Majesté et miss Marie Seyton revêtiront les habits qu'elles devront garder de neuf heures à minuit. D'ailleurs il est possible que, sans avoir eu le temps de les prévenir, leur jeune conducteur vienne tout à coup les chercher : il est donc urgent qu'il les trouve prêtes.

» Les vêtements doivent aller parfaitement à sa majesté et à sa compagne, la mesure en ayant été prise sur miss Marie Fleming et miss Marie Livingston, qui sont absolument de leurs tailles.

» On ne peut trop recommander à sa majesté d'appeler à son aide, dans la circonstance suprême où elle se trouve, le sang-froid et le courage dont elle a donné de si fréquentes preuves en d'autres occasions. »

Les deux prisonnières restèrent étourdies de la hardiesse de ce plan : au premier abord, elles se regardèrent consternées; car il leur sembla que la réussite était impossible. Elles n'en essayèrent pas moins leur travestissement : ainsi que le disait Georges, il leur allait à chacune comme si l'on avait pris mesure sur elles-mêmes.

Chaque soir la reine, ainsi que Georges le lui avait recommandé, interrogea la lumière, et cela pendant un long mois, où chaque soir la reine et Marie Seyton, quoique cette lumière n'annonçât rien de nouveau, revêtirent, ainsi qu'il en était convenu, leurs habits d'homme, mais aussi elles en acquirent toutes deux une telle habitude, qu'ils leur étaient devenus aussi familiers que ceux de leur sexe.

Enfin, le 2 mai 1568, la reine fut réveillée par le son du cor : inquiète de ce qu'il annonçait, elle passa une robe de chambre, et courut à la fenêtre, où Marie Seyton vint aussitôt la rejoindre. Une troupe assez nombreuse de cavaliers faisait halte de l'autre côté du lac, ayant la bannière des Douglas déployée, et trois barques ramaient ensemble et à l'envi pour aller chercher les nouveaux arrivants.

Cet événement fut un motif d'effroi pour la reine : au point où elle en était, le moindre changement dans les habitudes prises au château était à craindre; car il pouvait renverser tous les projets arrêtés. Cette appréhension redoubla quand les barques se rapprochant, la reine reconnut dans la plus grande lord Douglas, mari de lady Lochleven et père de Williams et de Georges. Le vieux chevalier, qui était gardien des marches dans le nord, venait faire une visite à son vieux manoir, dans lequel il n'était point entré depuis trois ans.

C'était un événement pour le château de Lochleven ; aussi, quelques instants après l'arrivée des barques, Marie Stuart entendit-elle les pas du vieil intendant qui montait l'escalier; il venait annoncer à la reine l'arrivée de son maître, et, comme ce devait être fête pour tous ceux qui habitaient le château de Lochleven lorsque le maître y rentrait, il venait inviter la reine au dîner qui allait célébrer ce retour : soit instinct, soit répugnance, la reine refusa.

Toute la journée la cloche et le cor retentirent; lord Douglas, en véritable seigneur féodal, voyageait avec une suite de prince. On ne voyait que soldats et serviteurs nouveaux, passant et repassant sous les fenêtres de la reine : valets et écuyers portaient, au reste, une livrée pareille à celle qu'avaient reçue la reine et Marie Seyton.

Marie attendait la nuit avec impatience. La veille encore, elle avait interrogé sa lumière, et elle lui avait annoncé comme toujours, en reparaissant au onzième ou douzième battement de son cœur, que le moment de l'évasion était proche; mais elle craignait fort que l'arrivée de lord Douglas n'eût tout dérangé, et que le signal de ce soir ne lui annonçât un retard. Aussi, à peine eut-elle vu s'allumer la lumière, qu'elle approcha sa lampe de la fenêtre; l'autre disparut aussitôt, et Marie Stuart, avec une angoisse épouvantable, commença de l'interroger. Cette angoisse augmenta quand elle eut dépassé quinze battements. Alors elle cessa de compter, abattue et les yeux fixés machinalement sur l'endroit où avait été la lumière. Mais quel fut son étonnement, lorsqu'au bout de quelques minutes, elle ne la vit point reparaître, et lorsqu'une demi-heure écoulée, tout fut demeuré sombre. La reine alors renouvela son signal, mais n'obtint aucune réponse : l'évasion était pour le soir même.

La reine et Marie Seyton s'attendaient si peu à cet événement, que, contre leur coutume, elles n'avaient pas revêtu ce soir-là leurs vêtements d'homme : elles se précipitèrent aussitôt dans la chambre à coucher de la reine, dont elles barricadèrent la porte sur elles, et commencèrent à s'habiller. Elles achevaient à peine leur toilette précipitée, qu'elles entendirent une clef tourner dans la serrure : elles soufflèrent aussitôt la lampe. Des pas légers s'approchèrent de la porte. Les deux femmes s'appuyèrent l'une sur l'autre; car elles étaient près de tomber toutes deux. On frappa doucement. La reine demanda qui était là, et la voix du petit Williams répondit par les deux premiers vers d'une vieille ballade :

> Douglas, Douglas,
> Tendre et fidèle.

Marie ouvrit aussitôt; c'était le mot d'ordre convenu avec Georges Douglas.

L'enfant était sans lumière. Il étendit la main et rencontra celle de la reine : à la clarté des étoiles, Marie Stuart le vit s'agenouiller; puis elle sentit sur ses doigts l'impression de ses lèvres.

— Votre majesté est-elle prête à me suivre? demanda-t-il à voix basse et en se relevant. — Oui, mon enfant, répondit la reine; mais c'est donc pour ce soir? — Avec la permission de votre majesté, oui, c'est pour ce soir. — Tout est donc prêt?

— Tout. — Que faut-il faire? — Me suivre partout. — O mon Dieu, mon Dieu, s'écria Marie Stuart, ayez pitié de nous! Puis, ayant fait une courte prière à voix basse tandis que Marie Seyton prenait la cassette où étaient les bijoux de la reine : — Je suis prête, dit-elle, et toi, mignonne? — Moi aussi, répondit Marie Seyton. — Venez donc alors, dit le petit Douglas.

Les deux prisonnières suivirent l'enfant; la reine marchant la première, et Marie Seyton ensuite. Leur jeune conducteur referma avec soin la porte derrière lui, afin que, si une ronde venait à passer, elle ne s'aperçût de rien; puis il commença de descendre l'escalier tournant. Arrivés à moitié des marches, le bruit du festin parvint jusqu'à eux, mélange d'éclats de rire, de voix confuses et de chocs de verres. La reine mit la main sur l'épaule de son jeune guide :

— Où nous conduis-tu? lui demanda-t-elle avec effroi. — Hors du château, répondit l'enfant. — Mais il nous faudra passer par la grande salle? — Sans doute; et voilà justement ce qu'avait prévu Georges. Au milieu des valets, dont votre majesté porte la livrée, personne ne la reconnaîtra. — O mon Dieu! mon Dieu! murmura la reine en s'appuyant au mur. — Du courage, madame, dit tout bas Marie Seyton, ou nous sommes perdues! — Tu as raison, répondit la reine; allons. — Et elles se remirent en marche, toujours guidées par leur conducteur.

Au bas de l'escalier il s'arrêta, et présentant à la reine une cruche de grès pleine de vin :

— Placez cette cruche sur votre épaule droite, madame, lui dit-il; elle cachera votre visage aux convives, et, portant quelque chose, votre majesté inspirera moins de soupçons. Vous, miss Marie, donnez-moi cette cassette, et mettez sur votre tête cette corbeille pleine de pain. Maintenant, c'est bien; vous sentez-vous la force? — Oui, dit la reine. — Oui, dit Marie Seyton. — Alors, suivez-moi.

L'enfant reprit sa route, et, au bout de quelques pas, les fugitifs se trouvèrent dans une espèce d'antichambre qui précédait la grande salle, et dans laquelle pénétraient le bruit et la lumière. Plusieurs serviteurs s'y occupaient de différents services; pas un ne fit attention à eux, et cela rassura quelque peu la reine. D'ailleurs, il n'y avait plus à reculer, le petit Douglas venait d'entrer dans la grande salle.

Les convives, assis des deux côtés d'une longue table étagée selon les rangs de ceux qui l'occupaient, entamaient le dessert, et par conséquent étaient arrivés au moment le plus joyeux du repas. Au reste, la salle était si grande, que les lampes et les bougies qui l'éclairaient, si multipliées qu'elles fussent, laissaient dans une demi-teinte des plus favorables les deux côtés de l'appartement, dans lequel quinze ou vingt serviteurs allaient et venaient. La reine et Marie Seyton s'engagèrent parmi cette foule trop occupée pour les remarquer, et, sans s'arrêter, sans faiblir, sans regarder en arrière, elles traversèrent la salle dans toute sa longueur, arrivèrent à l'autre porte, et se trouvèrent dans le vestibule correspondant à celui qu'ils avaient traversé avant d'entrer. La reine y déposa sa cruche, Marie Seyton sa corbeille, et toutes deux, toujours guidées par l'enfant, entrèrent dans un corridor au bout duquel elles se trouvèrent dans la cour. Une patrouille passait en ce moment, mais ne fit pas attention à eux.

L'enfant s'achemina vers le jardin, toujours suivi des deux femmes. Là il fallut chercher pendant quelque temps laquelle de toutes ces clefs ouvrait la porte; ce fut un moment d'inexprimable angoisse. Enfin la clef tourna dans la serrure, la porte s'ouvrit; la reine et Marie Seyton se précipitèrent dans le jardin. L'enfant referma la porte derrière elles.

Arrivé aux deux tiers à peu près, le petit Douglas étendit le bras en leur faisant signe de s'arrêter; puis, posant la cassette et les clefs à terre, il rapprocha les mains l'une de l'autre, et soufflant dedans, imita trois fois le cri de la chouette, au point qu'il était impossible que l'on crût que c'était une voix humaine qui poussait ces sons : alors, ramassant la cassette et les clefs, il continua son chemin sur la pointe du pied et l'oreille tendue. En arrivant près du mur, ils s'arrêtèrent de nouveau, et, après un instant d'attente et d'anxiété, on entendit un gémissement, puis quelque chose de pareil au bruit d'un corps qui tomberait. Quelques secondes après, le houhoulement d'un hibou répondit au cri de la chouette.

— C'est fini, dit tranquillement le petit Douglas; allons. — Qu'est-ce qui est fini? demanda la reine, et quel est ce gémissement que nous avons entendu? — Il y avait une sentinelle à la porte qui donne sur le lac, répondit l'enfant; mais elle n'y est plus.

La reine sentit son sang se glacer jusqu'au fond du cœur, en même temps qu'une sueur froide pointait à la racine de ses cheveux; car elle avait tout compris : un malheureux venait de perdre la vie à cause d'elle. Elle s'appuya chancelante sur Marie Seyton, qui elle-même sentait sa force près de l'abandonner. Pendant ce temps, le petit Douglas essayait les clefs; la deuxième ouvrit la porte.

— La reine? dit à voix basse un homme qui attendait de l'autre côté du mur. — Elle me suit, répondit l'enfant.

Georges Douglas, car c'était lui, s'élança dans le jardin, et, prenant d'un côté le bras de la reine, et de l'autre celui de Marie Seyton, il les entraîna vivement sur les bords du lac. En franchissant la porte, Marie Stuart ne put s'empêcher de jeter un regard inquiet autour d'elle, et il lui sembla qu'un objet informe gisait au pied de la muraille, et comme elle frissonnait par tout le corps : — Ne le plaignez pas, dit à voix basse Georges; car c'est une justice du ciel. Cet homme était l'infâme Warden, qui nous a trahis. — Hélas! dit la reine, si coupable qu'il ait été, il n'en est pas moins mort à cause de moi. — Quand il s'agissait de votre salut, madame, fallait-il marchander avec quelques gouttes de cet ignoble sang? Mais, silence! Par ici, Williams, par ici; suivons la muraille, dont l'ombre nous cache. La barque est à vingt pas, et nous sommes sauvés.

A ces mots, Georges entraîna les deux femmes plus rapidement encore, et tous quatre arrivèrent, sans avoir été découverts, jusqu'aux rives du lac. Comme l'avait dit Douglas, une petite barque attendait; et, en voyant s'approcher les fugitifs, quatre rameurs, couchés au fond, se levèrent, et l'un d'eux, sautant à terre, tira la chaîne, afin que la reine et Marie Seyton pussent y descendre. Douglas les fit asseoir à la proue, l'enfant se plaça au gouvernail, et Georges, d'un coup de pied, repoussa la barque, qui commença de glisser sur le lac.

— Et maintenant, dit-il, nous sommes véritablement sauvés; car autant vaudrait qu'ils poursuivissent une hirondelle de mer sur le détroit de Solway, que d'essayer de nous atteindre. Ramez, enfants, ramez; peu importe qu'ils nous entendent; l'essentiel est de gagner le large. — Qui vive? cria une voix du haut de la terrasse du château. — Ramez, ramez, dit Douglas en se plaçant devant la reine. — La barque! la barque! cria la même voix; amenez-la barque! — Puis voyant qu'elle continuait à s'éloigner : — Trahison! trahison! cria la sentinelle; aux armes!

Au même moment, une lueur éclaira le lac; le bruit d'une arme à feu se fit entendre, et une balle passa en sifflant; la reine jeta un léger cri, quoiqu'elle n'eût couru aucun danger, Georges, comme nous l'avons dit, s'étant placé devant elle et la couvrant tout entière de son corps.

En ce moment, la cloche d'alarme tinta, et l'on vit toutes les lumières du château se mouvoir et courir comme éperdues dans les appartements.

— Courage, enfants, dit Douglas; ramez comme si votre vie dépendait de chaque coup d'aviron; car, avant cinq minutes, l'esquif sera à notre poursuite. — C'est ce qui ne leur sera pas aussi facile que tu crois, Georges, dit le petit Douglas; car j'ai refermé toutes les portes derrière moi, et avant que les clefs que je leur ai laissées ne les ouvrent, il se passera du temps. Quant à celles-ci, ajouta-t-il en montrant celles qu'il avait si adroitement soustraites, je les remets à Kelpie, le génie du lac, et je le nomme portier du château de Lochleven.

La décharge d'une petite pièce d'artillerie répondit à la plaisanterie de Williams; mais comme la nuit était trop obscure pour que l'on pût pointer à une aussi grande distance que celle qui se trouvait déjà entre le château et la barque, le boulet ricocha à une vingtaine de pas des fugitifs, tandis que le bruit allait s'éteignant d'écho en écho. Alors Douglas tira un pistolet de sa ceinture, et, prévenant les femmes de ne point avoir peur, il lâcha le coup en l'air, non point pour répondre par une vaine bravade à la canonnade du château, mais pour prévenir une troupe d'amis fidèles, qui les attendaient sur l'autre rive du lac, que la reine était sauvée. Aussitôt, quelque danger qu'il y eût tant qu'on serait si près de Kinross, des cris de joie retentirent sur le rivage, et, Williams ayant incliné le gouvernail, l'esquif alla prendre terre à l'endroit où on les avait entendus. Douglas alors tendit la main à la reine, qui sauta légèrement sur la rive, et qui, tombant à genoux, aussitôt commença par rendre grâce à Dieu de son heureuse délivrance.

En se relevant, la reine se trouva entourée de ses plus fidèles serviteurs, Hamilton, Herris et Seyton, le père de Marie. Folle de joie, la reine leur tendait ses mains, les remerciant avec des paroles entrecoupées, qui exprimaient son ivresse et sa reconnaissance mieux que n'eussent pu faire les plus belles phrases, lorsque tout à coup, en se retournant, elle aperçut Georges Douglas triste et à l'écart. Alors, allant à lui et le prenant par la main :

— Milords, dit-elle en leur présentant Georges et en leur montrant Williams, voilà mes deux libérateurs; voilà ceux auxquels, tant que je vivrai, je garderai une reconnaissance que rien n'acquittera jamais. — Madame, dit Douglas, chacun de nous n'a fait que ce qu'il devait faire, et celui qui a le plus risqué est le plus heureux. Mais si votre majesté veut m'en croire, elle ne perdra pas une minute en paroles inutiles. — Douglas a raison, dit lord Seyton : à cheval, à cheval!

Aussitôt, et tandis que quatre courriers partaient dans quatre directions différentes, pour annoncer aux amis de la reine son heureuse évasion, on lui présenta un cheval pour elle, et sur lequel elle s'élança avec son habileté ordinaire; puis la petite troupe qui, composée de vingt personnes à peu près, escortait les destinées futures de l'Écosse, tournant le bourg de Kinross, dans lequel le feu du château avait sans doute jeté l'alarme, prit au grand trot le chemin du château de Seyton, où se trouvait déjà une garnison suffisante pour défendre la reine d'un coup de main.

La reine marcha toute la nuit, accompagnée d'un côté par Douglas, et de l'autre par lord Seyton; puis, au point du jour, on s'arrêta à la porte du château de West-Niddrie, appartenant, comme nous l'avons dit, à lord Seyton et situé dans le

Lothian occidental. Douglas s'élança au bas de son cheval pour offrir la main à Marie Stuart; mais lord Seyton réclama ses priviléges de maître de maison. La reine consola Douglas d'un coup d'œil, et entra dans la forteresse.

— Madame, lui dit lord Seyton en la conduisant dans la chambre depuis neuf mois préparée pour elle, votre majesté doit avoir besoin de repos, après la fatigue et les émotions qu'elle a éprouvées depuis hier matin; qu'elle dorme donc tranquille et ne s'inquiète de rien; le bruit qu'elle pourrait entendre serait causé par un renfort d'amis que nous attendons. Quant à nos ennemis, votre majesté n'a rien à en craindre tant qu'elle habitera le château d'un Seyton.

La reine remercia de nouveau ses libérateurs, donna une dernière fois à baiser sa main à Douglas, embrassa le petit Williams au front, et le nomma pour l'avenir son page favori; puis, profitant du conseil qui lui était donné, entra dans sa chambre, où Marie Seyton, à l'exclusion de toute autre femme, réclama le privilége de remplir auprès d'elle les fonctions dont elle avait été chargée pendant leurs onze mois de captivité au château de Lochleven.

En rouvrant les yeux, Marie Stuart crut avoir fait un de ces rêves si douloureux aux prisonniers, quand, en se réveillant, ils retrouvent les verrous de leurs portes et les barreaux de leurs croisées. Aussi la reine, ne pouvant en croire le témoignage de ses sens, courut-elle à demi nue à la fenêtre. La cour était pleine de soldats, et ces soldats étaient tous des amis accourus à la nouvelle de son évasion; elle reconnut les bannières de ses fidèles amis : les Seyton, les Arbroath, les Herris et les Hamilton, et à peine eut-elle été aperçue à sa fenêtre, que toutes ces bannières s'inclinèrent devant elle avec des cris cent fois répétés de : « *Vive Marie d'Écosse! vive notre reine!* » Alors, sans faire attention au désordre de sa toilette, belle et chaste de son émotion et de son bonheur, elle salua à son tour, les yeux pleins de larmes; mais, cette fois, c'étaient des larmes de joie. Cependant la reine s'aperçut qu'elle était à demi nue, et rougissant de s'être laissé emporter ainsi à son délire, elle se rejeta en arrière, toute rougissante de confusion.

Alors elle eut un instant de craintes graves pour une femme : elle avait fui du château de Lochleven en habits à la livrée de Douglas, et sans avoir le loisir ni même la possibilité d'emporter aucun vêtement de femme. Cependant elle ne pouvait demeurer vêtue en homme; elle exprima donc son inquiétude à Marie Seyton, qui y répondit en ouvrant les armoires de la chambre où la reine se trouvait. Elles étaient garnies, non-seulement de robes, dont la mesure, comme celle de l'habit, avait été prise sur Marie Fleming, mais encore de tous les objets nécessaires à la toilette d'une femme. La reine était émerveillée, il lui semblait être dans un château de fées.

— Mignonne, dit-elle en regardant les unes après les autres ces robes, dont les étoffes étaient choisies avec un goût exquis, je savais ton père un brave et loyal chevalier, mais je ne le croyais pas si savant en matière de toilette. Nous le nommerons secrétaire de nos atours. — Hélas! madame, répondit en souriant Marie Seyton, vous ne vous êtes pas trompée : mon père a fait fourbir jusqu'à la dernière cuirasse, repasser jusqu'à la dernière épée, déployer jusqu'à la dernière bannière qui se trouvait au château; mais mon père, tout prêt qu'il est à mourir pour votre majesté, n'aurait pas songé un instant à lui offrir autre chose que son toit pour s'y reposer, ou son manteau pour la couvrir. C'est encore Douglas qui a tout prévu, tout préparé, tout, jusqu'à Rosabelle, la haquenée favorite de votre majesté, qui attend avec impatience dans l'écurie le moment où, montée sur elle, votre majesté fera sa rentrée triomphale à Édimbourg. — Et comment a-t-il pu la ravoir? demanda Marie. J'avais cru que, dans le partage de mes dépouilles, Rosabelle était échue à la belle Alice, la sultane favorite de mon frère? — Oui, oui, dit Marie Seyton, il en était ainsi, et comme on savait le prix de Rosabelle, elle était gardée sous clefs et verrous par une armée de palefreniers; mais Douglas est l'homme des miracles, et, comme je vous l'ai dit, Rosabelle attend votre majesté. — Noble Douglas! murmura la reine les larmes aux yeux; puis, comme se parlant à elle-même : — Et voilà pourtant de ces dévouements que nous ne pouvons récompenser. Les autres seront heureux avec des honneurs, des places, de l'argent ; mais Douglas, que lui importent, à lui, toutes ces choses ? — Allons, madame, allons, dit Marie Seyton : Dieu se charge des dettes des rois ; il récompensera Douglas. Quant à votre majesté, qu'elle songe qu'on l'attend pour dîner : j'espère qu'elle ne fera pas à mon père, ajouta-t-elle en souriant, l'affront qu'elle a fait hier à lord Douglas en refusant de partager son festin de bon retour. — Et bien m'en a pris, j'espère, répondit Marie. Mais tu as raison, mignonne, plus d'idées tristes : nous réfléchirons, quand nous serons véritablement redevenue reine, à ce que nous pourrons faire pour Douglas.

La reine s'habilla et descendit. Comme l'avait dit Marie Seyton, les principaux seigneurs de son parti, déjà réunis autour d'elle, l'attendaient dans la grande salle du château. Son arrivée fut saluée par les acclamations du plus vif enthousiasme, et elle se mit à table, ayant lord Seyton à sa droite, Douglas à sa gauche, et derrière elle le petit Williams, qui commençait le même jour son office de page.

Le lendemain matin, la reine fut réveillée par le bruit des trompettes et des cors : il était convenu dès la veille que l'on partirait ce jour-là pour Hamilton, où l'on attendrait de nouveaux renforts. La reine revêtit un costume élégant d'amazone, et bientôt, montée sur Rosabelle, parut au milieu de ses défenseurs. Les cris de joie redoublèrent ; chacun admira sa beauté, sa grâce et son courage. Marie Stuart redevenait elle-même, et elle se sentait reprendre le pouvoir fascinateur qu'elle avait toujours exercé sur ceux qui l'approchaient. Tout le monde était dans le bonheur, et le plus heureux de tous était peut-être le petit Williams, qui, pour la première fois de sa vie, avait un si beau costume et un si beau cheval.

Deux ou trois mille hommes attendaient la reine à Hamilton, où elle arriva le même soir ; et pendant la nuit qui suivit son arrivée, sa troupe s'éleva jusqu'à six mille. Le 2 mai elle était captive, sans autre ami dans sa prison qu'un enfant, sans autre moyen de communication avec ses partisans que la lumière vacillante et incertaine d'une lampe, et trois jours après, c'est-à-dire du dimanche au mercredi, elle se trouvait, non-seulement libre, mais encore à la tête d'une confédération puissante, qui comptait pour chefs neuf comtes, huit lords, neuf évêques et quantité de barons et de seigneurs renommés parmi les plus braves de l'Écosse.

L'avis des plus sages, parmi ceux qui entouraient la reine, fut de se renfermer dans la forteresse de Dumbarton, qui, étant imprenable, donnerait à tous ses partisans le temps de se rassembler, si éloignés et disséminés qu'ils fussent; en conséquence, le commandement des troupes qui devaient conduire la reine dans cette ville fut confié au comte d'Argyle, et le 11 mai elle se mit en route avec une armée de près de dix mille hommes.

Murray était à Glascow lorsqu'il apprit l'évasion de la reine; la place était forte, il résolut de s'y tenir, et appela auprès de lui ses plus braves et ses plus dévoués. Kirkaldy de Lagrange, Morton, Lindsay de Byres, le lord Lochleven et Williams Douglas, accoururent, et six mille hommes des meilleures troupes du royaume se rassemblèrent autour d'eux, tandis que lord Ruthwen faisait, dans les comtés de Berwick et d'Angus, des levées avec lesquelles il devait venir les rejoindre.

Le 13 mai, Morton occupait dès le point du jour le village de Langside, par lequel il fallait que passât la reine pour se rendre à Dumbarton. La nouvelle de cette occupation arriva à la reine comme les deux armées étaient encore à trois lieues l'une de l'autre. Le premier mouvement de Marie fut de chercher à éviter le combat : elle se souvenait de la dernière bataille de Carberry-Hill, à la suite de laquelle elle avait été séparée de Bothwell et ramenée à Édimbourg; aussi émit-elle tout haut cette opinion, qui fut appuyée par Georges Douglas, qui, revêtu d'une armure noire, sans aucune armoirie, avait continué de marcher à côté de la reine.

— Éviter la bataille! s'écria lord Seyton, n'osant répondre à sa souveraine, et répondant à Douglas comme si cette opinion était émise par lui, c'est ce que nous pourrions faire, peut-être, si nous étions un contre dix; mais ce que nous ne ferons certainement pas, quand nous sommes trois contre deux. Vous tenez là un étrange langage, mon jeune maître, continua-t-il avec quelque mépris, et vous oubliez, ce me semble, que vous êtes un Douglas et que vous parlez à un Seyton. — Milord, répondit Georges avec calme, quand nous n'exposerons la vie que des Seyton et des Douglas, vous me trouverez, je l'espère, aussi disposé que vous à combattre, soit un contre dix, soit trois contre deux ; mais nous répondons à cette heure d'une existence plus chère à l'Écosse que celle de tous les Seyton et de tous les Douglas. Mon avis est donc qu'on évite la bataille. — Le combat ! le combat ! crièrent tous les chefs. — Vovs l'entendez, madame? dit lord Seyton à Marie Stuart : vouloir agir contre une pareille unanimité serait chose dangereuse, je le crois. En Écosse, madame, il y a un vieux proverbe qui dit que ce qu'il y a de plus prudent, c'est le courage. — Mais n'avez-vous pas entendu, dit la reine, que le régent occupe une position avantageuse? — Le lévrier poursuit le lièvre sur la colline comme dans la plaine, répondit Seyton. D'où il sera, nous le débusquerons. — Qu'il soit donc fait comme vous voudrez, milords. Il ne sera pas dit que Marie Stuart aura fait remettre au fourreau l'épée que ses défenseurs avaient tirée pour elle.

Puis, se retournant vers Douglas.

— Georges, lui dit-elle, choisissez-moi une garde de vingt hommes, et prenez-en le commandement ; vous ne me quitterez pas.

Georges s'inclina en signe d'obéissance, choisit vingt hommes parmi les plus braves, plaça la reine au milieu d'eux, et se mit à leur tête ; puis la troupe, qui avait fait halte, reçut ordre de continuer son chemin. Au bout de deux heures, l'avant-garde se trouva en vue de l'ennemi ; elle fit halte, et le reste de l'armée la rejoignit.

Les soldats de la reine se trouvaient alors sur une ligne parallèle à la ville de Glascow, et les hauteurs qui s'élevaient en face d'eux étaient déjà couvertes d'une armée au-dessus de laquelle flottaient, comme dans celle de Marie, les bannières royales d'Écosse. De l'autre côté, et sur le versant opposé, s'étendait le village de Langside, entouré d'enclos et de jardins. La route qui y conduisait, et qui suivait tous les accidents du terrain, se rétrécissait à un endroit de manière à ce que deux hommes à peine y pouvaient passer de face, puis, plus loin, s'enfonçait dans un ravin au delà duquel elle reparaissait, séparée alors en deux branches, dont l'une montait au village de Langside, et dont l'autre conduisait à Glascow.

En voyant la disposition de terrain, le comte d'Argyle comprit aussitôt de quelle importance était l'occupation de ce village, et, se tournant vers lord Seyton, il lui donna l'ordre de partir au galop et de tâcher d'y arriver avant les ennemis, qui, sans doute, ayant fait la même remarque que le commandant de l'armée royale, mettaient au moment même en mouvement un corps considérable de cavalerie.

Lord Seyton rassembla aussitôt ses hommes; mais, tandis qu'il les rangeait autour de sa bannière, lord d'Arbroath tira son épée, et s'approchant du comte d'Argyle:

— Milord, lui dit-il, vous me faites tort en chargeant lord Seyton de s'emparer de ce poste; comme commandant de l'avant-garde, c'est à moi que cet honneur appartient. Trouvez donc bon que j'use de mon privilége en le réclamant. — C'est moi qui ai reçu l'ordre de m'en emparer, c'est moi qui m'en emparerai! s'écria Seyton. — Peut-être, répondit lord Arbroath; mais pas avant moi! — Avant vous, et avant tous les Hamilton du monde! s'écria Seyton en mettant son cheval au galop et en se précipitant dans le chemin creux: — Saint-Bennet! et en avant! — A moi, mes fidèles! s'écria lord Arbroath en s'élançant de son côté vers le même but; à moi, mes hommes d'armes! Dieu et la reine!

Les deux troupes se précipitèrent aussitôt en désordre et se heurtèrent dans le défilé, où, comme nous l'avons dit, deux hommes pouvaient à peine passer de front. Là, il y eut un choc terrible, et le combat commença entre les amis qui devaient se réunir contre les ennemis. Enfin, les deux troupes, laissant derrière elles quelques cadavres étouffés dans la presse, ou même tués par leurs compagnons, passèrent pêle-mêle le défilé et disparurent dans le ravin. Mais, pendant cette lutte, Seyton et Arbroath avaient perdu un temps précieux, et le détachement envoyé par Murray, et qui avait pris le chemin de Glascow, était arrivé en avant du village, qu'il fallait maintenant, non pas prendre, mais reprendre.

Argyle vit que c'était là que se concentreraient les efforts de toute la journée, et, comprenant de plus en plus l'importance du village, se mit aussitôt à la tête du corps d'armée, ordonnant à une arrière-garde de deux mille hommes de rester là et d'attendre de nouveaux ordres pour se mêler au 'combat. Mais, soit que le chef qui la commandait eût mal entendu, soit qu'il fût jaloux de se signaler sous les yeux de la reine, à peine Argyle eut-il disparu dans le ravin à l'extrémité duquel le combat était déjà engagé entre Kirkaldy de Lagrange et Morton d'une part, et de l'autre entre Arbroath et Seyton, que, sans écouter les cris de Marie Stuart, il partit à son tour au galop, laissant la reine sans autre garde que la petite escorte de vingt hommes que lui avait choisie Douglas. Douglas poussa un soupir.

— Hélas! dit la reine, qui l'entendit, je ne suis pas un soldat; mais voilà, ce me semble, une bataille bien mal engagée. — Que voulez-vous? répondit Douglas, nous sommes depuis le premier jusqu'au dernier en proie à un esprit de vertige, et tous ces hommes se conduisent aujourd'hui comme des fous ou comme des enfants. — Victoire! victoire! dit la reine, voici les ennemis qui battent en retraite. J'aperçois les bannières de Seyton et d'Arbroath qui flottent près des premières maisons du village. Oh! mes braves lords, s'écria-t-elle en battant des mains, victoire! victoire!

Mais tout à coup elle s'arrêta en voyant un corps d'armée ennemi qui s'avançait en flanc pour charger les vainqueurs.

— Ce n'est rien, ce n'est rien, dit Douglas; tant qu'il n'y aura que de la cavalerie, nous n'avons pas grand'chose à craindre, et d'ailleurs le comte d'Argyle débouchera à temps pour les soutenir. — Georges! dit le petit Williams. — Eh bien? demanda Douglas. — Vois-tu? continua l'enfant étendant le bras vers le corps ennemi qui s'avançait au galop. — Quoi? — Chaque homme à cheval a en croupe un arquebusier; de sorte que la troupe est du double plus nombreuse qu'elle ne le paraît. — C'est vrai, sur mon âme, et l'enfant a de bons yeux. Que quelqu'un parte à l'instant même au grand galop, et donne avis de cette circonstance au comte d'Argyle.

— Moi! moi! s'écria le petit Williams. C'est moi qui les ai vus le premier, c'est moi qui ai le droit de porter cette nouvelle. — Va donc, mon enfant, dit Douglas, et que Dieu te garde!

L'enfant s'élança rapide comme la foudre, n'entendant point, ou feignant de ne point entendre la reine qui le rappelait. On le vit traverser le défilé et s'enfoncer dans le chemin creux, au moment où Argyle débouchait à son extrémité et venait en aide à Seyton et à Arbroath. Pendant ce temps, le détachement ennemi avait rejeté à terre son infanterie, qui, formée aussitôt en corps, s'éparpillait sur les bords du ravin par des sentiers impraticables aux chevaux.

— Williams arrivera trop tard, s'écria Douglas, ou même, arrivât-il à temps, cette nouvelle leur est maintenant inutile. O insensés, insensés que nous sommes! voilà toujours comment nous avons perdu toutes nos batailles. — La bataille est-elle donc perdue? demanda Marie en pâlissant. — Non, madame, non, s'écria Douglas, non, grâce au ciel, pas encore; mais, par trop de précipitation, nous l'avons mal engagée. — Et Williams? dit Marie Stuart. — Il fait maintenant son apprentissage d'armes; car, si je ne me trompe, il doit être à cette heure à l'endroit même où ces arquebusiers font de si rapides décharges. — Pauvre enfant! s'écria la reine, s'il lui arrivait malheur, je ne m'en consolerais jamais. — Hélas! madame, répondit Douglas, j'ai bien peur que sa première bataille ne soit sa dernière, et que tout ne soit déjà fini pour lui; car, si je ne me trompe, voilà son cheval qui revient sans cavalier. — O mon Dieu! mon Dieu! dit la reine en pleurant et en levant les mains au ciel, il est donc dit que je serai fatale à tout ce qui m'entoure!

Georges ne s'était pas trompé; c'était le cheval de Williams qui revenait sans son jeune maître et tout couvert de sang.

— Madame, dit Douglas, nous sommes mal ici; gagnons cette éminence sur laquelle est situé le château de Crockstone: de là nous découvrirons tout le champ de bataille. — Non, pas de ce côté! pas de ce côté! dit la reine avec effroi; c'est dans ce château que je suis venue passer les premiers jours de mon mariage avec Darnley : il me porterait malheur. — Eh bien ! sous cet if alors, dit Georges, montrant un autre monticule situé près du premier; mais il est important que nous ne perdions aucun détail de cet engagement. Tout dépend peut-être, pour votre majesté, d'une manœuvre mal jugée ou d'une minute perdue. — Conduisez-moi donc, dit la reine; car, pour moi, je n'y vois plus. Chaque coup de cette artillerie terrible me répond jusqu'au fond du cœur.

Cependant, si bien disposée que fût cette hauteur pour découvrir de son sommet tout le champ de bataille, les décharges multipliées de l'artillerie et de la fusillade le couvraient d'un tel nuage de fumée, qu'il était impossible d'y rien distinguer autre chose que des masses perdues au milieu de ce brouillard homicide. Enfin, au bout d'une heure de ce combat acharné, on vit, par les extrémités de cette mer de vapeur, déborder les fuyards, qui se dispersaient de tous côtés, suivis par les vainqueurs. Seulement, à cette distance, il était impossible de distinguer qui avait gagné ou perdu la bataille, et les bannières, qui étaient des deux côtés aux armes d'Écosse, ne pouvaient en rien éclaircir cette confusion.

En ce moment, on vit descendre des collines de Glascow tout ce qui restait de la réserve de l'armée de Murray : elle venait, à grande course de cheval, se mêler à la bataille; mais cette manœuvre pouvait avoir aussi bien pour but de soutenir des amis défaits, que d'achever la défaite des ennemis. Cependant bientôt il n'y eut plus de doute; car cette réserve chargea sur les fuyards, au milieu desquels elle répandit une nouvelle confusion. L'armée de la reine était vaincue. Au même moment, trois ou quatre cavaliers parurent en deçà du ravin, s'avançant au grand galop de leurs chevaux. Douglas les reconnut pour des ennemis.

— Fuyez, madame, s'écria Georges; fuyez sans perdre une seconde, car ceux qui nous arrivent là sont suivis par d'autres. Gagnez du chemin, tandis que je vais les arrêter. Et vous, ajouta-t-il en s'adressant à l'escorte, faites-vous tuer jusqu'au dernier plutôt que de laisser prendre votre reine. — Georges! Georges! s'écria la reine, immobile et comme clouée à sa place.

Mais déjà Georges s'était élancé de toute la vitesse de son

cheval, et comme il était merveilleusement monté, il franchissait l'espace avec la rapidité de la foudre, et il était arrivé au défilé avant les ennemis. Là, il s'arrêta, mit sa lance en arrêt, et, seul contre cinq, attendit bravement le choc.

Quant à la reine, elle n'avait pas voulu partir; mais, au contraire, comme pétrifiée, elle était restée à la même place et les regards fixés sur ce combat qui avait lieu à cinq cents pas d'elle à peine. Tout à coup, en jetant les yeux sur ses ennemis, elle vit que l'un d'eux portait au milieu de son bouclier un cœur sanglant, qui était les armoiries de Douglas. Alors elle jeta un cri de douleur, et abaissant sa tête :

— Douglas contre Douglas! frère contre frère! murmura-t-elle; il me manquait ce dernier coup. — Madame! madame! crièrent les soldats de l'escorte, il n'y a pas un instant à perdre : le jeune maître de Douglas ne peut tenir longtemps ainsi seul contre cinq; fuyons! fuyons! — Et deux d'entre eux, prenant le cheval de la reine par la bride, le mirent au galop, au moment où Georges, après avoir abattu deux de ses ennemis et en avoir blessé un troisième, était renversé à son tour sur la poussière, frappé au cœur par le fer d'une lance. La reine poussa un gémissement en le voyant tomber; puis, comme si lui seul l'eût retenue, et que, lui tué, elle fût sans intérêt pour toute autre chose, elle mit Rosabelle au galop, et comme elle et sa troupe étaient parfaitement montées, on eut bientôt perdu de vue le champ de bataille.

Elle courut ainsi soixante milles sans prendre aucun repos et sans cesser de verser des larmes ou de soupirer; enfin, après avoir traversé les comtés de Renfrew et d'Ayr, elle arriva à l'abbaye de Dundrennan, dans le Galloway, et, certaine d'être, momentanément du moins, à l'abri de tout danger, elle donna l'ordre de s'y arrêter. Le prieur vint respectueusement la recevoir à la porte du couvent.

— Je vous amène le malheur et la destruction, mon père, dit la reine en descendant de cheval. — Ils sont les bienvenus, répondit le prieur, puisqu'ils m'arrivent accompagnés du devoir.

La reine recommanda Rosabelle à un des hommes d'armes qui l'avaient accompagnée, et s'appuyant sur Marie Seyton, qui ne l'avait pas quittée d'une minute, et sur lord Herris, qui l'avait rejointe pendant la route, elle entra dans le couvent.

Lord Herris n'avait point caché à Marie Stuart sa position ; la bataille avait été entièrement perdue, et avec la bataille toutes les espérances de remonter, du moins pour le moment, sur le trône d'Écosse. Il ne restait à la reine que trois partis à prendre : se retirer en France, en Espagne ou en Angleterre. Sur l'avis de lord Herris, qui s'accordait avec son propre sentiment, elle s'arrêta au dernier ; et la nuit même elle écrivit à Élisabeth ce double billet en vers et en prose :

« Ma chère sœur,

» Je vous ai assez souvent priée de recevoir mon navire agité en votre port durant la tourmente. Si à ce coup elle y trouve port de salut, j'y jetterai mes ancres pour jamais : autrement la barque est en la garde de Dieu, car elle est prête et calfeutrée pour se défendre en course contre toutes les tourmentes ; j'ai pleinement procédé avecques vous, encore fais-je : ne prenez point en mauvaise part si j'écris ainsi, ce n'est point défiance que j'ai de vous, comme il appert, car je me repose du tout sur votre amitié. »

Ce sonnet accompagnait la lettre :

Un seul penser qui me profite et nuit,
Amer et doux change en mon cœur sans cesse,
Entre le doute et l'espoir qui m'oppresse,
Tant que la paix et le repos me fuit.

Donc, chère sœur, si cette carte suit
L'affection de vous voir qui m'oppresse,
C'est que je vis en peine et en tristesse,
Si promptement doux effet ne s'ensuit.

J'ai vu ma nef relâcher par contrainte
En haute mer, proche d'entrer au port,
Et temps serein se convertir en trouble ;

Ainsi je suis en soucy et en crainte ;
Non pas de vous, mais si souvent à tort
Fortune rompt voille et cordage double !

Élisabeth tressaillit de joie en recevant cette double lettre ;

depuis huit ans que sa haine allait croissant chaque jour contre Marie Stuart, elle l'avait constamment suivie des yeux, comme une louve une gazelle; enfin la gazelle venait chercher un refuge dans l'antre de la louve; Élisabeth n'en avait jamais espéré autant : elle expédia aussitôt l'ordre au shérif du Cumberland de faire savoir à Marie Stuart qu'elle était prête à la recevoir. Un matin, on entendit sonner du cor sur le rivage de la mer; c'était l'envoyé de la reine Élisabeth qui venait chercher la reine Marie Stuart.

Alors il y eut de grandes instances autour de la fugitive, pour qu'elle ne se fiât point ainsi à une rivale de puissance, de gloire et de beauté; mais la pauvre reine dépossédée était pleine de confiance dans celle qu'elle appelait sa bonne sœur, et croyait qu'elle allait, libre et exempte de soins, occuper à la cour d'Élisabeth la place due à son rang et à ses malheurs : elle persista donc, malgré tout ce qu'on put lui dire. De nos jours, nous avons vu même vertige s'emparer d'un autre fugitif royal, qui se fia, comme Marie Stuart, à la générosité de l'Angleterre son ennemie; comme Marie Stuart, il fut cruellement puni de sa confiance, et retrouva dans le climat meurtrier de Sainte-Hélène l'échafaud de Fotheringay.

Marie Stuart se mit donc en route avec sa petite suite : arrivée au bord du golfe de Solway, elle y trouva le gardien des frontières anglaises : c'était un gentilhomme nommé Lawther, qui reçut la reine avec les plus grands égards, mais qui lui signifia qu'il ne pouvait permettre qu'à trois de ses femmes de l'accompagner; Marie Seyton réclama aussitôt son privilége..... la reine lui tendit la main.

— Hélas! mignonne, lui dit-elle, ce devrait cependant bien être le tour d'une autre, et tu as déjà assez souffert pour moi et avec moi.

Mais Marie, sans pouvoir répondre, se cramponna à sa main, faisant de la tête signe que rien au monde ne pourrait la séparer de sa maîtresse.

Alors tous ceux qui accompagnaient la reine renouvelèrent leurs instances pour qu'elle ne persistât point dans cette fatale résolution, et comme elle était déjà au tiers de la planche qui conduisait à la chaloupe, le prieur de Dundrennan, qui avait offert à Marie Stuart une si dangereuse et si touchante hospitalité, entra jusqu'aux genoux dans l'eau pour essayer de la retenir ; mais tout fut inutile : la reine avait pris sa résolution. En ce moment Lawther s'approcha de la reine. — Madame, lui dit-il, recevez de nouveau mes regrets de ce que je ne puis offrir une réception cordiale en Angleterre à tous ceux qui voudraient vous y suivre ; mais notre reine nous a donné des ordres positifs, et il est de notre devoir de les exécuter. M'est-il permis de faire observer à votre majesté que la marée est favorable ?

— Des ordres positifs ! s'écria le prieur ; vous l'entendez, madame ? Oh ! vous êtes perdue si vous quittez ce rivage ! Arrière, pendant qu'il en est temps encore ! arrière, madame, au nom du ciel ! A moi ! sires chevaliers, à moi ! s'écria-t-il en se retournant vers lord Herris et les autres seigneurs qui avaient accompagné Marie Stuart ; ne permettez pas que votre reine vous abandonne, et vous fallût-il lutter à la fois contre elle et contre les Anglais, retenez-la, messeigneurs, au nom du ciel ! retenez-la ! — Que signifie cette violence, sire prêtre ? dit le gardier des frontières ; je suis venu ici sur la demande expresse de votre reine ; elle est libre de retourner vers vous, et il n'y a pas besoin de recourir à la force pour cela. — Puis s'adressant à la reine : — Madame, lui dit-il, de votre pleine et entière volonté, vous convient-il de me suivre en Angleterre ? Répondez, je vous en supplie, car il est important à mon honneur que le monde tout entier sache que vous m'avez suivi librement. — Monsieur, répondit Marie Stuart, je vous demande pardon, au nom de ce digne serviteur de Dieu et de sa reine, de ce qu'il a pu dire d'offensant pour vous. C'est librement que je quitte l'Écosse et que je me remets entre vos mains, dans la confiance où je suis que je serai maîtresse ou de rester en Angleterre près de ma royale sœur, ou de retourner en France près de mes dignes parents. Puis se retournant vers le prêtre : Votre bénédiction, mon père, et que Dieu vous protége. — Hélas ! hélas ! murmura l'abbé en obéissant à la reine, ce n'est pas nous qui avons besoin de la protection de Dieu, mais bien vous, ma fille. Puisse la bénédiction d'un pauvre prêtre écarter de votre tête royale les malheurs que je

8.

prévois! Allez, et qu'il en soit de vous ce que le Seigneur a décidé dans sa sagesse et dans sa miséricorde.

Alors la reine tendit la main au shérif, qui la conduisit dans l'esquif, suivie de Marie Seyton et de deux autres femmes seulement. Aussitôt les voiles furent déployées, et le petit bâtiment commença de s'éloigner des rivages du Galloway, pour s'avancer vers le Cumberland. Tant qu'on put l'apercevoir, ceux qui avaient accompagné la reine demeurèrent sur la plage, lui faisant des signes d'adieu, que, debout sur la poupe de la nef qui l'emmenait, elle leur rendait avec son mouchoir. Enfin, la barque disparut, et tous éclatèrent en plaintes ou en sanglots. Ils avaient raison, car les pressentiments du bon prieur de Dundrennan n'étaient que trop vrais, et c'était la dernière fois qu'ils avaient vu Marie Stuart.

En arrivant sur les côtes d'Angleterre, la reine d'Écosse trouva des messagers d'Élisabeth chargés de lui exprimer de sa part tout le regret que leur maîtresse éprouvait de ne pouvoir ni l'admettre en sa présence, ni lui faire l'accueil affectueux auquel la portait son cœur. Mais il était essentiel, ajoutèrent-ils, qu'auparavant la reine se justifiât de la mort de Darnley, dont la famille, étant sujette de la reine d'Angleterre, avait droit à sa protection et à sa justice.

Marie Stuart était si aveuglée, qu'elle ne vit point le piége, et offrit aussitôt de prouver son innocence à la satisfaction de sa sœur Élisabeth; mais à peine celle-ci eut-elle entre les mains la lettre de Marie Stuart, que d'arbitre elle se fit juge, et, nommant des commissaires pour entendre les parties, somma Murray de comparaître et de venir accuser sa sœur. Murray, qui connaissait les intentions secrètes d'Élisabeth à l'égard de sa rivale, n'hésita point un instant. Il arriva en Angleterre porteur de la cassette qui contenait les trois lettres que nous avons rapportées, des vers et quelques autres documents qui prouvaient que non-seulement la reine avait été la maîtresse de Bothwell du vivant de Darnley, mais encore avait eu connaissance de l'assassinat de son mari. De leur côté, lord Herris et l'évêque de Ross, avocats de la reine, soutinrent que ces lettres avaient été supposées, que l'écriture en était contrefaite, et demandèrent, pour vérifier ce fait, des experts qu'ils ne purent obtenir; de sorte que cette grande contestation resta pendante pour les siècles à venir, et que rien encore, à cette heure, n'est résolu affirmativement sur ce sujet, par les savants ni par les historiens.

Après cinq mois d'enquête, la reine d'Angleterre fit savoir aux parties que, n'ayant, par cette procédure, rien pu découvrir contre l'honneur de l'accusateur ni de l'accusée, toutes choses resteraient dans le même état jusqu'à ce que l'un ou l'autre pût lui fournir de nouvelles preuves.

En conséquence de cette étrange décision, Élisabeth eût dû renvoyer le régent en Écosse et laisser Marie Stuart libre d'aller où elle voulait. Mais, au lieu de cela, elle fit transporter sa prisonnière du château de Bolton dans celui de Carlisle, de la terrasse duquel, pour comble de douleur, la pauvre Marie Stuart apercevait les montagnes bleuâtres de son Écosse.

Cependant, parmi les juges nommés par Élisabeth pour examiner la conduite de Marie Stuart, était Thomas Howard, duc de Norfolk. Soit qu'il eût reconnu l'innocence de Marie, soit qu'il fût poussé par le projet ambitieux qui servit depuis de base à son accusation, et qui n'était rien autre chose que d'épouser Marie Stuart, de fiancer sa fille au jeune roi et de devenir régent d'Écosse, il résolut de tirer la reine de sa prison. Plusieurs membres de la haute noblesse d'Angleterre, parmi lesquels étaient les comtes de Westmoreland et de Northumberland, entrèrent dans ce complot et s'engagèrent à le soutenir de toute leur puissance. Mais leur projet ayant été communiqué au régent, il le dénonça à Élisabeth, qui fit arrêter Norfolk. Prévenus à temps, Westmoreland et Northumberland passèrent les frontières et se réfugièrent dans les marches du royaume d'Écosse, qui étaient favorables à la reine Marie. Le premier gagna la Flandre où il mourut en exil; le second, livré à Murray, fut envoyé au château de Lochleven, qui le garda plus fidèlement qu'il n'avait fait de sa royale prisonnière. Quant à Norfolk, il fut exécuté. Comme on le voit, l'astre de Marie Stuart n'avait rien perdu de sa fatale influence.

Cependant, le régent était revenu à Édimbourg, riche des

présents d'Élisabeth, et ayant gagné, de fait, sa cause auprès d'elle, puisque Marie était restée prisonnière : il s'était occupé aussitôt de disperser les restes de ses partisans, et à peine eut-il fermé les portes du château de Lochleven sur Westmoreland, qu'il poursuivit, au nom du jeune roi Jacques VI, ceux qui avaient soutenu la cause de sa mère, et parmi ceux-ci plus particulièrement les Hamilton, qui, depuis l'affaire du *balayage des rues d'Édimbourg*, étaient restés personnellement les ennemis mortels des Douglas : six des principaux membres de cette famille furent condamnés à mort et n'obtinrent la commutation de leur peine en un exil éternel que sur les instances de John Knox, qui était alors si influent en Écosse, que Murray n'osa lui refuser leur grâce.

L'un des amnistiés était un certain Hamilton de Bothwellhaugh, homme des anciens jours de l'Écosse, sauvage et vindicatif comme les seigneurs du temps de Jacques Ier. Il était retiré dans les montagnes où il avait trouvé un asile, lorsqu'il apprit que Murray, qui, en vertu de la confiscation prononcée contre les exilés, avait donné ses biens à un de ses favoris, avait eu la cruauté de chasser sa femme malade et alitée de sa propre maison, et cela sans lui donner le temps de s'habiller, et quoiqu'on fût dans les temps froids de l'année. La pauvre femme, au reste, sans asile, sans vêtements, sans pain, était devenue folle, avait erré quelque temps ainsi, objet de pitié, mais en même temps de terreur; car chacun avait peur de se compromettre en la secourant. Enfin, elle était revenue mourir de misère et de froid au seuil de la porte dont elle avait été chassée.

En apprenant cette nouvelle, Bothwellhaugh, malgré son caractère violent, ne manifesta aucune colère; seulement il répondit avec un sourire terrible : — C'est bien; je la vengerai.

Le lendemain, Bothwellhaugh quitta ses montagnes et descendit, déguisé, dans la plaine, muni d'un ordre de l'archevêque de Saint-André, pour qu'on lui ouvrît une maison que ce prélat, qui, ainsi qu'on se le rappelle, avait suivi la fortune de la reine jusqu'au dernier moment, avait à Linlitgow. Cette maison, située dans la rue principale, avait un balcon

en bois qui donnait sur la place et une porte qui s'ouvrait sur
la campagne. Bothwellhaugh y entra de nuit, se logea au
premier, étendit un drap noir sur les murs, pour que son
ombre ne fût point aperçue de l'extérieur, couvrit le plancher
de matelas pour que ses pas ne fussent point entendus du rez-
de-chaussée, attacha un cheval de course tout sellé et tout
bridé dans le jardin, échancra le dessus de la petite porte qui
donnait sur la campagne afin d'y pouvoir passer au galop,
s'arma d'une arquebuse chargée, et s'enferma dans la chambre

Tous ces préparatifs avaient été faits, on le devine, parce
que Murray devait passer le lendemain à Linlitgow. Cependant, si secrets qu'ils fussent, ils faillirent devenir inutiles,
car des amis du régent le prévinrent qu'il n'y aurait pas sûreté pour lui à traverser la ville, qui appartenait presque
entièrement aux Hamilton, et lui conseillèrent de la tourner.
Mais Murray était brave et habitué à ne point reculer devant un
danger réel ; il ne fit donc que rire d'un péril qu'il regardait
comme imaginaire, et suivit hardiment son premier plan, qui
était de ne point se déranger de son chemin. En conséquence,
comme la rue dans laquelle donnait le balcon de l'archevêque
de Saint-André était sur son passage, il s'y engagea, non point
marchant rapidement et précédé de gardes qui lui ouvrissent
le chemin, comme le lui avaient encore conseillé ses amis,
mais s'avançant au pas, retardé qu'il était par la grande foule
qui encombrait les rues afin de le voir. Arrivé en face du
balcon, comme si le hasard eût été d'accord avec le meurtrier, la presse devint si grande, que Murray fut forcé de
faire halte un instant : ce repos donna à Bothwellhaugh le
temps de l'ajuster à coup posé. Il appuya son arquebuse sur
le balcon, et l'ayant visé avec tout le temps et le sang-froid
nécessaires, il lâcha le coup. Bothwellhaugh avait mis dans
l'arquebuse une telle charge, que la balle, après avoir traversé
la poitrine du régent, alla tuer le cheval d'un gentilhomme
qui était à sa droite ; Murray tomba aussitôt en disant : —
Mon Dieu ! je suis mort.

Comme on avait vu de quelle fenêtre était parti le coup,
les gens de la suite du régent s'étaient aussitôt précipités
contre la grande porte de la maison qui donnait sur la rue et

l'avaient enfoncée; mais ils étaient arrivés à temps seulement pour voir Bothwellhaugh fuir par la petite porte du jardin sur le cheval qu'il avait préparé : ils remontèrent aussitôt sur leurs chevaux qu'ils avaient laissés dans la rue, et, traversant la maison, ils se mirent à sa poursuite. Bothwellhaugh avait un bon cheval et quelque avance sur ses ennemis; et cependant quatre d'entre eux, le pistolet au poing, étaient si bien montés, qu'ils commençaient à gagner sur lui. Alors Bothwellhaugh, voyant que le fouet et les éperons étaient insuffisants, tira son poignard et s'en servit pour aiguillonner sa monture. Son cheval, sous ce stimulant terrible, reprit une nouvelle vigueur, et franchissant un ravin de dix-huit pieds, mit entre son maître et ceux qui le poursuivaient une barrière que ceux-ci n'osèrent franchir.

Le meurtrier chercha un asile en France, où il se retira sous la protection des Guises. Là, comme le coup hardi qu'il avait tenté lui avait acquis une haute réputation, on lui fit, quelques jours avant la Saint-Barthélemi, des propositions pour assassiner l'amiral de Coligny. Mais Bothwellhaugh repoussa ces ouvertures avec indignation, disant qu'il était le vengeur de ses injures, et non un assassin, et que ceux qui avaient à se plaindre de l'amiral n'avaient qu'à venir lui demander comment il avait fait, et faire comme lui.

Quant à Murray, il était mort dans la nuit qui avait suivi sa blessure, laissant la régence au comte de Lennox, père de Darnley : en apprenant la nouvelle de cette mort, Élisabeth s'était écriée qu'elle perdait son meilleur ami.

Tandis que ces choses se passaient en Écosse, Marie Stuart était toujours prisonnière, malgré les réclamations pressantes et successives de Charles IX et de Henri III. Seulement, effrayée de la tentative qui avait été faite en sa faveur, Élisabeth l'avait fait transporter dans le château de Sheffield, autour duquel de nouvelles patrouilles étaient sans cesse en mouvement.

Cependant, les jours, les mois, les années s'écoulaient, et la pauvre Marie, qui avait supporté si impatiemment sa captivité de onze mois au château de Lochleven, était depuis quinze ou seize ans déjà, malgré ses réclamations et celles

des ambassadeurs de France et d'Espagne, traînée de prison
en prison, lorsqu'elle fut enfin conduite au château de Tutbury et remise sous la garde de sir Amyas Paulett, son dernier geôlier : elle y trouva pour tout logement deux chambres
basses et humides, où peu à peu ce qui lui restait de forces
s'épuisa tellement, qu'il y avait des jours où elle ne pouvait
marcher, à cause des douleurs qu'elle éprouvait dans tous les
membres. Ce fut alors que celle qui avait été reine de deux
royaumes, qui était née dans un berceau doré et qui avait
été élevée dans le velours et dans la soie, fut obligée de s'a-
baisser à implorer de son geôlier un lit moins dur et des
couvertures plus chaudes. Cette demande, traitée en affaire
d'État, donna lieu à des négociations qui durèrent un mois,
après lequel on accorda enfin à la prisonnière ce qu'elle demandait. Et cependant l'insalubrité, le froid et les privations
de tout genre n'agissaient point encore assez activement sur
cette organisation saine et robuste. On essaya de faire comprendre à Paulett quel service ce serait rendre à la reine d'Angleterre que d'abréger l'existence de celle qui, condamnée
déjà dans la pensée de sa rivale, tardait tant à mourir. Mais
sir Amyas Paulett, tout grossier et dur qu'il était vis-à-vis de
Marie Stuart, déclara que, tant qu'elle serait chez lui, elle
n'aurait rien à craindre du poison ni du poignard, attendu
qu'il goûterait tous les mets qui seraient servis à sa prisonnière, et que nul ne s'approcherait d'elle qu'en sa présence.
En effet, des assassins envoyés par Leicester, celui-là même
qui un instant avait aspiré à la main de la belle Marie Stuart,
furent chassés du château aussitôt que son sévère gardien eut
appris dans quelles intentions ils y étaient entrés. Il fallut
donc qu'Élisabeth prît patience, en se contentant de tourmenter celle qu'elle ne pouvait pas tuer, et espérant toujours
qu'une nouvelle occasion se présenterait de la mettre en jugement. Cette occasion, qui avait tant tardé, la fatale étoile de
Marie Stuart l'amena enfin.

Un jeune gentilhomme catholique, dernier reste de cette
vieille chevalerie qui déjà commençait à s'éteindre à cette
époque, exalté par l'excommunication du pape Pie V, qui déclarait Élisabeth déchue de son royaume sur la terre et de

son salut dans le ciel, résolut de rendre la liberté à Marie, que l'on commençait dès lors à regarder, non plus comme une prisonnière politique, mais comme une martyre de sa foi. En conséquence, bravant la loi qu'avait fait rendre Élisabeth en 1585, et qui portait que, si quelque atteinte à sa personne venait à être méditée par ou pour une personne *qui se croirait des droits à la couronne d'Angleterre*, il serait nommé une commission, composée de vingt-cinq membres, laquelle, à l'exclusion de tout autre tribunal, serait chargée d'examiner le délit et de condamner les coupables, quels qu'ils fussent, Babington, sans être découragé par l'exemple de ses prédécesseurs, réunit cinq de ses amis, zélés catholiques comme lui, qui engagèrent leur vie et leur honneur dans le complot dont il était le chef, et qui avait pour objet d'assassiner Élisabeth, et pour résultat, de placer Marie Stuart sur le trône d'Angleterre. Mais ce projet, si bien conduit qu'il eût été, fut révélé à Walsingham, qui laissa aller les conjurés aussi loin qu'il crut pouvoir le faire sans danger, et qui, la veille du jour fixé pour l'assassinat, les fit arrêter.

Ce fut une grande joie pour Élisabeth que cette tentative imprudente et désespérée, qui, d'après le texte de la loi, mettait enfin les jours de sa rivale entre ses mains. Des ordres furent aussitôt donnés à sir Amyas Paulett de se saisir des papiers de la prisonnière et de la transporter au château de Fotheringay. Le geôlier, alors, se relâchant hypocritement de sa sévérité ordinaire, offrit à Marie Stuart, sous prétexte du besoin qu'elle avait de prendre l'air, de faire une promenade à cheval. La pauvre captive, qui, depuis trois ans, n'avait vu la campagne qu'à travers les barreaux de sa prison, accepta avec joie, et sortit de Tutbury entre deux gardes, montée, pour plus grande sûreté, sur un cheval dont les jambes étaient entravées. Ces deux gardes la conduisirent au château de Fotheringay, sa nouvelle demeure, où elle trouva l'appartement qu'elle devait habiter déjà tout tendu de noir. Marie Stuart venait d'entrer vivante dans son tombeau. Quant à Babington et à ses complices, ils avaient déjà été exécutés.

Pendant ce temps, on arrêtait ses deux secrétaires, Curl et Naw, et l'on saisissait tous ses papiers que l'on envoyait à

Élisabeth, qui, de son côté, donnait ordre aux quarante commissaires de se réunir, et de procéder sans relâche au procès de la prisonnière. Ils arrivèrent à Fotheringay le 14 octobre 1586; et s'étant dès le lendemain rassemblés dans la grande salle du château, ils commencèrent l'instruction.

Marie refusa d'abord de paraître devant eux, déclarant qu'elle ne reconnaissait point les commissaires pour ses juges, n'étant point ses pairs, et récusant les lois anglaises, dont elle n'avait jamais éprouvé la protection, et qui l'avaient constamment abandonnée à l'empire de la force. Mais, voyant que l'on n'en procédait pas moins et que toute calomnie était admise, personne n'étant là pour la nier, elle se décida à comparaître devant les commissaires. Nous allons rapporter les deux interrogatoires que subit Marie Stuart tels qu'ils sont consignés dans le rapport de M. de Bellièvre à M. de Villeroy. M. de Bellièvre, ainsi que nous le verrons plus tard, avait été envoyé extraordinairement par le roi Henri III à Élisabeth (6).

Étant ladite dame assise au bout de la table de ladite salle et lesdits commissaires autour d'elle.

La reine d'Écosse commença à parler en ces termes :

— Je n'estime point que pas un de vous qui êtes ici assemblés soit mon égal ni mon juge, pour m'examiner sur aucune accusation. Ainsi ce que je fais et vous dis en ce moment est de mon propre et volontaire vouloir, prenant Dieu à témoin que je suis innocente et pure en ma conscience des impositions et calomnies dont on me veut charger. Car je suis princesse libre et née reine, soumise à personne, sinon à Dieu, auquel seul je dois rendre compte de mes actions. C'est pourquoi je proteste derechef, pour que ma comparution devant vous ne me soit pas préjudiciable, ni à moi, ni aux rois, princes et potentats mes alliés, ni à mon fils, et je requiers que ma protestation soit enregistrée, et j'en demande acte.

Alors le chancelier, qui était un des commissaires, répliqua à son tour, et protesta contre la protestation; puis il commanda que lecture fût faite à la reine d'Écosse de la commission en vertu de laquelle ils agissaient; commission fondée sur les statuts et la loi du royaume.

Mais alors Marie Stuart répondit qu'elle protestait derechef;

que lesdits statuts et lois étaient sans force contre elle, attendu que ces statuts et ces lois ne sont point faits pour des personnes de sa condition.

A ceci le chancelier répondit que la commission portait de procéder contre elle, même quand elle refuserait de répondre, et déclara qu'il serait passé outre à la procédure, attendu qu'elle était dans le double cas de la loi, les conjurés ayant non-seulement conspiré pour elle, mais encore de son consentement; ce à quoi ladite reine d'Écosse répondit qu'elle n'y avait seulement jamais pensé.

Sur ce, on lui lut les lettres que l'on prétendait qu'elle avait écrites au sieur Babington et les réponses de celui-ci.

Marie Stuart affirma alors qu'elle n'avait jamais vu Babington, qu'elle n'avait jamais eu aucune conférence avec lui, n'en avait de sa vie reçu une seule lettre, et qu'elle défiait personne au monde de soutenir que jamais elle ait fait quoi que ce soit au préjudice ou à l'encontre de ladite reine d'Angleterre; que d'ailleurs, aussi étroitement gardée comme elle est, hors de toute intelligence, éloignée et privée de ses proches, entourée d'ennemis, dépourvue enfin de tout conseil, elle n'a pas pu participer ni consentir aux pratiques dont on l'accuse; qu'il y a, au reste, beaucoup de personnes qui lui écrivaient qu'elle ne connaît pas, et qu'elle a reçu quantité de lettres sans savoir d'où elles lui viennent.

Alors on lui lut la confession de Babington; mais elle répondit qu'elle ne savait ce que l'on voulait dire; qu'au reste, si Babington et ses complices avaient dit de pareilles choses, c'étaient des hommes lâches, faux et menteurs.

— D'ailleurs, ajouta-t-elle, montrez-moi mon écriture et ma signature, puisque vous dites que j'ai écrit à Babington, et non des copies falsifiées comme celles-ci, que vous avez remplies à votre loisir des faussetés qu'il vous a plu y mettre.

Alors on lui montra la lettre que Babington, disait-on, lui avait écrite. Elle regarda d'un coup d'œil, puis dit : — Je ne connais aucunement cette lettre. — Sur ce, on lui montra sa réponse, et elle dit encore : — Je ne connais pas davantage cette réponse. Si vous me montrez ma propre lettre et ma propre signature, contenant ce que vous dites, j'acquiescerai à tout; mais jusqu'à présent, ainsi que je l'ai déjà dit, vous ne m'avez rien produit de digne de foi, sinon des copies que vous avez inventées et augmentées de ce que bon vous a semblé.

A ces mots elle se leva, et avec des larmes plein les yeux :

— Si j'ai jamais, dit-elle, consenti à de telles menées, ayant pour but la mort de ma sœur, je prie Dieu qu'il ne me fasse ni miséricorde ni merci. Je confesse avoir écrit à plusieurs, que j'ai priés pour qu'ils advinssent à la délivrance de mes misérables prisons, où je languis, princesse captive et maltraitée, depuis dix-neuf ans et sept mois; mais il ne m'est jamais venu, même dans l'esprit, d'écrire ou même de désirer de telles choses contre la reine. Oui, je confesse encore m'être employée pour la délivrance de quelques catholiques persécutés, et si j'eusse pu, et pouvais encore, avec mon propre sang, les garantir et sauver de leurs peines, je l'eusse fait et le ferais pour eux de tout mon pouvoir, et afin d'empêcher leur destruction.

Alors se retournant vers le secrétaire Walsingham :

— Au reste, milord, lui dit-elle, du moment où je vous vois ici, je sais d'où part le coup; vous avez toujours été mon plus grand ennemi et celui de mon fils, et vous avez sollicité tout le monde contre moi et à mon préjudice.

Accusé ainsi en face, Walsingham se leva.

— Madame, répondit-il, je proteste devant Dieu, qui m'en est témoin, que vous vous trompez, et que je n'ai jamais rien fait contre vous qui soit indigne d'un homme de bien, ni comme individu, ni comme personnage public.

C'est tout ce qui fut dit et fait ce jour-là de poursuites jusqu'au lendemain, où la reine fut de nouveau contrainte de paraître devant les commissaires.

Et étant assise au bout de la table de ladite salle, et lesdits commissaires alentour, elle commença à dire à haute voix :

— Vous n'ignorez pas, milords et messieurs, que je suis reine souveraine, ointe et sacrée en l'église de Dieu, et ne puis et dois, pour quelque chose que ce soit, être appelée en vos audiences et mandée à votre barre, pour être jugée par la loi et les statuts que vous mettez en avant; car je suis princesse et libre, et ne dois à nul prince plus qu'il ne me doit, et sur tout ce dont je suis accusée envers madite sœur, je ne puis répondre si vous ne permettez que je sois assistée de mon conseil. Et si vous passez outre, faites ce que vous voudrez; mais de toutes vos procédures, en réitérant mes protestations, j'appelle devant Dieu, qui est le seul juge juste et vrai, et devant les rois et princes, mes alliés et confédérés.

Cette protestation fut derechef enregistrée, ainsi qu'elle en requit les commissaires.

Alors, on lui dit qu'elle avait en outre écrit plusieurs lettres aux princes de la chrétienté, contre la reine et le royaume d'Angleterre.

— Quant à ceci, répondit Marie Stuart, c'est autre chose, et je ne le nie pas, et si cela était encore à faire, je le ferais ainsi que j'ai fait, pour chercher ma liberté; car il n'y a ni homme ni femme au monde, de moindre qualité que je ne le suis, qui ne le fissent, et qui n'employassent l'aide et le secours de leurs amis pour sortir d'une captivité aussi dure comme l'était la mienne. Vous me chargez par certaines lettres de Babington : eh bien! je ne nie pas qu'il m'ait écrit et que je lui aie répondu; mais si vous trouvez dans mes réponses un seul mot sur la reine, ma sœur, eh bien! oui, il y aura lieu de me poursuivre. J'ai répondu à celui qui m'a écrit qu'il me mettrait en liberté, que j'acceptais son offre, s'il le pouvait sans nous compromettre ni l'un ni l'autre : voilà tout. — Quant à mes secrétaires, ajouta la reine, ce ne sont point eux, mais les tortures qui ont parlé par leur bouche; et quant aux confessions de Babington et de ses complices, il n'y a pas grand état à en faire; car, maintenant qu'ils sont morts, vous en pouvez dire tout ce que bon vous semble : vous croie qui voudra.

A ces mots, la reine refusa de répondre davantage, si on ne lui donnait pas un conseil, et, renouvelant sa protestation, elle se retira dans son appartement; mais, ainsi que l'en avait menacée le chancelier, l'instruction fut continuée malgré son absence.

Cependant M. de Châteauneuf, ambassadeur de France à Londres, voyait les choses de trop près pour se tromper à leur marche : en conséquence, au premier bruit qui lui revint de la mise en jugement de Marie Stuart, il écrivit au roi Henri III, afin qu'il intervînt en faveur de la prisonnière. Henri III envoya aussitôt à la reine Élisabeth une ambassade extraordinaire, dont M. de Bellièvre était le chef; et en même temps, ayant appris que Jacques VI, fils de Marie, loin de s'intéresser au sort de sa mère, avait répondu au ministre de France, Courcelles, qui lui parlait d'elle : « Je n'y peux rien; qu'elle boive ce qu'elle a versé, » il lui écrivit la lettre suivante, pour qu'il déterminât le jeune prince à le seconder dans les démarches qu'il allait faire :

21 novembre 1586.

« Courcelles, j'ai reçu votre lettre du 4 d'octobre passé, en laquelle j'ai vu les propos que vous a tenus le roi d'Écosse sur ce que vous lui avez témoigné de la bonne affection que je lui porte, propos par lesquels il a fait démonstration d'avoir tout le désir d'y correspondre entièrement; mais je voudrais que cette lettre m'eût aussi fait connaître qu'il fût mieux incliné envers la reine, sa mère, et qu'il eût le cœur et la volonté de tout disposer de manière à l'assister dans l'affliction où elle se trouve maintenant, considérant que la prison où elle a été injustement détenue depuis dix-huit ans et plus l'a pu induire à prêter l'oreille à beaucoup de choses qui lui ont été proposées pour obtenir sa liberté, chose qui est naturellement fort désirée de tous les hommes, et plus encore de ceux qui sont nés souverains et pour commander aux autres, lesquels souffrent avec moins de patience d'être retenus ainsi prisonniers. Il doit aussi penser que si la reine d'Angleterre, ma bonne sœur, se laisse aller aux conseils de ceux qui désirent qu'elle se souille du sang de la reine Marie, ce sera chose qui lui tournera à grand déshonneur, d'autant qu'on jugera qu'il aura refusé à sa mère les bons offices qu'il devait lui rendre envers ladite reine d'Angleterre, et qui eussent peut-être été assez suffisants pour l'émouvoir, s'il les eût voulu employer, aussi avant et aussi vivement que le devoir naturel le lui commandait. D'ailleurs, il y aura à craindre pour lui que, sa mère morte, son tour ne vienne, et qu'on ne pense à en faire autant de lui par quelque façon violente, pour rendre la succession d'Angleterre plus aisée à prendre à ceux qui sont en état de l'avoir après ladite reine Élisabeth, et non-seulement de frustrer ledit roi d'Écosse du droit qu'il y peut prétendre, mais rendre douteux celui-là même qu'il a à sa propre couronne. Je ne sais en quel état pourront être les affaires de madite belle-sœur lorsque vous recevrez cette lettre; mais je vous dirai qu'en tout cas je désire que vous excitiez fort ledit roi d'Écosse, avec les remontrances et toutes autres qui se pourront apporter sur ce sujet, à embrasser la défense et protection de sadite mère, et lui témoigner de ma part que, comme ce sera chose dont il sera grandement loué de tous les autres rois et princes souverains, il doit être assuré qu'en y manquant ce lui sera un grand blâme, et peut-être un notable dommage en son propre particulier. Au surplus, quant à l'état de mes propres affaires, vous saurez que la reine, ma dame et mère, est sur le point de voir bientôt le roi de Navarre, et d'entrer en conférence avec lui sur le fait de la pacification des troubles de ce royaume, à quoi, s'il porte autant de bonne affection que je le fais de mon côté, j'espère que les choses pourront prendre une bonne conclusion, et que mes sujets auront quelque relâche des grands maux et calamités que la guerre leur fait ressentir : suppliant le Créateur, Courcelles, qu'il vous ait en sa sainte garde.

» Écrit à Saint-Germain en Laye, le 21ᵉ jour de novembre 1586.

» *Signé*, HENRI.

» *Et plus bas*, BRULART. »

Cette lettre décida enfin Jacques VI à faire une espèce de démonstration en faveur de sa mère : il envoya Gray, Robert Melvil et Queth, auprès de la reine Élisabeth. Mais quoique Londres fût moins éloigné d'Edimbourg que de Paris, ce furent encore les envoyés français qui y précédèrent ceux d'Écosse.

Il est vrai qu'en arrivant à Calais, le 27 de novembre,
M. de Bellièvre y avait trouvé un exprès de M. de Châteauneuf, chargé de lui dire de ne pas perdre un instant, lequel,
pour aller au-devant de toutes difficultés, avait nolisé un
navire qui était tout prêt dans le port. Mais, quelque diligence que ces nobles seigneurs eussent envie de faire, il leur
fallut attendre le bon vouloir du vent, qui ne leur permit de
se mettre en mer que le vendredi 28, à minuit; encore le
lendemain, en arrivant sur les neuf heures à Douvres, étaient-
ils tous tellement ébranlés du mal de mer, que force leur fut
de demeurer un jour entier dans cette ville pour se remettre,
de sorte que ce ne fut que le dimanche 30 que M. de Bellièvre put partir dans le coche que M. de Châteauneuf lui envoyait par M. de Brancaléon, et se mettre en route pour
Londres, accompagné des seigneurs de sa suite, qui étaient
montés sur des chevaux de poste; mais ne s'étant, pour réparer le temps perdu, reposés que quelques heures en route,
ils arrivèrent enfin à Londres le lundi 1er décembre, à midi.
M. de Bellièvre envoya aussitôt un des gentilshommes de sa
suite, nommé M. de Villiers, vers la reine d'Angleterre, qui
tenait sa cour au château de Richemont : l'arrêt était déjà
secrètement prononcé depuis six jours et soumis au parlement qui en délibérait à huis clos.

Les ambassadeurs français ne pouvaient plus mal prendre
leur moment auprès d'Élisabeth; aussi, pour gagner du
temps, refusa-t-elle de recevoir M. de Villiers, lui faisant répondre qu'il saurait lui-même le lendemain les causes de ce
refus. Effectivement, le lendemain, le bruit se répandit dans
la ville de Londres que l'ambassade française était atteinte de
contagion, et que deux des seigneurs qui la composaient étant
morts de la peste à Calais, la reine ne pouvait, quelque envie qu'elle eût d'être agréable à Henri III, exposer sa précieuse existence en recevant ses messagers. L'étonnement de
M. de Bellièvre fut grand en apprenant cette nouvelle; il
protesta que la reine avait été mise dans l'erreur par un
faux rapport, et insista pour être reçu. Néanmoins les délais
durèrent encore pendant six jours; mais comme les ambassadeurs menaçaient de repartir sans attendre plus longtemps,

et qu'à tout prendre, Élisabeth, inquiétée par l'Espagne, tenait à ne pas se brouiller avec la France, elle fit dire le 7 décembre au matin, à M. de Bellièvre, qu'elle était prête à le recevoir dans l'après-dîner au château de Richemont, lui et les seigneurs de sa suite.

A l'heure indiquée, les ambassadeurs de France se présentèrent aux portes du château, et, ayant été introduits auprès de la reine, la trouvèrent assise sur son trône et environnée des seigneurs les plus considérables de son royaume. Alors MM. de Châteauneuf et de Bellièvre, l'un l'ambassadeur ordinaire et l'autre l'envoyé extraordinaire, l'ayant saluée de la part du roi de France, commencèrent à lui faire les remontrances dont ils étaient chargés. Élisabeth répondit non-seulement dans la même langue française, mais encore dans le plus beau langage qui se parlât à cette époque, et, se laissant emporter à la passion, remontra aux envoyés de son frère Henri que la reine d'Écosse l'avait toujours poursuivie, et que c'était la troisième fois qu'elle avait voulu attenter à sa vie par une infinité de moyens, ce qu'elle avait déjà trop supporté et avec trop de patience; mais que jamais chose ne l'avait si profondément blessée au cœur que la dernière conspiration : cet événement, ajouta-t-elle avec tristesse, lui ayant plus fait pousser de soupirs et verser de larmes que la perte de tous ses parents, d'autant plus que la reine d'Écosse était sa proche parente à elle-même et touchait au roi de France ; et comme, dans leurs remontrances, messeigneurs de Châteauneuf et de Bellièvre lui avaient mis en avant plusieurs exemples tirés des histoires, elle reprit, pour leur répondre à cette occasion, le ton pédant qui lui était habituel, et leur dit qu'elle avait beaucoup vu et lu de livres en sa vie, et plus que mille autres de son sexe et de sa qualité n'avaient coutume de faire, mais qu'elle n'avait jamais trouvé en eux un seul exemple d'un acte pareil à celui qu'on avait projeté sur elle, acte poursuivi par une parente, que le roi son frère ne pouvait et ne devait pas soutenir en sa méchanceté, quand c'était, au contraire, un devoir à lui de hâter sa punition qui était une justice ; puis, elle ajouta, s'adressant particulièrement à M. de Bellièvre et en redescendant des hauteurs de son orgueil à un visage gracieux, qu'elle avait grand regret qu'il ne lui fût pas député pour une meilleure occasion ; que dans quelques jours elle ferait réponse au roi Henri, son frère, de la santé duquel elle s'inquiéta avec sollicitude, ainsi que de celle de la reine mère, qui devait éprouver une si grande fatigue de la peine qu'elle prenait à remettre la paix dans le royaume de son fils : et alors, sans vouloir en plus entendre, elle se retira dans sa chambre.

Les envoyés revinrent à Londres où ils attendirent la réponse promise ; mais, tandis qu'ils l'attendaient sans qu'elle arrivât, ils apprirent sourdement l'arrêt de mort rendu contre la reine Marie, ce qui les détermina à retourner à Richemont pour faire de nouvelles remontrances à la reine d'Angleterre. Après deux ou trois voyages infructueux, ils furent enfin, le 15 décembre, admis pour la seconde fois en sa présence royale.

La reine ne nia point que l'arrêt eût été rendu, et comme il était facile de voir qu'elle ne comptait pas en cette circonstance user du droit de grâce, M. de Bellièvre, jugeant qu'il n'y avait rien à faire, réclama un sauf-conduit pour retourner près de son roi : Élisabeth le lui promit sous deux ou trois jours.

Le mardi suivant, 17 du même mois de décembre, le parlement, ainsi que les principaux seigneurs du royaume furent convoqués au palais de Westminster, et là, en pleine audience et devant tous, fut proclamée et prononcée la sentence de mort contre Marie Stuart : puis, cette même sentence, avec un grand appareil et une grande solennité, fut lue sur les places et dans les carrefours de la ville de Londres, d'où elle se répandit par tout le royaume ; et, sur cette proclamation, les cloches sonnèrent pendant vingt-quatre heures, tandis que les ordres les plus sévères étaient donnés à chacun des habitants d'allumer des feux de joie devant sa maison, comme on a coutume de faire en France, la veille de la Saint-Jean-Baptiste.

Alors, au milieu de ce bruit de cloches, à la lueur de ces feux de joie, M. de Bellièvre, voulant, pour n'avoir rien à se reprocher, tenter un dernier effort, écrivit à la reine Élisabeth la lettre suivante :

« Madame, nous quittâmes hier votre majesté, nous attendant, comme il vous avait plu de nous le dire, à recevoir sous peu de jours votre réponse touchant la prière que nous vous avons faite de la part de notre bon maître, votre frère, pour la reine d'Écosse, sa belle-sœur et confédérée ; mais comme ce matin nous avons été avertis que le jugement rendu contre ladite reine a été proclamé par la ville de Londres, quoique nous nous promissions autre chose de votre clémence et de l'amitié que vous portez audit seigneur roi, votre bon frère, néanmoins, pour ne rien négliger de ce qui est notre devoir, et croyant en cela servir les intentions du roi, notre maître, nous n'avons pas voulu manquer à vous écrire la présente, par laquelle nous vous supplions derechef, bien humblement, de ne point refuser à sa majesté la prière très-instante et très-affectionnée qu'elle vous a faite, à ce qu'il vous plaise de conserver la vie à ladite dame reine d'Écosse, ce que ledit seigneur roi recevra pour le plus grand plaisir que votre majesté lui saurait faire : comme, au contraire, il ne lui saurait advenir chose qui lui apportât plus de déplaisir, et qui lui touchât plus au cœur, que s'il était usé de rigueur à l'égard de ladite dame reine, étant ce qu'elle lui est ; et comme, madame, ledit seigneur roi, notre maître, votre bon frère, lorsque pour cet effet il nous a dépêchés par devers votre majesté, n'a point estimé qu'il fût possible, en aucune sorte, de se résoudre si promptement à une telle exécution, nous vous supplions, madame, très-humblement, avant que de permettre qu'il y soit passé outre, de nous donner quelque temps pendant lequel nous l'avertirons de l'état des affaires de ladite reine d'Écosse, afin qu'avant que votre majesté ne prenne une résolution finale, elle sache ce qu'il plaira à sa majesté très-chrétienne de vous dire et remontrer sur la plus grande affaire qui, de notre mémoire, ait été soumise au jugement des hommes. Le sieur de Saint Cyr, qui rendra la présente à votre majesté, nous apportera, s'il vous plaît, votre bonne réponse.

» Signé, DE BELLIÈVRE,
» Et DE L'AUBESPINE CHATEAUNEUF.

» Londres, ce 16e jour de décembre 1586.

Le même jour, le sieur de Saint-Cyr et les autres seigneurs français retournèrent à Richemont pour porter cette lettre ; mais la reine ne les voulut point recevoir, s'excusant sur une indisposition, de sorte qu'ils furent forcés de laisser la lettre à Walsingham, son premier secrétaire d'État, lequel leur promit d'envoyer la réponse de la reine le lendemain.

Malgré cette promesse, les seigneurs français attendirent deux jours encore ; enfin, le deuxième jour vers le soir, deux gentilshommes anglais vinrent trouver M. de Bellièvre à Londres, et, de vive voix, sans aucune lettre qui confirmât ce qu'ils étaient chargés de dire, ils lui annoncèrent de la part de leur reine, qu'en réponse à la lettre qu'ils lui avaient écrite, et faisant droit au désir qu'ils avaient manifesté d'obtenir pour la condamnée un sursis pendant lequel ils feraient connaître le jugement au roi de France, sa majesté voulait bien accorder douze jours. Comme c'était le dernier mot d'Élisabeth, et qu'il était inutile de perdre son temps à la presser davantage, M. de Genlis fut aussitôt expédié à sa majesté le roi de France, auquel, outre la longue dépêche de MM. de Châteauneuf et de Bellièvre qu'il était chargé de remettre, il devait dire de vive voix ce qu'il avait vu et entendu, relativement aux affaires de la reine Marie, pendant tout le temps qu'il était demeuré en Angleterre.

Henri III répondit à l'instant même une lettre contenant de nouvelles instructions pour MM. de Châteauneuf et de Bellièvre ; mais, quelque diligence que pût faire M. de Genlis, il n'arriva à Londres que le quatorzième jour, c'est-à-dire quarante-huit heures après l'expiration du délai accordé ; néanmoins, comme le jugement n'avait point encore été mis à exécution, MM. de Bellièvre et de Châteauneuf partirent à l'instant pour le château de Greenwich, situé à une lieue de Londres, et où était la reine faisant les fêtes de Noël, afin de la prier de leur accorder une audience dans laquelle ils pourraient transmettre à sa majesté la réponse de leur roi ; mais de quatre ou cinq jours ils ne purent rien obtenir : cependant, comme ils ne se rebutaient point et revenaient sans cesse à la charge, le 6 janvier MM. de Bellièvre et de Châteauneuf furent enfin mandés par la reine.

Ils furent, comme la première fois, introduits avec toutes les formalités d'étiquette en usage à cette époque, et trouvèrent Élisabeth dans sa salle d'audience : les ambassadeurs s'approchèrent d'elle, la saluèrent, et M. de Bellièvre commença de lui adresser avec respect, mais en même temps avec fermeté, les remontrances de son maître. Élisabeth les entendit d'un air d'impatience, en se tourmentant fort sur son fauteuil ; puis enfin, ne pouvant plus se contenir, elle éclata, et se levant toute rougissante de colère :

— Monsieur de Bellièvre, dit-elle, avez-vous bien chargé du roi mon frère de me tenir un pareil langage ? — Oui, madame, répondit en s'inclinant M. de Bellièvre, j'en ai le commandement exprès. — Et vous avez ce commandement écrit de sa main ? continua Élisabeth. — Oui, madame, reprit avec le même calme l'ambassadeur ; et le roi mon maître, votre bon frère, m'a expressément chargé, par lettres signées de sa propre main, de faire à votre majesté les remontrances que j'ai eu l'honneur de lui adresser. — Eh bien ! s'écria Élisabeth sans plus garder de mesure, je vous demande copie de cette lettre, signée de votre propre main, et songez que vous répondrez de chaque mot que vous y aurez ôté ou ajouté. — Madame, répondit M. de Bellièvre, ce n'est point le propre des rois de France, ni de leurs agents, de falsifier ni lettres ni écrits ; vous aurez donc dès demain matin les copies que vous demandez, et je vous réponds sur mon honneur de leur exactitude. — Assez, monsieur, assez ! dit la reine, et faisant un signe à tous ceux qui étaient dans la salle de sortir, elle demeura près d'une heure avec MM. de Châteauneuf et de Bellièvre.

Nul ne sait ce qui se passa dans cette entrevue, sinon que la reine s'engagea à envoyer un ambassadeur au roi de France, lequel, promit-elle, serait à Paris, sinon avant, au moins en même temps que M. de Bellièvre, et serait porteur de sa résolution suprême sur les affaires de la reine d'Écosse : alors Élisabeth se retira en laissant comprendre aux envoyés français que toute tentative nouvelle qu'ils feraient pour la revoir serait inutile.

Le 13 janvier, les ambassadeurs reçurent leurs passe-ports

et en même temps l'avis qu'un navire de la reine les attendait à Douvres.

Le jour même de leur départ il arriva une étrange aventure : un gentilhomme nommé Staffort, frère de l'ambassadeur d'Élisabeth près le roi de France, se présenta chez M. de Trappes, un des employés de la chancellerie française, lui disant qu'il connaissait un prisonnier pour dettes qui avait une chose de la plus haute importance à lui communiquer, et, pour que celui-ci y mît plus d'empressement, il lui dit que cette chose touchait le service du roi de France, et concernait les affaires de la reine Marie d'Écosse. M. de Trappes, quoique se défiant dès l'abord de cette ouverture, ne voulut point, au cas où ses soupçons le tromperaient, avoir à se reprocher aucune négligence dans une pareille et si pressante occasion. Il se rendit donc avec M. Staffort en la prison où était détenu celui qui voulait s'entretenir avec lui. Lorsqu'il fut en sa présence, le prisonnier lui dit qu'il était écroué pour une dette de cent vingt écus seulement, et que son désir de liberté était si grand, que si M. de Châteauneuf voulait payer pour lui cette somme, il s'engagerait à délivrer la reine d'Écosse du péril où elle se trouvait, en poignardant Élisabeth : à ce propos, M. de Trappes, qui vit le piége où on voulait attirer l'ambassadeur français, s'étonna grandement, et dit qu'il était certain que M. de Châteauneuf trouverait fort mauvaise toute entreprise qui aurait pour but de menacer en quoi que ce soit la vie de la reine Élisabeth ou la tranquillité du royaume : puis, sans vouloir en entendre davantage, il revint vers M. de Châteauneuf et lui raconta ce qui venait de se passer : aussitôt, M. de Châteauneuf, qui pénétra la véritable cause de cette ouverture, dit à M. Staffort qu'il trouvait étrange qu'un gentilhomme comme il était se chargeât vis-à-vis d'un autre gentilhomme d'une pareille trahison, et l'invita à l'instant même à sortir de l'ambassade, le priant de n'y jamais remettre les pieds. Alors Staffort se retira, et ayant l'air de se croire un homme perdu, il supplia M. de Trappes de lui permettre de repasser la mer avec lui et les envoyés français ; M. de Trappes en référa à M. de Châteauneuf, qui fit aussitôt répondre à M. de Staffort, que non-seulement il lui avait défendu son logis, mais encore toute relation avec aucune personne de l'ambassade, qu'ainsi il devait bien voir que sa demande ne pouvait lui être accordée : il ajouta que s'il n'était retenu par les égards qu'il tenait à garder envers son frère le comte de Staffort, son collègue en ambassade, il dénoncerait sa trahison à l'instant même à Élisabeth. Le même jour Staffort fut arrêté.

Après cette conférence, M. de Trappes était parti pour rejoindre ses compagnons de route, qui avaient pris quelques heures d'avance sur lui, lorsqu'au moment d'arriver à Douvres il fut arrêté à son tour et ramené dans les prisons de Londres. Interrogé le même jour, M. de Trappes raconta franchement ce qui s'était passé, en appelant à M. de Châteauneuf de la vérité de ce qu'il disait.

Le lendemain, un second interrogatoire eut lieu, et son étonnement fut grand, lorsqu'en demandant que celui de la veille lui fût représenté, on lui en montra seulement, selon l'habitude de la justice anglaise, des copies falsifiées dans lesquelles se trouvaient des aveux qui le compromettaient, ainsi que M. de Châteauneuf; il réclama et protesta, refusa de répondre et de signer aucune chose nouvelle, et fut reconduit à la Tour avec un redoublement de précaution qui avait pour but de faire croire à une importante accusation.

Le lendemain, M. de Châteauneuf fut mandé devant la reine, et là fut confronté avec Staffort, qui lui soutint impudemment qu'il avait traité d'un complot avec M. de Trappes et un certain prisonnier pour dettes; complot qui n'allait à rien moins qu'à mettre en danger la vie de la reine. M. de Châteauneuf se défendit avec la chaleur de l'indignation; mais Élisabeth avait trop grand intérêt à ne pas être convaincue pour se rendre même à l'évidence. Elle dit donc à M. de Châteauneuf que son caractère d'ambassadeur l'empêchait seul de le faire arrêter comme son complice M. de Trappes; et envoyant aussitôt, comme elle l'avait promis, un ambassadeur au roi Henri III, elle le chargea, non point de l'excuser du jugement qui venait d'être rendu et de la mort qui devait bientôt le suivre, mais d'accuser M. de Châteauneuf d'avoir trempé dans un complot dont la découverte seule avait pu la déterminer à consentir à la mort de la reine d'Écosse, certaine qu'elle était par l'expérience que, tant que son ennemie vivrait, son existence à elle serait menacée à chaque heure.

Le même jour, Élisabeth se hâta de répandre, non-seulement à Londres, mais encore par toute l'Angleterre, le bruit du nouveau péril auquel elle venait d'échapper; de sorte que, lorsque deux jours après le départ des envoyés français, les ambassadeurs d'Écosse, qui, comme on le voit, n'avaient pas fait grande diligence, arrivèrent, la reine leur répondit que leur demande tombait mal, dans un moment où elle venait d'acquérir la preuve que, tant que Marie Stuart existerait, sa vie, à elle Élisabeth, était en danger. A ces paroles, Robert Melvil voulut répondre; mais Élisabeth s'emporta, disant que c'était lui, Melvil, qui avait donné au roi d'Écosse le mauvais conseil de s'employer pour sa mère, et que si elle avait un conseiller tel que lui, elle lui ferait trancher la tête. Ce à quoi Melvil répondit « qu'au risque de sa vie, il n'épargnerait jamais un bon conseil à son maître, et que celui-là, au contraire, mériterait d'avoir la tête tranchée qui donnerait au fils le conseil de laisser mourir sa mère. » Sur cette réponse, Élisabeth leur ordonna de se retirer, leur disant qu'elle leur ferait savoir sa réponse.

Trois ou quatre jours s'écoulèrent, et comme ils n'entendaient parler de rien, ils demandèrent de nouveau une audience de congé pour savoir la dernière résolution de celle vers laquelle ils étaient envoyés; la reine alors se décida à la leur accorder, et tout se passa, comme avec M. de Bellièvre, en récriminations et en plaintes. Enfin, Élisabeth leur demanda quelle sûreté ils lui donneraient pour sa vie, dans le cas où elle consentirait à faire grâce à la reine d'Écosse. Les envoyés répondirent qu'ils étaient autorisés à s'engager au nom du roi d'Écosse, leur maître, et de tous les seigneurs de son royaume, à ce que Marie Stuart renoncerait, en faveur de son fils, à tous ses droits sur la couronne d'Angleterre, et qu'elle donnerait pour caution de cet engagement le roi de France et tous les princes et seigneurs, ses parents et ses amis.

A cette réponse, la reine, oubliant sa présence d'esprit ordinaire, s'écria : — Que dites-vous là, Melvil? Ce serait armer mon ennemi de deux droits, tandis qu'il n'en a qu'un.

— Votre majesté regarde donc le roi mon maître comme son ennemi? répondit Melvil; il se croyait plus heureux, madame, et pensait être votre allié. — Non, non, dit Élisabeth en rougissant, c'est une manière de parler, et si vous trouvez un moyen de tout concilier, messieurs, pour vous prouver, au contraire, que je tiens le roi Jacques VI pour mon bon et fidèle allié, je suis toute prête à incliner à la clémence; cherchez donc de votre côté, ajouta-t-elle, tandis que moi je chercherai du mien.

A ces mots, elle sortit de la chambre, et les ambassadeurs se retirèrent, avec la lueur d'espérance qu'elle leur avait laissé entrevoir.

Le même soir, un gentilhomme de la cour vint trouver M. Gray, chef de l'ambassade, comme pour lui faire une visite de convenance, et tout en causant, il lui dit « qu'il était bien difficile de concilier la sûreté de la reine Élisabeth avec la vie de sa prisonnière; que du reste, si grâce était faite à la reine d'Écosse, et qu'elle ou son fils arrivassent jamais au trône d'Angleterre, il n'y avait plus aucune sûreté pour les seigneurs commissaires qui avaient voté sa mort; qu'il n'y avait donc qu'un moyen de tout concilier, c'est que le roi d'Écosse renonçât lui-même à ses prétentions au royaume d'Angleterre; qu'autrement il n'y avait pas, selon lui, de sûreté pour Élisabeth à sauver la vie de la reine d'Écosse. » M. Gray, le regardant alors fixement, lui demanda si c'était sa souveraine qui l'avait chargé de lui venir tenir ce langage. Ce que le gentilhomme dénia, disant que tout cela était de son chef et par forme d'avis.

Élisabeth reçut une dernière fois les envoyés d'Écosse, et leur dit alors :

« Qu'après avoir bien réfléchi, elle n'avait trouvé aucun moyen de sauver la vie de la reine d'Écosse en assurant la sienne, que par conséquent elle ne pouvait la leur accorder. » A cette déclaration, M. Gray répondit « que puisqu'il en était ainsi, il avait, dans ce cas, ordre de la part de son maître, de lui dire qu'ils protestaient, au nom du roi Jacques, que tout ce qui avait été fait contre sa mère était nul, attendu que la reine Élisabeth n'avait aucun droit sur une reine comme elle, et qui lui était égale en rang et en naissance; qu'en conséquence ils déclaraient qu'aussitôt leur retour et lorsque leur maître saurait de quelle manière avait tourné leur mission, il assemblerait ses États et enverrait des messagers à tous les princes chrétiens, pour aviser avec eux à ce qu'ils pourraient faire, pour venger celle qu'ils n'avaient pu sauver. »

Alors Élisabeth s'emporta de nouveau, disant qu'ils n'avaient certes pas reçu de leur roi mission de lui tenir un pareil langage; mais eux offrirent alors de donner cette protestation par écrit et signée d'eux; ce à quoi Élisabeth répondit qu'elle enverrait un ambassadeur qui arrangerait tout cela avec son bon ami et allié le roi d'Écosse. Mais les envoyés dirent alors que leur maître n'entendrait personne avant qu'ils ne fussent revenus. Alors Élisabeth les pria de ne point s'en aller incontinent, attendu qu'elle n'avait pas sur cette affaire pris encore son dernier parti.

Le soir de cette audience, lord Hingley étant venu voir M. Gray, et ayant paru remarquer de beaux pistolets qui venaient d'Italie, M. Gray, aussitôt qu'il fut parti, chargea le cousin de ce seigneur de les lui porter de sa part comme un don. Tout joyeux de cette agréable commission, le jeune homme voulut l'accomplir le même soir, et se rendit au palais de la reine, où demeurait son parent, pour lui remettre le cadeau qu'il était chargé de lui faire. Mais à peine avait-il traversé quelques appartements, qu'il fut arrêté, fouillé, et qu'on trouva sur lui les armes dont il était porteur. Quoiqu'elles ne fussent pas chargées, on l'arrêta aussitôt, seulement on ne le conduisit point à la Tour, et on se contenta de lui donner sa chambre pour prison.

Le lendemain, le bruit se répandit que les ambassadeurs d'Écosse avaient, à leur tour, voulu assassiner la reine, et que des pistolets, donnés par M. Gray lui-même, avaient été trouvés sur le meurtrier.

C'était trop de mauvaise foi pour que les ambassadeurs n'ouvrissent point les yeux. Convaincus, enfin, qu'ils ne pouvaient rien pour la pauvre Marie Stuart, ils l'abandonnèrent à son sort, et partirent le lendemain pour l'Écosse.

A peine furent-ils partis, qu'Élisabeth envoya son secrétaire Davison à sir Amyas Paulett. Il était chargé de le sonder de nouveau à l'égard de la prisonnière; effrayée malgré elle d'une exécution publique, la reine en était revenue à ses premières idées d'empoisonnement ou d'assassinat; mais sir Amyas Paulett déclara qu'il ne laisserait entrer personne près de Marie que le bourreau, et encore faudrait-il qu'il fût porteur d'un warrant parfaitement en règle. Davison rapporta cette réponse à Élisabeth, qui, en l'écoutant, frappa plusieurs fois du pied, et lorsqu'il eut fini, incapable de se contenir, s'écria : — Par la mordieu! voilà un scrupuleux drôle qui fait sonner sans cesse sa fidélité et n'en sait pas donner une preuve!

Alors il fallut bien qu'Élisabeth se décidât; elle demanda le warrant à Davison, qui le lui présenta, et, oubliant qu'elle était fille d'une reine qui était morte sur l'échafaud, elle le signa sans laisser paraître aucune émotion; puis, y ayant fait apposer le grand sceau d'Angleterre : — Allez, dit-elle en riant, annoncer à Walsingham que tout est fini pour la reine Marie; mais dites-lui cela avec des ménagements, car, comme il est malade, j'aurais peur qu'il n'en mourût de saisissement.

La plaisanterie était d'autant plus atroce, que Walsingham était connu pour l'ennemi le plus acharné de la reine d'Écosse.

Vers le soir du même jour, qui était le samedi, 14, M. Béele, beau-frère de Walsingham, fut mandé au palais. La reine lui remit la sentence de mort et avec elle un commandement adressé aux comtes de Schwesbury, de Kent, de Rothland, et aux autres seigneurs des environs de Fotheringay, d'assister à son exécution. Béele prit avec lui le bourreau de Londres, qu'Élisabeth avait fait habiller tout en velours noir pour cette grande circonstance, et partit deux heures après avoir reçu son mandat (7).

Cependant, depuis ces deux mois, la reine Marie connaissait l'arrêt des commissaires. Le jour même où il avait été rendu, elle en avait appris la nouvelle par son aumônier, à

qui on avait permis de la voir pour cette seule fois. Marie
Stuart avait profité de cette visite pour lui remettre trois
lettres qu'elle écrivit à l'instant même, l'une au pape Sixte V,
l'autre à don Bernard Mendoce, la troisième au duc de Guise.

Voici cette dernière :

4 décembre 1586.

«Mon bon cousin, celui que j'ai le plus cher au monde, je
vous dis adieu, étant prête par un injuste jugement d'être
mise à mort, et à mort telle que personne de notre race,
grâce à Dieu, ni jamais reine, et moins encore une de ma
qualité, n'a jamais souffert. Mais, mon bon cousin, louez le
Seigneur ; car j'étais inutile en ce monde à la cause de Dieu
et de son Église, prisonnière comme je l'étais ; tandis qu'au
contraire, j'espère que ma mort témoignera de ma constance
en la foi, et de ma disposition à souffrir pour le maintien et
la restauration de l'Église catholique en cette île infortunée.
Et, bien que jamais bourreau n'ait mis la main en notre
sang, n'en ayez honte, mon ami ; car le jugement des héréti-
ques, qui n'ont nul droit sur moi, reine libre, est profitable
devant Dieu aux enfants de son Église. Si j'adhérais, au reste,
à ce qu'ils me proposent, je ne souffrirais pas ce coup. Tous
ceux de notre maison ont été persécutés par cette secte, témoin votre bon père, par l'intercession duquel j'espère être
reçue à merci par le juste juge. Je vous recommande donc
mes pauvres serviteurs, la décharge de mes dettes, et de faire
fonder quelque obit annuel pour mon âme, non à vos dépens,
mais faire la sollicitation et ordonnance, comme vous en serez
requis lorsque vous entendrez mon intention par mes pauvres et dévoués serviteurs, qui vont être témoins de ma dernière tragédie. Dieu vous veuille faire prospérer, vous, votre
femme, enfants, frères et cousins, et surtout notre chef, mon
bon frère et cousin, et tous les siens. La bénédiction de Dieu,
et celle que je donnerais à mes enfants, puisse être sur les
vôtres, que je ne recommande pas moins à Dieu que mon
propre fils, si malfortuné et abusé qu'il soit. Vous recevrez
des bagues de moi, qui vous rappelleront de faire prier Dieu

pour l'âme de votre pauvre cousine, privée de toute aide et de tout conseil, excepté de celui du Seigneur, qui me donne force et courage de résister seule à tant de loups hurlant après moi. A Dieu en soit la gloire.

» Croyez en particulier à ce qui vous sera dit par une personne qui vous donnera une bague de rubis de ma part; car je prends sur ma conscience qu'il vous sera dit la vérité de ce que je l'ai chargée, et spécialement en ce qui touché mes pauvres serviteurs et la part d'aucun. Je vous recommande cette personne pour sa simple sincérité et son honnêteté, afin qu'elle puisse être placée en quelque bon lieu. Je l'ai choisie comme la moins partiale, et comme celle qui le plus simplement vous rapportera mes commandements. Qu'on ignore, je vous prie, qu'elle vous ait rien dit en particulier, car l'envie lui pourrait nuire. J'ai beaucoup souffert depuis deux ans et plus, et ne vous l'ai pu faire savoir pour cause importante. Dieu soit loué de tout, et vous donne la grâce de persévérer au service de son Église tant que vous vivrez, et jamais ne puisse cet honneur sortir de notre race, que tant hommes que femmes, soyons prompts à répandre notre sang pour maintenir la querelle de la foi, tous autres respects mondains mis à part. Et quant à moi, je m'estime née du côté paternel et maternel, pour offrir mon sang en icelle, et je n'ai intention de dégénérer. Jésus, crucifié pour nous, et tous les saints martyrs nous rendent par leur intercession dignes de l'offrande volontaire que nous faisons de nos corps à sa gloire! De Fotheringay, ce jeudi 24 novembre.

» L'on m'avait, pensant me dégrader, fait abattre mon dais, et depuis mon gardien m'est venu offrir d'écrire à leur reine, disant n'avoir fait cet acte par son commandement, mais par l'avis de quelques-uns du conseil. Je leur ai montré, au lieu de mes armes, audit dais, la croix de Notre-Seigneur. Vous entendrez tout ce discours; ils ont été plus doux depuis.

» Votre affectionnée cousine et parfaite amie,

» MARIE, R. D'ÉCOSSE, D. DE FRANCE. »

A compter de ce jour, où elle avait appris la sentence rendue par ses commissaires, Marie Stuart ne conserva plus aucune espérance ; car comme elle savait que pour la sauver il lui faudrait la grâce d'Élisabeth, elle se regarda dès lors comme perdue, et ne s'occupa plus que de se préparer à bien mourir. En effet, comme il lui arrivait parfois, par le froid et l'humidité qu'elle avait éprouvés dans ses prisons, de devenir perclue pendant un certain temps de tous ses membres, il lui prit cette crainte d'être ainsi au moment où on viendrait la chercher, ce qui ferait qu'elle ne pourrait marcher résolûment à l'échafaud comme elle comptait le faire. Elle fit donc venir, le samedi 14 février, son médecin Bourgoin, et lui demanda, atteinte, disait-elle, par un pressentiment que sa mort devait être prochaine, ce qu'il fallait faire pour prévenir le retour des douleurs qui la paralysaient. Celui-ci répondit qu'il serait bon pour elle de se purger avec des herbes fraîches.—Allez donc, dit la reine, et demandez de ma part à sir Amyas Paulett la permission d'en chercher dans la campagne.

Bourgoin descendit près de sir Amyas qui, souffrant lui-même d'une sciatique, devait comprendre mieux que personne l'urgence des remèdes que demandait la reine. Cependant cette requête, toute simple qu'elle fût, souffrit de grandes difficultés. Sir Amyas répondit qu'il ne pouvait rien faire sans en référer à son compagnon Drury ; mais qu'on pouvait apporter de l'encre et du papier, et que lui, maître Bourgoin, donnerait alors une liste des plantes qu'il lui fallait, et qu'on tâcherait alors de se les procurer. Bourgoin répondit qu'il ne savait pas assez bien l'anglais, et que les apothicaires du village ne savaient pas assez bien le latin, pour qu'il risquât la vie de la reine sur quelque erreur de lui ou des autres. Enfin, après mille hésitations, Paulett permit à Bourgoin de sortir, ce qu'il fit, accompagné de l'apothicaire Gorjon ; de sorte que dès le lendemain la reine put commencer à se médeciner.

Les pressentiments de Marie Stuart ne l'avaient pas trompée : le mardi 17 février, vers deux heures de l'après-midi, les comtes de Kent, de Schwesbury et Béele firent dire à la reine qu'ils désiraient lui parler. La reine répondit qu'elle était couchée et malade; mais que, si cependant ce qu'ils avaient à lui dire était chose de conséquence, on lui donnât un peu de loisir, et qu'elle se lèverait. Ils lui firent répondre que la communication qu'ils avaient à lui faire n'admettait point de retard, qu'ils la priaient donc de se préparer; ce que la reine fit aussitôt, et, se levant de son lit et passant une robe de chambre, elle alla s'asseoir près d'une petite table, au même endroit où elle était accoutumée de se tenir une grande partie du jour.

Alors les deux comtes, accompagnés de Béele, d'Amyas Paulett et de Drugeon Drury, entrèrent. Derrière eux venaient, attirés par une curiosité pleine d'angoisse, ses filles les plus chères et ses serviteurs les plus intimes. C'étaient, en femmes, mesdemoiselles Renée de Really, Gilles Maubray, Jeanne Kennedy, Elspeth Curle, Marie Paget et Suzanne Kercady. C'étaient, en hommes, Dominique Bourgoin, son médecin; Pierre Gorjon, son apothicaire; Jacques Gervais, son chirurgien; Annibal Stewart, son valet de chambre; Didier Sifflart, son sommelier; Jean Lauder, son panetier, et Martin Huet, écuyer de sa cuisine.

Alors le comte de Schwesbury, la tête découverte, ainsi que tous ceux qui étaient là, et qui demeurèrent ainsi tant qu'ils restèrent dans la chambre de la reine, commença de dire en anglais, s'adressant à Marie :

— Madame, la reine d'Angleterre, mon auguste maîtresse, m'a envoyé devers vous, avec le comte de Kent, et sir Robert Béele, ici présents, pour vous faire entendre qu'après avoir honorablement procédé à l'enquête du fait dont vous êtes accusée et reconnue coupable, enquête qui a déjà été soumise à votre grâce par lord Burkhurst, et avoir retardé autant qu'il était en elle l'exécution du jugement, elle ne peut pas aujourd'hui résister à l'importunité de ses sujets, qui la pressent, tant est grande et amoureuse leur crainte pour elle, de mettre ce jugement à exécution. A cet effet, nous sommes venus, porteurs d'une commission, et nous vous prions bien humblement, madame, qu'il vous plaise d'en entendre la lecture. — Lisez, milord, j'écoute, répondit Marie Stuart avec le plus grand calme. Alors Robert Béele déploya ladite

commission, qui était en parchemin, scellée du grand sceau
de cire jaune, et lut ce qui suit :

« Élisabeth, par la grâce de Dieu, reine d'Angleterre, France
et Irlande, etc., à nos amés et féaux cousins, Georges, comte
de Shwesbury, grand maréchal d'Angleterre, Henri, comte
de Kent, Henri, comte de Derby, Georges, comte de Cumberland, Henri, comte de Pembrock (8), salut :

» Vu la sentence par nous donnée et autres de notre conseil, noblesse et juges, contre la jadis reine d'Écosse, portant
le nom de Marie, fille héritière de Jacques cinquième, roi
'Écosse, appelée communément reine d'Écosse et douairière
de France, laquelle sentence tous les États de notre royaume
assemblés en notre dernier parlement non-seulement conclu-
rent, mais, après mûre délibération, ratifièrent pour être
juste et raisonnable; vu pareillement l'instante prière et requête de nos sujets, nous sollicitant et pressant de procéder à
la publication d'icelle, et la passer en exécution à l'encontre
de sa personne, selon qu'ils la jugent aussi dûment méritée,
ajoutant en cet endroit que la détention d'icelle était et serait
journellement un certain et évident danger, non pas seulement à notre vie, mais aussi à eux-mêmes et à leur postérité,
et à l'état public de ce royaume, tant à cause de l'Évangile
et de la vraie religion du Christ que pour la paix et tranquillité de cet État, quoiqu'aux temps et délais publics ladite sentence par notre proclamation, et encore que jusqu'à cette
heure nous nous soyons abstenue d'octroyer commission pour
l'exécuter; toutefois, pour l'ample satisfaction desdites requêtes
faites par les États de notre parlement, par lequel journellement nous entendons que tous nos amés et sujets, tant de la
noblesse, conseil qu'aucun des plus sages, grands et dévots,
voire jusques à ceux d'inférieure condition, avec toute humilité et affection pour le soin qu'ils ont de notre vie, et consé-
quemment pour la crainte qu'ils ont de la ruine du présent,
divin et heureux état du royaume, si nous épargnons la finale
exécution, consentant et désirant ladite exécution; bien que
les générales et continuelles requêtes, prières, conseils et avis,
fussent en telles choses contraires à notre naturelle inclina-

tion; toutefois, étant convaincue de l'urgent poids de leurs continuelles intercessions, tendantes à la sûreté de notre personne, mais aussi du public et particulier état de notre royaume; nous avons enfin consenti et souffert que justice prît lieu, et pour l'exécution d'icelle, attendu la singulière confiance que nous avons de votre fidélité et loyauté, ensemble pour l'amour et affection que particulièrement vous avez en notre endroit, à la sauvegarde de notre personne et de notre patrie, de laquelle vous êtes très-nobles et principaux membres; nous mandons, et, pour décharge d'icelle, nous vous enjoignons, qu'à la présente vue, vous ayez à vous transporter au château de Fotheringay, là où la jadis reine d'Écosse est, en la garde de notre ami et féal serviteur et conseiller, le seigneur Amyas Paulett, et là, prendre en votre charge, et faire que par votre commandement l'exécution soit faite sur sa personne, en la présence de vous-mêmes et dudit sir Amyas Paulett, et de tous autres officiers de justice que vous commanderez être là : attendant, avons pour cet effet, et icelle exécution faite en telle manière et forme et en tel temps et place et par telles personnes, que vous cinq, quatre, trois ou deux, trouverez expédient par votre discrétion; nonobstant toutes lois, statuts et ordonnances quelconques, contraires à ces présentes, scellées de notre grand sceau d'Angleterre, qui vous serviront à chacun de vous, et à tous ceux qui seront présents, ou feront par votre commandement aucune chose appartenant à l'exécution susdite pleine et suffisante décharge à tout jamais.

» Fait et donné en notre maison de Greenwich, le premier jour de février (10 février nouveau style), l'année vingt-neuvième de notre règne. »

Marie écouta cette lecture avec le plus grand calme et la plus grande dignité, puis, lorsqu'elle fut achevée, faisant le signe de la croix :

— Soit bienvenue, dit-elle, toute nouvelle qui vient au nom de Dieu! Merci, Seigneur, de ce que vous daignez mettre un terme à tous les maux que vous m'avez vue souffrir depuis dix-neuf ans et plus. — Madame, dit le comte de Kent, n'ayez

point contre nous de mauvais vouloir à cause de votre mort :
elle était nécessaire à la tranquillité de l'État et au progrès
du nouveau culte. — Ainsi, s'écria Marie avec joie, ainsi j'aurai le bonheur de mourir pour la religion de mes pères; ainsi
Dieu daigne m'accorder la gloire du martyre. Merci, mon
Dieu, ajouta-t-elle en joignant les mains avec moins d'exaltation mais plus de piété, merci de ce que vous daignez me faire
faire une telle fin, dont je n'étais pas digne. Cela, ô mon
Dieu! est bien une preuve que vous m'aimez, et une assurance que vous me recevez au nombre de vos serviteurs; car,
quoique ce jugement m'ait été signifié, j'avais peur, d'après
la façon dont on procède envers moi depuis dix-neuf ans, de
n'être pas encore aussi près que je le suis d'une si heureuse
fin, pouvant penser que votre reine n'oserait porter la main
sur moi, qui, par la grâce de Dieu, suis reine comme elle,
fille de roi comme elle, sacrée comme elle, sa proche parente,
petite-fille du roi Henri septième, et qui ai eu cet honneur
d'être reine de France, dont je suis encore douairière; et cette
crainte devait être d'autant plus grande, ajouta-t-elle en étendant la main sur un Nouveau Testament qui était près d'elle
sur la petite table, que, je le jure sur ce livre saint, je n'ai
jamais poursuivi, consenti ni même désiré la mort de ma
sœur la reine d'Angleterre.

— Madame, — répondit le comte de Kent en faisant un pas
vers elle et en indiquant du doigt le Nouveau Testament, —
ce livre sur lequel vous avez juré n'est point vrai, puisqu'il
est la version papiste; en conséquence, votre serment ne peut
pas être considéré comme plus véritable que le livre sur lequel il a été fait.

— Milord, répondit la reine, ce que vous dites là est possible pour vous, mais non pas pour moi, qui sais bien que ce
livre est la vraie et fidèle version de la parole du Seigneur,
version faite par un docteur très-sage, très homme de bien,
et approuvée par l'Église.

— Madame, reprit le comte de Kent, votre grâce s'est arrêtée à ce qu'on lui a appris et enseigné dans sa jeunesse,
sans vous être jamais enquise de ce qui était bon ou mauvais :
il n'est donc point étonnant que vous soyez demeurée en votre

erreur, faute d'avoir entendu aucune personne qui ait pu vous faire connaître la vérité; c'est pourquoi, comme votre grâce n'a plus que quelques heures à rester en ce monde, et, par conséquent, n'a point de temps à perdre, avec sa permission, nous ferons venir le doyen de Peterborough, l'homme le plus savant qui existe en matière de religion, lequel, par sa parole, vous préparera à votre salut, que vous compromettez, à notre grande douleur et à celle de notre auguste reine, par toutes les folies papistiques, abominations et sottises d'enfants, qui écartent les catholiques de la sainte parole de Dieu et de la connaissance de la vérité.

— Vous êtes dans l'erreur, milord, répondit doucement la reine, si vous avez cru que j'aie grandi insouciante dans la foi de mes pères, et sans m'occuper sérieusement d'une chose aussi importante que la religion. J'ai, au contraire, passé ma vie avec des hommes doctes et savants qui m'ont appris sur ce point ce qu'il fallait apprendre, et je me suis nourrie de la lecture de leurs œuvres, depuis que les moyens d'entendre leur parole m'ont été ôtés. Or, n'ayant jamais douté pendant ma vie, ce n'est point à l'heure de ma mort que le doute me viendra. Et voilà monsieur le comte de Schwesbury, ici présent, qui vous dira que, lors de mon arrivée en Angleterre, j'ai, pendant tout un carême, ce dont je me repens, entendu vos plus savants docteurs, sans que leurs arguments aient fait aucune impression sur mon esprit. Ce serait donc inutilement, milord, ajouta-t-elle en souriant, que vous appelleriez près d'une endurcie comme moi le doyen de Peterborough, si savant qu'il soit. La seule chose que je vous demande en échange, milord, et dont je vous serai reconnaissante au delà de toute expression, c'est que vous m'envoyiez mon aumônier, que vous tenez renfermé dans cette maison, pour me consoler et me préparer à la mort, ou, à son défaut, un autre prêtre, quel qu'il soit, fût-ce un pauvre curé d'un pauvre village, n'étant pas plus difficile que Dieu, et ne demandant point qu'il ait la science, pourvu qu'il ait la foi.

— C'est avec regret, madame, reprit le comte de Kent, que je me vois forcé de refuser cette demande à votre grâce;

mais ce serait contre notre religion et notre conscience, et nous serions coupables de le faire; c'est pourquoi nous vous offrons de nouveau le vénérable doyen de Peterborough, certains que votre grâce trouvera plus de consolation et de contentement en lui qu'en aucun évêque, prêtre ou vicaire de la religion catholique.

— Merci, milord, dit encore la reine; mais je n'ai que faire de lui, et comme j'ai la conscience pure du crime pour lequel je vais mourir, avec l'aide de Dieu, le martyre me tiendra lieu de confession. Et maintenant, je vous rappellerai, milord, ce que vous m'avez dit vous-même, que j'avais peu d'heures à vivre : or, ce peu d'heures, pour m'être profitables, veulent être passées dans les prières et les méditations, et non dans de vaines disputes.

A ces mots, elle se leva, et saluant les comtes, sir Robert Bécle, Amyas et Drury, elle indiqua, par un geste plein de dignité, qu'elle désirait être seule et tranquille; puis, comme ils s'apprêtaient à sortir :

— A propos, milords, dit-elle, pour quelle heure me dois-je préparer à mourir? — Pour demain, vers les huit heures, madame, répondit en bégayant le comte de Schwesbury. — C'est bien, dit Marie; mais n'avez-vous point quelque réponse à me faire dire, de la part de ma sœur Élisabeth, relativement à une lettre que je lui ai écrite il y a environ un mois? — Et de quoi traitait cette lettre, s'il vous plaît, madame? demanda le comte de Kent. — De mon enterrement et de mes funérailles, milord : j'avais demandé d'être inhumée en France, en l'église cathédrale de Reims, près de la feue reine ma mère. — Cela ne se peut faire, madame, répondit le comte de Kent; mais ne vous mettez point en peine de tous ces détails, la reine, mon auguste maîtresse, y pourvoira comme il convient. Votre grâce a-t-elle autre chose à nous demander? — Je voudrais encore savoir, dit Marie, s'il sera permis à mes serviteurs de s'en retourner chacun dans son pays, avec le peu que je lui pourrai donner; ce qui ne sera guère, dans tous les cas, pour les longs services qu'ils m'ont faits et la longue détention qu'ils ont soufferte à cause de moi. — Nous n'avons point commission de répondre à cela, madame, dit le comte de Kent; mais nous pensons qu'on donnera ordre à ceci comme au reste, selon votre volonté. Est-ce tout ce que votre grâce avait à nous dire? — Oui, milord, répondit la reine en saluant une seconde fois, et maintenant vous pouvez vous retirer. — Un instant, milords; au nom du ciel, un instant, s'écria le vieux médecin en quittant les rangs des serviteurs et en se jetant aux genoux des deux comtes. — Que voulez-vous? demanda lord Schwesbury. — Vous remontrer, milords, répondit en pleurant le vieux Bourgoin, que c'est un temps bien court que celui que vous avez accordé à la reine pour une si grande affaire que celle de la vie. Considérez, milords, quel rang et quel grade celle que vous avez condamnée a tenus parmi les princes de la terre, et réfléchissez s'il est bon et convenable de la traiter comme un condamné vulgaire et de médiocre état. Et si ce n'est pas pour cette noble reine, milords, que ce soit pour nous, ses pauvres serviteurs, qui, ayant eu l'honneur de vivre si longtemps près d'elle, ne pouvons pas nous en séparer ainsi si vite et sans préparations. D'ailleurs, milords, songez-y, une femme de son état et de sa condition doit avoir quelque temps devant elle pour régler ses affaires dernières. Et que deviendra-t-il d'elle, et de nous, mon Dieu! si avant de mourir, notre maîtresse n'a point le temps de régulariser son douaire et ses comptes, et de mettre de l'ordre dans ses papiers et ses titres? Elle a des services à rémunérer et des offices de piété à faire. Il faut qu'elle néglige les uns ou les autres. Or, nous savons qu'elle ne s'occupera que de nous, et, par ainsi, milords, négligera son propre salut. Accordez-lui donc quelques jours de plus, milords; et comme notre maîtresse est trop fière pour vous demander une pareille grâce, c'est moi qui vous la demande en notre nom à tous, et vous supplie de ne point refuser à de pauvres serviteurs une demande que votre auguste reine ne leur refuserait certainement pas, s'ils avaient le bonheur de la pouvoir déposer à ses pieds. — Est-il donc vrai, madame, demanda sir Richard Béele, que vous n'ayez point encore fait de testament? — Non, monsieur, répondit la reine. — En ce cas, milords, dit sir Rober Béele en se tournant vers les deux comtes, il serait peut-être bon de surseoir d'un jour ou deux. — Impossible, monsieur, répondit le comte de Schwesbury, l'heure est fixée, et nous ne pouvons rien changer, pas même une minute, à cette heure. — Assez, Bourgoin, assez, dit la reine; relevez-vous, je vous l'ordonne.

Bourgoin obéit, et le comte de Schwesbury se tournant vers sir Amyas Paulett, qui était derrière lui : — Seigneur Amyas, lui dit-il, nous remettons cette dame entre vos mains; vous vous en chargerez, et la tiendrez en bonne garde jusqu'à notre retour.

A ces mots, il sortit, suivi du comte de Kent, de sir Robert Béele, d'Amyas Paulett et de Drury, et la reine resta seule avec ses serviteurs (9).

Alors se retournant vers ses femmes avec un visage aussi serein que si l'événement qui venait de lui arriver était de peu d'importance: — Eh bien! Jeanne, dit-elle, en s'adressant à Kennedy, ne vous avais-je pas toujours prévenue, et ne savais-je pas bien qu'ils avaient au fond du cœur envie de faire ce qu'ils ont fait, et que je voyais bien, par toutes leurs procédures, le but où ils tendaient, et que je savais bien que je leur étais, dans leur fausse religion, un trop grand obstacle pour qu'ils me laissassent vivre? Allons, continua-t-elle, maintenant, que l'on hâte le souper, afin que je mette ordre à mes affaires. — Puis, voyant qu'au lieu de lui obéir, ses serviteurs pleuraient et se lamentaient : — Mes enfants, leur dit-elle avec un sourire triste, mais sans qu'aucune larme vînt aux yeux, ce n'est point le moment de pleurer, bien au contraire; car, si vous m'aimez, vous devez être joyeux de ce que le Seigneur, en me faisant mourir pour sa cause, m'enlève aux tortures que je souffre depuis dix-neuf ans. Quant à moi, je le remercie de me faire mourir pour la gloire de sa religion et de son Église. Donc, que chacun prenne patience, et tandis que les hommes prépareront le souper, nous autres femmes, nous prierons Dieu.

Aussitôt les hommes sortirent en pleurant et en sanglotant, et la reine et ses filles se mirent à genoux. Lorsqu'elles eurent dit plusieurs prières, Marie se releva, et, se faisant apporter tout ce qui lui restait d'argent, elle le compta et en fit différentes parts qu'elle mit dans des bourses, avec le nom de la personne à qui elles étaient destinées, écrit de sa main, et qu'elle déposa avec l'argent.

En ce moment, le souper étant servi, elle se mit à table avec ses femmes comme elle avait l'habitude de le faire, les autres serviteurs se tenant debout ou allant et venant, son médecin la servant à table comme il était accoutumé de faire depuis qu'on lui avait ôté son maître d'hôtel. Elle ne mangea ni plus ni moins que d'habitude, parlant, pendant tout le souper, du comte de Kent, et de quelle manière il s'était trahi à l'endroit de la religion, par son insistance à vouloir donner à la reine un pasteur au lieu d'un prêtre. — Heureusement, ajouta-t-elle en riant, qu'il eût fallu un plus habile que lui pour me faire changer. — Pendant ce temps, Bourgoin pleurait derrière la reine, car il songeait que c'était la dernière fois qu'il la servait, et que celle qui mangeait, parlait et riait ainsi, le lendemain, à la même heure, ne serait plus qu'un cadavre froid et insensible.

A la fin du repas, la reine fit venir tous ses serviteurs; puis, avant que rien fût levé de la table, elle se versa une coupe de vin, elle se leva, et but à leur santé, leur demandant si eux ne voulaient pas boire à son salut. Alors elle leur fit donner, à tous, des verres; tous se mirent à genoux, et tous, dit la relation à laquelle nous empruntons ces détails, burent, mêlant leurs larmes au vin, et demandant pardon à la reine pour les offenses qu'ils pouvaient lui avoir faites. La reine le leur accorda de grand cœur, et leur demanda d'en faire autant pour elle, et d'oublier ses impatiences, qu'elle les pria de mettre sur le compte de sa captivité. Puis, après leur avoir fait un long discours dans lequel elle leur expliquait leurs devoirs envers Dieu et les exhortait à persévérer dans la foi catholique, elle les invita, lorsqu'elle serait morte, à vivre ensemble en paix et en charité, oubliant toutes les petites querelles et discussions qu'ils avaient eues ensemble par le passé.

Ce discours terminé, la reine se leva de table et voulut descendre dans sa garde-robe, pour voir les habits et les bijoux dont elle pouvait disposer ; mais Bourgoin lui fit observer que mieux valait qu'on lui apportât tous ces différents objets dans sa chambre même ; que cela aurait un double avantage, qu'elle en serait moins fatiguée d'abord, et qu'ensuite les Anglais ne les verraient pas. Cette dernière raison la détermina, et tandis que les serviteurs soupaient, elle se fit apporter dans l'antichambre d'abord toutes ses robes, en prit l'inventaire des mains de son valet de garde-robe, et commença d'écrire en marge de chaque objet le nom de la personne à laquelle il était destiné. Aussitôt, et à mesure, la personne à qui elle faisait le don le prenait et le mettait à part. Quant aux choses qui lui étaient trop personnelles pour être données ainsi, elle ordonna qu'elles fussent vendues, afin que leur prix servît aux dépenses du voyage de ses serviteurs, quand ils s'en retourneraient chacun dans son pays, sachant bien que les frais étaient grands et que nul n'avait d'argent pour y subvenir. Ce mémoire achevé, elle le signa de sa main, et le remit, en signe de décharge, à son valet de garde-robe.

Puis, cela fait, elle entra dans sa chambre, où l'on avait apporté ses bagues, ses joyaux et ses meubles les plus précieux ; les visita tous les uns après les autres, jusqu'à ceux de moindre valeur, et les distribua comme elle avait fait de ses robes ; de sorte que, tant présent qu'absent, chacun eut quelque chose. Alors elle donna en outre, et à ses plus fidèles, les bijoux qu'elle destinait au roi et à la reine de France, au roi son fils, à la reine mère, à MM. de Guise et de Lorraine, sans oublier dans cette distribution aucun prince ni aucune princesse de ses parents. En outre, elle voulut que chacun conservât les objets qui étaient sous sa garde, donnant son linge à la demoiselle qui le soignait, ses ouvrages de soie à celle qui en avait la charge, sa vaisselle d'argent à son sommelier, et ainsi des autres. Puis, comme ils lui en demandaient décharge : — C'est inutile, leur dit-elle ; vous n'en deviez compte qu'à moi, et demain, par conséquent, vous n'en devrez plus compte à personne ; puis, comme ils lui firent observer que le roi son fils pourrait les réclamer : — C'est juste, dit-elle ; — et elle leur donna ce qu'ils demandaient.

Cela fait, et n'ayant plus aucun espoir d'être visitée par son confesseur, elle lui écrivit cette lettre :

« J'ai été tourmentée tout ce jour à cause de ma religion et sollicitée de recevoir les consolations d'un hérétique : vous apprendrez, par Bourgoin et par les autres, que tout ce qu'on a pu me dire à ce sujet a été inutile, que j'ai fait fidèlement protestation de la foi dans laquelle je veux mourir. J'ai demandé qu'on vous permît de recevoir ma confession et de me donner le sacrement, ce qu'on m'a cruellement refusé, aussi bien que le transport de mon corps et le pouvoir de tester librement; de sorte que je ne puis rien écrire que par leurs mains et sous le bon plaisir de leur maîtresse. Faute donc de vous voir, je vous confesse mes péchés en général, comme je l'eusse fait en particulier, vous priant, au nom de Dieu, de prier et de veiller cette nuit avec moi, pour la satisfaction de mes péchés, et de m'envoyer votre absolution et pardon de toutes les offenses que je vous ai faites. J'essayerai de vous voir en leur présence, comme ils l'ont accordé à mon maître d'hôtel, et s'il m'est permis, devant tous et à genoux, je demanderai votre bénédiction. Envoyez-moi les meilleures prières que vous connaissiez pour cette nuit et pour demain matin ; car le temps est court, et je n'ai pas le loisir d'écrire; mais soyez tranquille, je vous recommanderai comme le reste de mes serviteurs, et surtout vos bénéfices vous seront assurés. Adieu ; car je n'ai pas un plus long loisir. Faites-moi passer par écrit tout ce que vous pourrez trouver, en prières et en exhortations, de meilleur pour mon salut. Je vous envoie ma dernière petite bague. »

Aussitôt cette lettre écrite, la reine commença son testament (10), et tout d'un trait, au courant de la plume, et presque sans la soulever du papier, elle écrivit deux grands feuillets contenant plusieurs articles, dans lesquels aucun n'était oublié, présent comme absent, distribuant le peu qu'elle avait avec une scrupuleuse équité, et plus encore selon les besoins que selon les services. Les exécuteurs testamentaires qu'elle choisit furent : M. le duc de Guise, son cousin germain, l'archevêque de Glascow, son ambassadeur, l'évêque de Ross, son grand aumônier, et M. du Ruysseau, son chancelier, tous quatre certes bien dignes de la charge

qu'ils recevaient, le premier par son autorité, les deux évêques pour la piété et la conscience, et le dernier pour sa
connaissance des affaires.

Son testament achevé, elle écrivit cette lettre au roi de
France :

« Monsieur mon beau-frère,

» Étant par la permission de Dieu et pour mes péchés, je
crois, venue me jeter entre les bras de cette reine, ma cousine, où j'ai eu beaucoup d'ennuis, depuis plus de vingt ans,
je suis enfin par elle et par ses États condamnée à la mort;
et ayant demandé mes papiers, ôtés par eux, pour faire mon
testament, je n'en ai rien pu retirer qui me servît, pas même
la permission d'écrire librement mes dernières volontés, ni
congé qu'après ma mort mon corps fût transporté, comme
l'était mon bien cher désir, dans votre royaume, où j'ai eu
cet honneur d'être reine, votre sœur et votre alliée. Cejour-
d'hui, après dîner, m'a été dénoncée, sans plus de respect,
ma sentence, pour être exécutée demain, comme une crimi-
nelle, à huit heures du matin. Je n'ai pas loisir de vous faire
un ample récit de ce qui s'est passé; mais, s'il vous plaît de
croire mon médecin, et ces autres miens désolés serviteurs,
vous entendrez la vérité, et que, grâce à Dieu, je méprise la
mort, que je proteste recevoir, innocente de tout crime,
quand bien même je serais leur sujette, ce que je ne fus
jamais. Au reste, ma foi dans la religion catholique et mes
droits à la couronne d'Angleterre sont les causes réelles de
ma condamnation, et cependant ils ne veulent point me
permettre de dire que c'est pour la religion que je meurs,
car ma religion tue la leur; et cela est si vrai, qu'ils m'ont
ôté mon aumônier, qui, quoique prisonnier dans le même
château, ne peut venir ni me consoler, ni me donner le
saint sacrement de l'eucharistie; mais, au contraire, m'ont
fait de grandes instances pour que je reçusse les consolations
de leur ministre, qu'ils avaient amené à ce sujet. Celui qui
vous portera cette lettre, et le reste de mes serviteurs, qui
sont pour la plupart de vos sujets, vous témoigneront de la

manière dont j'aurai accompli mon dernier acte. Maintenant il me reste à vous supplier, comme roi très-chrétien, comme mon beau-frère, comme mon ancien allié, et qui m'avez si souvent fait l'honneur de protester de votre amitié pour moi, de faire preuve de cette amitié, par votre vertu et par votre charité, en me soulageant de ce dont je ne puis sans vous décharger ma conscience, c'est-à-dire de récompenser mes bons serviteurs désolés, leur laissant leurs gages; puis, encore en faisant prier Dieu pour une reine qui a été nommée très-chrétienne, et qui meurt catholique et privée de tous ses biens. Quant à mon fils, je vous le recommande autant qu'il le méritera, car je n'en puis répondre; mais, pour mes serviteurs, je vous les recommande à mains jointes. J'ai pris la hardiesse de vous envoyer deux pierres rares pour la santé, vous la désirant parfaite et heureuse pendant une longue vie; vous les recevrez comme de votre très-affectionnée belle-sœur, mourante et vous rendant témoignage de son bon cœur envers vous.

» Je vous recommanderai mes serviteurs par un mémoire et vous ordonnerez, pour le bien de mon âme, au salut duquel il sera employé, qu'on me paye une partie de ce que vous me devez, s'il vous plaît, et je vous en conjure l'honneur de Jésus, lequel je prierai demain à ma mort pour que vous me laissiez de quoi fonder un obit et faire les aumônes requises.

　　» Ce mercredi, 2 heures après minuit.

　　» Votre affectionnée et bonne sœur,

　　　　　　» MARIE, R... »

Et de toutes ces recommandations, testament et lettres, la reine fit aussitôt faire des copies, qu'elle signa, afin que, si les unes étaient prises par les Anglais, les autres arrivassent à leur destination. Bourgoin lui fit alors observer qu'elle avait tort de se tant presser pour les clore, et qu'il serait possible que dans deux ou trois heures elle se souvînt d'avoir omis quelque chose. Mais la reine ne tint compte de cette observation, disant qu'elle était certaine de n'avoir rien oublié, et qu'eût-elle oublié quelque chose, elle n'avait plus d'autre loisir à cette heure que de prier Dieu et de songer à sa conscience. Elle enferma donc tous ces différents objets dans les tiroirs d'un meuble, dont elle remit la clef à Bourgoin; puis, s'étant fait apporter un bain de pieds, où elle demeura dix minutes à peu près, elle se coucha dans son lit, où l'on ne s'aperçut pas qu'elle dormît, mais où on la vit constamment réciter des prières ou demeurer en contemplation.

Vers les quatre heures du matin, la reine, qui avait l'habitude de se faire lire, à la suite de ses prières du soir, l'histoire de quelque saint ou sainte, ne voulut pas déroger à cette habitude, et après avoir hésité entre plusieurs pour cette occasion solennelle, elle choisit le plus grand pécheur de tous, c'est-à-dire le bon Larron, disant avec humilité : — Si grand pécheur qu'il a été, il a encore moins péché que moi; je veux donc le prier, en souvenance et mémoire de la passion de Jésus-Christ, qu'il ait pitié de moi à l'heure de ma mort, comme Notre-Seigneur a eu pitié de lui. — Puis, la lecture achevée, elle fit apporter tous ses mouchoirs, et choisit le plus beau, qui était de fine batiste toute brodée d'or, pour se bander les yeux.

Au point du jour, songeant qu'elle n'avait plus que deux heures à vivre, elle se leva et commença de s'habiller; mais, avant qu'elle eût pris tous ses vêtements, Bourgoin entra dans sa chambre, et, craignant que les serviteurs absents ne murmurassent contre la reine, si d'aventure ils étaient mécontents du testament, et n'accusassent ceux qui étaient présents d'avoir retiré sur leur part pour ajouter à la leur, il supplia Marie de les envoyer chercher tous, et de le lire en leur présence ; ce que Marie trouva bon et accorda à l'instant.

On fit alors venir tous les serviteurs, et la reine lut le testament, disant que c'était sa volonté libre, pleine et entière, écrite et signée de sa propre main; et qu'en conséquence, elle priait les assistants d'aider de tout leur pouvoir à ce qu'il fût accompli sans aucune omission ni changement : puis, cette lecture faite et ayant reçu la promesse de tous, elle le remit à Bourgoin, le chargeant de le faire tenir à M. de Guise, son principal exécuteur testamentaire, et en même temps ses lettres au roi et ses principaux papiers et mémoires : puis, se faisant apporter la cassette où elle avait mis les bourses dont nous avons parlé plus haut, elle les ouvrit les unes après les autres; et, voyant par le billet qu'elle y avait enfermé à qui chacune était destinée, elle les distribua de sa main, aucun de ceux qui les recevaient ne sachant leur contenu. Au reste, ces dons variaient de vingt écus à trois cents, aucun n'étant plus haut, mais aucun non plus n'étant plus bas. A ces sommes elle ajouta sept cents livres pour donner aux pauvres: à savoir, deux cents à ceux d'Angleterre, et cinq cents à ceux de France; puis, à chaque homme de sa suite, deux nobles à la rose pour être distribués en aumônes à son intention, et enfin cent cinquante écus à Bourgoin, pour être partagés entre tous au moment où ils se sépareraient; et ainsi vingt-six ou vingt-sept personnes eurent des legs en argent.

La reine accomplit toutes ces choses avec un grand calme et une grande sérénité, et sans qu'on remarquât aucun changement sur son visage; si bien qu'il semblait qu'elle se préparât seulement à un voyage ou à un changement de demeure; puis elle prit de nouveau congé de ses serviteurs, les consolant et leur recommandant de vivre en paix, tout cela en achevant de s'habiller du mieux et le plus coquettement qu'elle pouvait.

Sa toilette terminée, la reine passa de son salon dans son antichambre, où était un autel dressé et couvert, devant lequel, avant qu'il ne lui fût ôté, son aumônier avait coutume de dire la messe; et s'agenouillant sur les marches, tandis que tous ses serviteurs l'entouraient, elle commença les prières de la communion, et lorsqu'elles furent dites, tirant d'une boîte d'or une hostie consacrée par le pape Pie V, et qu'elle avait toujours précieusement conservée pour l'occasion de sa mort, elle dit à Bourgoin de la prendre, et, comme il était le doyen par l'âge, de remplacer le prêtre, la vieillesse étant chose sainte et sacrée; et de cette façon, malgré toutes les précautions prises pour l'en priver, la reine reçut le saint sacrement de l'eucharistie.

Cette pieuse cérémonie terminée, Bourgoin dit à la reine qu'elle avait oublié sur son testament trois personnes, qui étaient mesdemoiselles Beauregard, mademoiselle de Montbrun, et son aumônier. La reine s'étonna fort de cet oubli, qui était tout à fait involontaire, et, reprenant son testament, elle écrivit sa volonté à leur égard sur la première marge vide; puis elle se remit à genoux et en prières : mais au bout d'un instant, comme elle souffrait trop en cette position, elle se releva, et Bourgoin lui ayant fait apporter un peu de pain et de vin, elle but et mangea, et lorsqu'elle eut fini, lui tendit la main et le remercia de l'avoir assistée en son dernier repas, comme il avait l'habitude de le faire. Puis, ayant repris quelques forces, elle se remit à genoux pour prier de nouveau.

Elle y était à peine, que l'on heurta à la porte; la reine comprit ce que l'on demandait d'elle; mais, comme elle n'avait point terminé ses prières, elle pria ceux qui venaient la chercher d'attendre un instant, et que dans quelques minutes elle serait prête. Alors les comtes de Kent et de Schwesbury, se souvenant de la résistance qu'elle avait faite lorsqu'il lui avait fallu descendre en face des commissaires et paraître devant les avocats, firent monter quelques gardes dans l'antichambre où ils attendaient eux-mêmes, afin de l'enlever de force si cela était nécessaire, soit qu'elle refusât de venir de bonne volonté, soit que ses serviteurs la voulussent défendre; mais il n'est point vrai que les deux barons entrèrent dans sa chambre, comme quelques-uns l'ont dit. Ils n'y mirent le pied qu'une seule fois, et ce fut dans l'occasion que nous avons rapportée, et lorsqu'ils vinrent lui signifier sa sentence.

Néanmoins ils attendirent quelques minutes, comme les en avait priés la reine; puis, vers huit heures, ils vinrent heurter de nouveau, accompagnés des gardes; mais, à leur grand étonnement, on leur ouvrit aussitôt, et ils trouvèrent Marie agenouillée et en prières; alors sir Thomas Andrew, qui était pour le moment shérif de la comté de Northampton, entra seul, un bâton blanc à la main, et comme tous restaient à genoux et priant, il traversa d'un pas lent toute la salle et s'arrêta debout derrière la reine : là il attendit un instant, et comme Marie Stuart semblait ne pas le voir : — Madame, lui dit-il, les seigneurs m'ont envoyé vers vous.

A ces mots, la reine se retourna, et se levant aussitôt au

milieu de sa prière : — Allons, répondit-elle, — et elle s'apprêta à le suivre; alors Bourgoin, prenant la croix de bois noir avec un christ d'ivoire qui était au-dessus de l'autel :

— Madame, lui dit-il, ne vous plairait-il pas d'emporter cette petite croix? — Merci de m'en avoir fait souvenir, répondit Marie : c'était mon intention, mais je l'avais oublié. — Alors, la donnant à Annibal Stewart, son valet de chambre, pour qu'il la lui présentât quand elle la lui demanderait, elle commença de s'acheminer vers la porte, s'appuyant d'un côté, à cause des grandes douleurs qu'elle avait dans les jambes, sur Bourgoin; qui, en s'approchant de la porte, l'abandonna tout à coup, en disant : — Madame, votre majesté sait si nous l'aimons, et tous, tant que nous voilà, sommes disposés à lui obéir, nous ordonnât-elle de mourir pour elle; mais moi, je n'ai pas la force de vous mener plus loin; d'ailleurs, il n'est point convenable que nous, qui devrions vous défendre jusqu'à la dernière goutte de notre sang, nous semblions vous trahir en vous remettant ainsi aux mains de ces infâmes Anglais. — Vous avez raison, Bourgoin, dit la reine; d'ailleurs ce serait un triste spectacle pour vous que celui de ma mort, et que je dois épargner à votre âge et à votre amitié. Monsieur le shérif, ajouta-t-elle, appelez quelqu'un pour me soutenir, car vous voyez que je ne puis marcher.

Le shérif s'inclina et fit signe aux deux gardes, qu'il avait fait cacher derrière la porte pour lui prêter main-forte dans le cas où la reine résisterait, de s'approcher et de la soutenir, ce qu'ils firent à l'instant même; et Marie Stuart continua sa route, précédée et suivie de ses serviteurs pleurant et se tordant les bras. Mais, à la seconde porte, d'autres gardes les arrêtèrent, disant qu'il ne leur était pas permis d'aller plus loin. Alors tous se récrièrent contre une pareille défense, disant aux gardes que, depuis dix-neuf ans qu'ils étaient enfermés avec la reine, ils l'avaient sans cesse accompagnée partout où elle allait; qu'il était affreux de priver leur maîtresse de leur service à son dernier moment, et qu'un ordre pareil n'avait sans doute été donné que parce qu'on voulait exercer sur elle quelque infâme cruauté, dont on désirait qu'ils ne fussent pas témoins. Alors Bourgoin, qui était en tête, voyant qu'il ne pouvait rien obtenir par menaces ni par prières, demanda à parler aux comtes; mais il ne fut pas plus fait droit à cette prière qu'aux autres, et comme les serviteurs voulaient passer de force, les soldats les repoussèrent à grands coups de crosse d'arquebuse; alors élevant la voix :

— C'est mal à vous, dit la reine, d'empêcher mes serviteurs de me suivre, et je commence à croire, comme eux, qu'outre la mort, vous avez quelque intention mauvaise sur moi. — Madame, répondit le shérif, il y a quatre de vos serviteurs désignés pour vous suivre, et pas davantage; lorsque vous serez descendue, on les viendra chercher, et alors ils vous rejoindront. — Comment! dit la reine, les quatre personnes désignées ne peuvent pas même me suivre en ce moment? — L'ordre est donné ainsi par les comtes, répondit le shérif, et, à mon grand regret, madame, je n'y puis rien.

Alors la reine se retourna de leur côté, et prenant la croix des mains d'Annibal Stewart, et de l'autre main son livre d'Heures et son mouchoir : — Mes enfants, leur dit-elle, c'est encore une douleur à ajouter à nos autres douleurs; supportons-la en chrétiens, et offrons ce nouveau sacrifice à Dieu.

A ces paroles, les sanglots et les cris éclatèrent de tous côtés : les malheureux serviteurs tombèrent à genoux, et tandis que les uns se roulaient par terre, s'arrachant les cheveux, les autres baisaient ses mains, ses genoux et le bas de sa robe, lui demandant pardon de tout ce qu'elle pouvait avoir à leur reprocher, l'appelant leur mère et lui disant adieu. Mais, trouvant sans doute que cette scène durait trop longtemps, le shérif fit un signe, les soldats repoussèrent hommes et femmes dans la chambre, et refermèrent la porte sur eux; mais, toute fermée qu'était la porte, la reine n'en entendit pas moins leurs cris et leurs lamentations, qui semblaient, malgré les gardes, vouloir l'accompagner jusqu'à l'échafaud.

Au haut de l'escalier, la reine trouva André Melvil qui l'attendait; c'était son maître d'hôtel, qu'on avait séparé d'elle depuis longtemps, et qui avait enfin obtenu de la voir une dernière fois au moment de sa mort. La reine alors, hâtant le pas, s'approcha de lui, et s'étant mise à genoux pour recevoir sa bénédiction, qu'il lui donna en pleurant : — Melvil, lui dit-elle sans se relever, et le tutoyant pour la première fois, comme tu as été bon serviteur à mon égard, sois-le vis-à-vis de mon fils; va le trouver aussitôt après ma mort, raconte-lui-en tous les détails; dis-lui que je lui souhaite toutes sortes de biens, et que je prie Dieu de lui envoyer son saint Esprit.

— Madame, lui répondit Melvil, voilà certes le plus triste message dont un homme puisse être chargé; n'importe, je le remplirai fidèlement, je vous jure.

— Que dis-tu là, Melvil? reprit la reine en se levant, et quelle meilleure nouvelle, au contraire, peux-tu lui porter, que celle que je suis délivrée de tous mes maux? Dis-lui qu'il doit se réjouir, puisque les troubles de Marie Stuart ont pris leur fin; dis-lui que je meurs catholique, ferme en ma religion, Écossaise et Française, et que je pardonne à ceux qui me font mourir. Dis-lui que mon désir a toujours été que l'Angleterre et l'Écosse fussent unies; dis-lui, enfin, que je n'ai rien fait qui puisse préjudicier au royaume, ni faire tort à sa qualité de roi et de prince souverain. Et ainsi, bon Melvil, jusqu'au revoir dans le ciel.

Alors, s'appuyant sur le vieillard, dont le visage était tout inondé de larmes, elle descendit l'escalier, au bas duquel elle trouva les deux comtes, sir Henri Talbot, fils de lord Schwesbury, messire Amyas Paulett, messire Drugeon Drury, M. Robert Béele, et beaucoup de gentilshommes du pays; alors la reine, s'avançant vers eux sans hauteur mais sans humilité, se plaignit qu'on avait refusé à ses serviteurs la permission de la suivre et demanda que cette permission leur fût accordée. Les lords entrèrent en conférence; puis, au bout d'un instant, le comte de Kent demanda quels étaient ceux qu'elle voulait, et qu'on les lui accordait jusqu'au nombre de six. Alors la reine désigna, parmi les hommes, Bourgoin, Gorjon, Gervais et Didier; puis, parmi les femmes, Jeanne Kennedy et Elspeth Curle, qui étaient celles qu'elle préférait à toutes, quoique la dernière fût la sœur du secrétaire qui l'avait trahie. Mais là s'éleva une nouvelle difficulté, les comtes disant que cette permission ne pouvait s'étendre aux femmes, les femmes n'étant point habituées à assister à de pareils spectacles, et lorsqu'elles y assistaient, ayant coutume de tout troubler par leurs cris et leurs lamentations, et, aussitôt la tête tranchée, de s'élancer vers l'échafaud pour étancher le sang avec leurs mouchoirs, chose qui n'était pas convenable.

— Messeigneurs, dit alors la reine, je réponds et promets pour mes serviteurs qu'ils ne feront aucune des choses que craignent vos honneurs. Hélas! pauvres gens! ils seraient bien aises de me dire adieu; et j'espère que votre maîtresse étant vierge et reine, sensible par conséquent à l'honneur des femmes, ne vous a point donné une si étroite commission que vous n'ayez pas pouvoir de m'accorder ce peu que je vous demande, d'autant plus, ajouta-t-elle avec un accent profondément douloureux, que l'on doit faire quelque chose pour ma qualité; car, enfin, je suis la cousine de votre reine, petite-fille de Henri VII, reine douairière de France et reine sacrée d'Écosse. — Alors les seigneurs se consultèrent encore un instant entre eux, puis lui accordèrent ce qu'elle demandait. En conséquence, deux gardes montèrent aussitôt pour faire venir les personnes désignées.

Alors la reine s'avança vers la grande salle, soutenue par deux gentilshommes de sir Amyas Paulett, accompagnée et suivie des comtes et seigneurs, le shérif marchant devant elle, et André Melvil portant la queue de sa robe. Sa toilette, qu'elle avait, comme nous l'avons dit, soignée autant qu'il était en son pouvoir, se composait d'une coiffure de fine batiste garnie de dentelle, avec un voile de dentelle rejeté en arrière et tombant jusqu'à terre. Elle portait un manteau de satin noir imprimé, doublé en taffetas noir et garni par devant de zibeline, avec une longue queue et des manches pendantes jusqu'à terre; les boutons étaient de jais en forme de glands et entourés de perles, le collet à l'italienne; son pourpoint était de satin noir façonné, et par-dessous elle avait un corset, délacé par derrière, en satin cramoisi, bordé de velours de même couleur; une chaîne de boules odorantes, avec une croix d'or, descendait de son cou, et deux rosaires étaient suspendus à sa ceinture : ce fut ainsi qu'elle entra dans la grande salle où était dressé l'échafaud.

C'était une plate-forme de planches, élevée de deux pieds

à peu près, large de douze, tout entourée de barrières et recouverte de serge noire, sur laquelle étaient une petite sellette, un coussin pour se mettre à genoux, et un billot re-
couvert, ainsi que l'échafaud, d'un voile de drap noir. Au
moment où, après avoir monté les deux marches, elle mit le
pied sur les planches fatales, le bourreau s'avança vers elle,
et lui demandant pardon de l'office qu'il allait accomplir,
mit un genou en terre, cachant derrière lui la hache qu'il tenait; ce qu'il ne put faire si bien que Marie ne la vît, et que,
la voyant, elle ne s'écriât : — Ah! j'aurais bien mieux aimé
avoir la tête tranchée avec une épée à la française!... — Ce
n'est point ma faute, madame, dit le bourreau, si ce dernier
souhait de votre majesté ne peut être accompli; mais n'ayant
point été prévenu d'emporter un glaive et n'ayant trouvé ici
que cette hache, force m'est de m'en servir. Cela vous empê-
chera-t-il donc de me pardonner? — Je vous pardonne, mon
ami, lui dit Marie, et, en preuve, voici ma main à baiser.

Alors, après avoir touché de ses lèvres la main de la reine,
le bourreau se releva et lui approcha la sellette. Marie s'assit
dessus, et le comte de Kent et le comte de Schwesbury se tenant debout à sa gauche, le shérif et les exécuteurs devant
elle, Amyas Paulett derrière, et tout autour de la barrière les
seigneurs, chevaliers et gentilshommes, au nombre de deux
cent cinquante à peu près, Robert Béele commença de lire,
pour la seconde fois, la sentence; et, comme il commençait,
les serviteurs qu'on était allé chercher entrèrent dans la salle,
et se placèrent derrière l'échafaud, les hommes montés sur un
banc adossé au mur, et les femmes à genoux au pied du banc;
alors un petit chien épagneul, que la reine aimait fort, s'en
vint sans bruit, et comme s'il eût craint qu'on le chassât, se
coucher près de sa maîtresse.

La reine écouta toute cette sentence sans paraître y faire
grande attention, comme si elle eût concerné tout autre
qu'elle, et d'une figure aussi tranquille et même aussi joyeuse
que si c'eût été un pardon et non un arrêt de mort; puis,
lorsque Béele eut fini, et qu'ayant fini, il eut crié à haute
voix : « Dieu sauve la reine Élisabeth ! » cri auquel personne
ne répondit, Marie fit le signe de la croix, et se levant sans

aucun changement dans le visage, et plus belle, au contraire, que jamais :

« Milords, dit-elle, je suis née reine, princesse souveraine, et non sujette aux lois, proche parente de la reine d'Angleterre et sa légitime héritière ; j'ai été longtemps prisonnière en ce pays, j'y ai enduré bien des peines et bien du mal, que nul n'avait droit de me faire, et maintenant, pour couronner tout cela, je vais perdre la vie. Eh bien ! milords, soyez témoins que je meurs dans la foi catholique, remerciant Dieu de me faire mourir pour sa sainte cause, et protestant, aujourd'hui comme toujours, en public comme en particulier, que je n'ai jamais conspiré, consenti ni désiré la mort de la reine, ni aucune autre chose qui fût contre sa personne ; mais qu'au contraire, je l'ai toujours aimée, et lui ai toujours offert de bonnes et raisonnables conditions pour faire cesser les troubles du royaume et me délivrer de ma captivité, et tout cela, milords, vous le savez bien, sans que j'aie été jamais honorée d'une réponse de sa part. Enfin, mes ennemis en sont arrivés à leur but, qui était de me faire mourir : je ne leur en pardonne pas moins, comme je pardonne à tous ceux qui ont tenté quelque chose contre moi. Après ma mort, on saura quels en sont les auteurs et les poursuivants ; mais je meurs sans accuser personne, de peur que le Seigneur ne m'entende et ne me venge. »

Alors, soit qu'il craignît qu'un pareil discours fait par une si grande reine n'attendrît trop fort l'assemblée, soit qu'on trouvât que toutes ces paroles faisaient retard, le doyen de Peterborough vint se placer en face de Marie, et s'appuyant sur la barrière :

— Madame, lui dit-il, ma très-honorée maîtresse m'a commandé de venir vers vous... — Mais à ces mots, Marie se tournant de son côté et l'interrompant :

— Monsieur le doyen, répondit-elle à haute voix, je n'ai que faire de vous ; je ne veux point vous entendre, et vous prie de vous retirer.

— Madame, dit le doyen, insistant malgré cette détermination exprimée d'une manière si ferme et si précise, vous n'avez plus qu'un instant : changez d'opinions, abjurez vos erreurs, et mettez votre foi en Jésus-Christ seul, afin que par lui vous soyez sauvée.

— Tout ce que vous pourrez dire est inutile, répondit la reine, et vous n'y gagnerez rien; taisez-vous donc, je vous prie, et me laissez mourir tranquille.

Et comme elle vit qu'il voulait continuer, elle s'assit de l'autre côté de la sellette et lui tournant le dos; mais aussitôt le doyen fit rapidement le tour de l'échafaud, et se retrouva en face d'elle; alors, comme il allait parler, le reine se retourna de nouveau, de sorte qu'elle se retrouva comme elle était d'abord. Ce que voyant, le comte de Schwesbury :

— Madame, lui dit-il, je suis vraiment au désespoir que vous soyez si adonnée à cette folie de la papauté; permettez, s'il vous plaît, que nous priions pour vous.

— Milord, répondit la reine, si vous voulez prier pour moi, je vous en remercie : car l'intention est bonne; mais je ne puis me joindre à vos prières; car nous ne sommes point de la même religion.

Alors les comtes appelèrent le doyen, et tandis que la reine, assise sur la sellette, priait tout bas, celui-ci, agenouillé sur les degrés de l'échafaud, priait à voix haute; et toute l'assemblée, excepté la reine et ses serviteurs, priait après lui; puis, au milieu de son oraison, qu'elle disait ayant un *Agnus Dei* autour du cou, un crucifix dans une main, et son livre d'Heures dans l'autre, elle s'élança de son siége sur ses genoux, priant tout haut en latin, tandis que les autres priaient en anglais, et quand les autres se furent tus, elle reprit à son tour en anglais comme eux, afin qu'ils la pussent entendre, priant pour l'Église affligée du Christ, pour la fin de la persécution des catholiques et pour le bonheur du règne de son fils; puis elle dit, avec un accent plein de ferveur et de foi, qu'elle espérait être sauvée par les mérites de Jésus-Christ, au pied de la croix duquel elle allait répandre son sang.

A ces mots, le comte de Kent ne put pas se contenir davantage, et sans respect pour la sainteté du moment :

— Eh! madame, dit-il, mettez Jésus-Christ en votre cœur, et jetez hors tout ce fatras de tromperies papistiques.

Mais elle, sans l'écouter, continua, priant les saints qu'ils intercédassent en sa faveur auprès de Dieu, et, baisant le crucifix, elle s'écria :

— Seigneur ! Seigneur ! reçois-moi dans tes bras étendus sur la croix, et pardonne-moi tous mes péchés.

Puis alors, s'étant assise de nouveau sur la sellette, le comte de Kent lui demanda si elle n'avait aucun aveu à faire; ce à quoi elle répondit que, n'étant coupable de rien, ce serait mentir à elle-même que d'avouer quelque chose.

— C'est bien, reprit le comte; alors, madame, préparez-vous.

La reine alors se leva, et comme le bourreau s'approchait d'elle pour la déshabiller :

— Laissez-moi faire, mon ami, lui dit-elle; je sais mieux comment il faut faire que vous, et ne suis point habituée à me dévêtir devant si nombreuse compagnie ni à avoir de tels valets de chambre.

Et alors, appelant ses deux femmes, elle commença d'ôter les épingles de sa coiffure, et comme Jeanne Kennedy et Elspeth Curle, en rendant ce dernier office à leur maîtresse, ne pouvaient s'empêcher de pleurer à chaudes larmes :

— Ne pleurez pas, leur dit-elle en français; car j'ai promis et répondu pour vous.

Puis, à ces mots, elle leur fit à chacune un signe de croix sur le front, les embrassa et leur recommanda de prier pour elle.

Alors la reine commença de se déshabiller, s'aidant elle-même, comme elle avait coutume de le faire quand le soir elle allait se mettre au lit, et ôtant de son cou sa croix d'or, elle la voulut donner à Jeanne, disant au bourreau : — Mon ami, je sais que tout ce que j'ai sur moi vous appartient; mais ceci n'est point à votre usage, laissez-moi en disposer, s'il vous plaît, en faveur de mademoiselle, et elle vous rendra le double de cette croix en argent. Mais le bourreau, la laissant achever à peine, la lui arracha des mains en disant : — C'est mon droit. — La reine ne s'émut pas autrement de cette brutalité, et continua d'ôter ses habits jusqu'à ce qu'elle fût en simple jupe de dessous.

11.

Débarrassée ainsi de tous ses accoutrements, elle s'assit de nouveau sur la sellette, et Jeanne Kennedy, s'approchant d'elle, tira de sa poche le mouchoir de batiste brodé d'or, qu'elle avait préparé la veille, et lui en banda les yeux; ce que les comtes, seigneurs et gentilshommes regardaient avec grand étonnement, la chose n'étant point usitée en Angleterre, et comme elle croyait qu'on allait lui trancher la tête à la manière française, c'est-à-dire assise sur la sellette, elle commença de se tenir debout, immobile et le cou roide, pour donner plus grande facilité à l'exécuteur, qui, de son côté, ne sachant point comment faire, se tenait debout, la hache à la main et sans frapper; enfin le valet prit la reine par la tête, et la tirant en avant, la fit tomber sur ses genoux. Alors Marie comprit ce qu'on voulait d'elle, et cherchant à tâtons le billot avec ses mains, qui tenaient toujours, l'une son livre d'Heures, l'autre son crucifix, elle y posa le cou, mettant ses deux mains jointes sous son menton pour continuer de prier jusqu'au dernier moment; mais l'aide de l'exécuteur les lui tira, de peur qu'elles ne fussent coupées avec la tête; et comme la reine disait : — *In manus tuas, Domine,* — le bourreau leva sa hache, qui était tout simplement une hache à fendre du bois, et frappa le premier coup, qui toucha trop haut, et, entrant dans le crâne, fit, par sa violence, sauter des mains de la patiente le crucifix et le livre, mais sans lui détacher la tête. Cependant, étourdie du coup, la reine ne fit aucun mouvement, ce qui donna au bourreau le loisir de redoubler; mais, à cette fois encore, la tête ne tomba point, et il fallut un troisième coup pour en finir avec un lambeau de chair qui la retenait encore aux épaules.

Enfin, la tête séparée tout à fait, le bourreau la leva pour la montrer à l'assemblée, disant : — Dieu sauve la reine Élisabeth !

— Ainsi périssent tous les ennemis de sa majesté ! répondit le doyen de Peterborough.

— *Amen,* — dit le comte de Kent; mais il fut le seul; aucune autre voix ne put répondre, car toutes étaient étouffées par les larmes et par les sanglots.

En ce moment, la coiffure de la reine se détacha, et l'on vit ses cheveux, coupés très-court, et aussi blancs que si elle eût été âgée de soixante-dix ans ; quant à son visage, il avait tellement changé pendant cette agonie, que nul ne l'eût reconnu si l'on n'eût pas su que c'était le sien. Cette vue fit jeter de grands cris aux assistants ; car, chose effrayante, les yeux étaient restés ouverts, et les lèvres continuaient de remuer comme si elles eussent voulu prier encore, et ce mouvement nerveux dura plus d'un quart d'heure après que la tête eut été coupée.

Alors les serviteurs de la reine se précipitèrent sur l'échafaud, ramassant comme des reliques le livre d'Heures et le crucifix ; puis Jeanne Kennedy se souvint du petit chien qui était venu rejoindre sa maîtresse, et regarda de tous côtés, le cherchant et l'appelant ; mais elle chercha et appela inutilement : il avait disparu.

En ce moment, comme un des exécuteurs dénouait les jarretières de la reine, qui étaient de satin bleu brodé d'argent, il aperçut le pauvre petit animal qui s'était caché dans sa jupe et qu'il en fallut tirer de force ; encore, s'étant échappé de ses mains, il alla se réfugier entre les épaules de la reine et la tête que le bourreau avait reposée près du tronc. Jeanne alors le prit malgré ses cris et l'emporta tout plein de sang ; car l'ordre venait d'être donné à tout le monde d'évacuer la salle. Bourgoin et Gervais restèrent en arrière, priant sir Amyas Paulett de leur laisser prendre le cœur de la reine, afin qu'ils pussent le porter en France comme ils le lui avaient promis ; mais ils furent refusés durement et repoussés hors de la salle, dont toutes les portes furent fermées, et où il ne resta que le bourreau et le cadavre.

Là, Brantôme raconte qu'il se passa une chose infâme !

Le corps et la tête furent portés, deux heures après l'exécution, dans la même salle où on avait fait descendre Marie Stuart devant les commissaires, posés sur une table autour de laquelle les juges avaient siégé, et recouverts d'un drap de serge noire ; et ils restèrent là jusqu'à trois heures de l'après-midi, heure à laquelle Water, médecin de Standfort, et le chirurgien du village de Fotheringay vinrent pour l'ouvrir et l'embaumer, opération qu'ils firent devant Amyas Paulett et les soldats, sans aucune pudeur pour le rang ni le sexe de ce pauvre cadavre, qui fut ainsi exposé aux yeux de tous ceux qui voulurent le voir : il est vrai que cette indignité ne remplit pas le but qu'on s'était proposé ; car le bruit s'était répandu que la reine avait les jambes enflées et était hydropique, tandis qu'au contraire il ne fut pas un des assistants qui ne fût forcé d'avouer qu'il n'avait jamais vu corps de jeune fille en fleur de santé plus pur et plus beau que ne l'était celui de Marie Stuart morte de mort violente après dix-neuf ans de souffrances et de captivité.

Le corps ouvert, on trouva la rate dans son état ordinaire, ayant seulement les veines un peu livides, le poumon jaunâtre par endroits, et la cervelle ayant un sixième de plus que cet organe n'a coutume d'avoir chez les personnes du même sexe et du même âge : ainsi tout promettait une longue vie à celle dont l'heure mortelle venait d'être avancée si cruellement.

Procès-verbal fait de ce que dessus, le corps fut embaumé tant bien que mal, mis dans un cercueil de plomb, et celui-ci dans un autre de bois que l'on laissa sur la table jusqu'au premier jour du mois d'août, c'est-à-dire pendant près de cinq mois, sans qu'il fût permis à personne de s'en approcher ; et même les Anglais, s'étant aperçus que les malheureux serviteurs de Marie Stuart, qui étaient toujours retenus prisonniers, allaient le regarder par le trou de la serrure, le trou fut bouché de manière qu'ils ne pussent pas même apercevoir le cercueil qui renfermait le corps de celle qu'ils avaient tant aimée.

Cependant, une heure après la mort de Marie Stuart, Henry Talbot, qui y avait assisté, était parti à franc étrier pour Londres, portant à Élisabeth la relation de la mort de sa rivale ; mais, aux premières lignes qu'elle lut, Élisabeth, fidèle à son caractère, poussa de grands cris de douleur et d'indignation, disant qu'on avait mal compris ses ordres et qu'on s'était trop hâté, et que tout cela était la faute du secrétaire d'État Davison, à qui elle avait donné le warrant pour le conserver jusqu'à ce qu'elle eût pris une résolution, et non pour l'envoyer à Fotheringay. En conséquence, Davison fut envoyé à la Tour et condamné à une amende de dix mille livres sterling, comme ayant surpris la religion de la reine. Cependant, au milieu de cette douleur, un embargo est mis sur tous les vaisseaux qui se trouvent dans les différents ports du royaume, afin que la nouvelle de cette mort n'arrive à l'étranger, et surtout en France, que par des émissaires habiles qui puissent donner à l'exécution les couleurs les moins défavorables pour Élisabeth. En même temps les scandaleuses fêtes populaires qui ont signalé la lecture de l'arrêt célèbrent la nouvelle de l'exécution. Londres s'illumine, des feux de joie s'allument devant les portes, et l'enthousiasme est tel, que l'on force l'ambassade française et qu'on y va prendre du bois pour ranimer les bûchers lorsqu'ils commencent à s'éteindre.

Consterné de cet événement, M. de Châteauneuf était encore renfermé à l'ambassade, lorsqu'il reçut, quinze jours après, une invitation d'Élisabeth de la venir voir à la maison de plaisance de l'archevêque de Cantorbéry. M. de Châteauneuf s'y rendit avec l'intention bien positive de ne pas lui dire un mot de tout ce qui s'était passé ; mais dès qu'elle l'aperçut, Élisabeth, vêtue de noir, se leva, alla à lui, et le comblant de prévenances, elle lui dit qu'elle était prête à mettre toutes les forces de son royaume à la disposition de Henri III pour l'aider à triompher de la Ligue. Châteauneuf reçut toutes ces offres d'un visage froid et sévère, sans dire, ainsi qu'il se l'était promis, un seul mot de l'événement qui les avait habillés, la reine et lui, de deuil. Mais, le prenant par la main, elle le tira à l'écart, et là, avec de grands soupirs :

— Ah ! monsieur, lui dit-elle, depuis que je ne vous ai vu, il m'est arrivé le plus grand malheur qui puisse m'advenir, je veux parler de la mort de ma bonne sœur, la reine d'Écosse, de laquelle je jure par Dieu lui-même, mon âme et mon salut, que je suis parfaitement innocente. J'avais signé l'ordre, c'est vrai ; mais les gens de mon conseil m'ont fait un tour dont je ne me puis apaiser, et je jure Dieu que, si ce n'était le long temps qu'ils me font service, je leur ferais trancher la tête. J'ai un corps de femme, monsieur ; mais dans ce corps de femme il y a un cœur d'homme.

Châteauneuf s'inclina sans répondre ; mais sa lettre à

Henri III et la réponse de celui-ci prouvent que ni l'un ni l'autre ne fut un instant dupe du Tibère féminin.

Cependant, comme nous l'avons dit, les malheureux serviteurs étaient restés prisonniers, et le pauvre corps attendait dans cette grande salle une sépulture royale. Les choses demeuraient ainsi, disait Élisabeth, afin de lui donner le temps de commander à sa bonne sœur Marie de belles funérailles, mais réellement parce que la reine n'osait mettre si près l'un de l'autre la mort secrète et infâme et l'enterrement public et royal; puis ne fallait-il pas le temps que les premiers bruits qu'il plairait à Élisabeth de répandre s'accréditassent avant que la vérité fût connue de la bouche des serviteurs? car la reine espérait qu'une fois que ce monde paresseux aurait une opinion faite sur la mort de la reine d'Écosse, il ne se donnerait plus la peine d'en changer. Enfin, ce ne fut que lorsque les gardiens furent aussi las que les prisonniers, qu'Élisabeth, ayant reçu un procès-verbal constatant que le corps mal embaumé ne pouvait plus se garder davantage, elle ordonna enfin que les funérailles eussent lieu.

En conséquence, dès le 1er d'août, des tailleurs et des couturières arrivèrent au château de Fotheringay, venant de la part d'Élisabeth, avec du drap et des étoffes de soie noire pour habiller de deuil tous les serviteurs de Marie. Mais ceux-ci refusèrent, n'ayant point attendu les largesses de la reine d'Angleterre, et s'étant fait faire leurs vêtements funèbres à leurs frais, aussitôt la mort de leur maîtresse; mais tailleurs et couturières ne s'en mirent pas moins à l'œuvre si activement, que le 7 tout fut terminé.

Le lendemain, vers les huit heures du soir, un grand chariot, traîné par quatre chevaux parés en deuil, et couverts de velours noir, ainsi que le chariot, lequel était, en outre, orné de petites banderoles où étaient brodées les armes d'Écosse, qui étaient celles de la reine, et les armes d'Aragon, qui étaient celles de Darnley, s'arrêta devant la porte du château de Fotheringay. Il était suivi du roi des hérauts, accompagné de vingt gentilshommes à cheval, avec leurs serviteurs et laquais, tous habillés de deuil, lequel ayant mis

pied à terre, monta avec toute sa suite dans la chambre où
le corps gisait, le fit descendre et mettre dans le chariot
avec autant de respect qu'il était possible, chacun des assistants ayant la tête nue et gardant un profond silence.

Cette visite et cette action causèrent une grande rumeur
parmi les prisonniers, qui délibérèrent un instant pour savoir s'il n'était pas convenable qu'ils réclamassent la faveur
de suivre le corps de leur maîtresse, qu'ils ne pouvaient et
ne devaient pas laisser ainsi sortir seul; mais, au moment où
ils allaient faire demander la permission de parler au roi des
hérauts, celui-ci entra dans la chambre où ils s'étaient rassemblés, et leur dit qu'il était chargé par sa maîtresse, l'auguste reine d'Angleterre, de faire à la reine d'Écosse les plus
honorables funérailles qu'il se pourrait; que, ne voulant
point faillir à une si haute mission, il avait déjà fait une
grande partie de ses préparatifs pour la cérémonie, qui devait avoir lieu le 10 du mois d'août, c'est-à-dire le surlendemain, mais que le cercueil de plomb dans lequel était
renfermé le corps étant très-lourd, mieux valait le transporter d'avance, et cette nuit, où la fosse était préparée, que
d'attendre au jour même de l'enterrement; qu'ainsi ils fussent bien tranquilles, cet enterrement du cercueil n'étant
qu'une cérémonie préparatoire; que si, au reste, quelques-
uns d'entre eux voulaient accompagner le cadavre, pour voir
ce qu'on en ferait, ils étaient libres, et que ceux qui resteraient suivraient la représentation mortuaire, le désir bien
positif d'Élisabeth étant que tous, depuis le premier jusqu'au dernier, assistassent au convoi. Cette assurance tran-
quillisa les malheureux prisonniers, qui députèrent Bourgoin,
Gervais et six d'entre eux pour suivre le corps de leur maîtresse; c'étaient André Melvil, Stewart, Gorjon, Howart,
Lauder et Nicolas Delamarre.

A dix heures du soir, ils se mirent en route, marchant
derrière le chariot, précédés du héraut, accompagnés d'hommes de pied, qui portaient des torches pour éclairer le chemin, et suivis des vingt gentilshommes et de leurs serviteurs.
Ils arrivèrent ainsi à deux heures après minuit à Peterborough, où se trouve une magnifique église bâtie par un an-

cien roi saxon, et dans laquelle, au côté gauche du chœur, était déjà enterrée la bonne reine Catherine d'Aragon, femme du roi Henri VIII, et où était son tombeau encore paré d'un dais portant ses armoiries.

Ils trouvèrent, en arrivant, l'église toute tendue de noir, avec un dôme élevé au milieu du chœur, à peu près à la manière dont on dresse en France les chapelles ardentes, excepté qu'il n'y avait point de cierges allumés alentour. Ce dôme était couvert de velours noir, et tout couvert des armoiries d'Écosse et d'Aragon, que répétaient encore des banderoles pareilles à celles du chariot. La représentation du cercueil était déjà dressée sous ce dôme : c'était une bière couverte, comme le reste, de velours noir frangé d'argent, et sur laquelle était un oreiller de velours et de couleur pareilles, qui supportait une couronne royale.

A droite de ce dôme, et en face du sépulcre de la reine Catherine d'Aragon, avait été creusé celui de Marie d'Écosse : c'était une fosse de briques, disposée pour être recouverte plus tard d'une dalle ou d'un tombeau de marbre, et dans laquelle devait être déposé le cercueil, que l'évêque de Peterborough, en habits épiscopaux, et cependant sans mitre, crosse ni chape, attendait à la porte, accompagné de son doyen et de quelques autres ministres. Le corps entra dans l'église, sans aucun chant ni aucune prière, et fut descendu dans le tombeau, au milieu d'un profond silence. Aussitôt qu'il y fut établi, les maçons, qui avaient interrompu leur ouvrage, se remirent à l'œuvre, fermant la fosse à fleur de terre et n'y laissant qu'une ouverture d'un pied et demi à peu près, par laquelle on pouvait voir ce qui était dedans et jeter sur le cercueil, comme c'est de coutume aux obsèques des rois, les bâtons rompus des officiers, et les enseignes et bannières à leurs armes. Cette cérémonie nocturne terminée, Melvil, Bourgoin et les autres députés furent conduits à l'évêché, où devaient se rassembler les personnes désignées pour assister au convoi, et dont le nombre se montait à plus de trois cent cinquante, toutes choisies, à l'exception des serviteurs, parmi les autorités, la noblesse et le clergé protestant.

Le lendemain jeudi 9 d'août, on commença à tendre les

salles de festin de riches et somptueuses étoffes, et cela devant Melvil, Bourgoin et les autres que l'on avait fait venir, moins encore pour qu'ils assistassent à l'inhumation de la reine Marie que pour qu'ils rendissent témoignage de la magnificence de la reine Élisabeth. Mais, comme on le pense bien, les malheureux prisonniers se montrèrent froids à cette somptuosité, si grande et si extraordinaire qu'elle fût.

Le vendredi 10 août, toutes les personnes désignées s'étant trouvées réunies à l'évêché de Peterborough, elles se rangèrent dans l'ordre indiqué, et s'acheminèrent vers l'église, qui était proche. Lorsqu'elles y furent arrivées, elles prirent dans le chœur le rang qui leur avait été assigné, et les choristes commencèrent aussitôt à chanter un service funèbre en anglais et selon le rit protestant. Aux premiers mots de ce service, et lorsqu'il vit qu'il n'était point fait par les prêtres catholiques, Bourgoin sortit de l'église, déclarant qu'il ne voulait pas assister à un pareil sacrilége, et fut suivi par tous les serviteurs de Marie, tant hommes que femmes, à l'exception de Melvil et de Barbe Maubray, qui pensèrent que, quelle que fût la langue dans laquelle on priait, cette langue était entendue du Seigneur. Cette sortie causa un grand scandale ; mais l'évêque n'en fit pas moins son prêche.

Le prêche terminé, le roi des hérauts alla trouver Bourgoin et ses compagnons, lesquels se promenaient dans le cloître, et leur annonça qu'on allait aller à l'offrande, les invitant à venir prendre part à cette cérémonie ; mais eux répondirent qu'étant catholiques, ils ne pouvaient faire offrande à un autel qu'ils n'approuvaient pas. Le roi des hérauts revint donc, bien mécontent de ce que l'ensemble de la cérémonie était troublé par cette dissidence ; mais l'offrande ne s'en accomplit pas moins comme le prêche. Alors, tentant un dernier coup, il envoya de nouveau vers eux, pour leur dire que le service était entièrement terminé, et que par conséquent ils pouvaient revenir pour assister aux cérémonies royales, qui n'appartenaient plus à aucune autre religion qu'à celle de la tombe ; à cette fois, ils y consentirent ; mais lorsqu'ils arrivèrent, les baguettes étaient brisées et les bannières jetées dans la tombe par l'ouverture que les ouvriers refermaient déjà.

Alors, dans le même ordre où il était venu, le cortége retourna vers l'évêché, où un splendide repas de funérailles était préparé. Par une étrange contradiction, Élisabeth, qui, après avoir puni la vivante en coupable, venait de traiter la morte en reine, avait encore voulu que les honneurs du repas mortuaire fussent pour les serviteurs, oubliés si longtemps par elle. Mais, comme on le pense, ceux-ci se prêtèrent mal à cette intention, ne paraissant ni émerveillés de ce luxe, ni réjouis de cette bonne chère, mais au contraire, trempant leur pain et leur vin de leurs larmes, sans vouloir autrement répondre aux questions qui leur étaient faites et aux honneurs qui leur étaient accordés. Aussi, dès que le repas fut fini, les pauvres serviteurs quittèrent Peterborough et reprirent le chemin de Fotheringay, où ils apprirent qu'ils étaient libres enfin de se retirer où ils voudraient. Ils ne se le firent point redire à deux fois ; car ils vivaient dans une crainte éternelle, ne regardant point leurs jours comme en sûreté, tant qu'ils demeureraient en Angleterre. Ils réunirent donc aussitôt tout leur bagage, chacun prenant le sien, et sortirent ainsi à pied du château de Fotheringay, le lundi 13 du mois d'août 1587.

Bourgoin marchait le dernier : arrivé de l'autre côté du pont-levis, et tout chrétien qu'il était, ne pouvant pardonner à Élisabeth, non pas ses propres souffrances à lui, mais celles de sa maîtresse, il se retourna du côté des murailles régicides, et les mains étendues vers elles, il dit d'une voix haute et menaçante ces paroles de David :

« Que la vengeance du sang de tes serviteurs, qui a été répandu, ô Seigneur Dieu, soit la bienvenue devant ta face. »

La malédiction du vieillard fut entendue, et l'inflexible histoire s'est chargée de la punition d'Élisabeth.

Nous avons dit que la hache du bourreau, en frappant la tête de Marie Stuart, avait fait sauter de ses mains le cruci-

fix et le livre d'Heures qu'elle tenait. Nous avons dit encore
que les deux reliques avaient été recueillies par des personnes
de sa suite. Nous ignorons ce que devint le crucifix, mais le
livre d'Heures est à la Bibliothèque royale, où peuvent le voir
ceux qui sont curieux de ces sortes de souvenirs historiques;
deux certificats inscrits sur un des feuillets de garde du volume constatent son authenticité. Les voici :

PREMIER CERTIFICAT.

« Nous soussigné, supérieur vicaire de l'étroite observance
de l'ordre de Cluny, certifions que le présent livre nous a été
remis par l'ordre de défunt dom Michel Nardin, prêtre religieux profès de notredite observance, décédé dans notre col-
lége de Saint-Martial d'Avignon, le 28 mars 1723, âgé d'environ quatre-vingts ans, dont il en a passé environ trente
parmi nous, et y ayant vécu très-religieusement : il était Allemand de nation, et avait servi longtemps dans les troupes
en qualité d'officier.

» Il entra à Cluny, et y fit profession, très-détaché de
tous les biens et honneurs de la terre : il ne s'était réservé,
avec la permission de ses supérieurs, que ce livre, qu'il savait
avoir été, jusqu'à la fin de sa vie, à l'usage de Marie Stuart,
reine d'Angleterre et d'Écosse. Avant de mourir et séparé de
ses frères, il a demandé que pour nous être sûrement remis,
il nous fût envoyé par la poste, cacheté.

» Tel que nous l'avons reçu, nous avons prié M. l'abbé
Bignon, conseiller d'État et bibliothécaire du roi, d'agréer
ce précieux monument de la piété d'une reine d'Angleterre,
et d'un officier allemand de sa religion aussi bien que de la
nôtre.

» *Signé,* frère GÉRARD PONCET,
» Supérieur vicaire général. »

DEUXIÈME CERTIFICAT.

« Nous, Jean-Paul Bignon, bibliothécaire du roi, sommes

bien aise de trouver l'occasion de montrer notre zèle, en remettant ledit manuscrit à la bibliothèque de Sa Majesté.

> 8 juillet 1724.

» *Signé*, JEAN-PIERRE BIGNON. »

Ce manuscrit, sur lequel se fixèrent les derniers regards de la reine d'Écosse, est un in-12 écrit en caractères gothiques, et contenant des prières latines : il est orné de miniatures rehaussées d'or et représentant des sujets de dévotion, des traits de l'histoire sacrée, ou de la vie des saints et des martyrs. Chaque page est encadrée d'arabesques mêlées à des guirlandes de fleurs et de fruits, au milieu desquelles ressortent des figures grotesques d'hommes et d'animaux.

Quant à la reliure, usée aujourd'hui, ou peut-être dès lors, jusqu'à la trame, c'est une couverture de velours noir, dont les côtés plats sont ornés, au milieu, d'une pensée en émail, engagée dans un chaton d'argent entouré d'un tortis auquel se rattachent en diagonale, d'un angle à l'autre de la couverture, deux cordons de vermeil tordus et à nœuds, terminés par une houppe aux deux extrémités.

NOTES.

(1) Élisabeth a fait don d'une paire de ses souliers à l'université d'Oxford; ils indiquent par leur grandeur le pied d'un homme de taille ordinaire.

(2) Plusieurs historiens disent que Marie Stuart avait les cheveux noirs; mais Brantôme, qui l'avait vue, puisque, ainsi que nous l'avons dit, il l'avait accompagnée en Écosse, affirme qu'elle les avait blond cendré.

« Et, en ce disant, la décoiffa (le bourreau) par manière de mépris, afin de montrer ses cheveux déjà blancs qu'elle ne craignait pourtant, étant en vie, de les montrer, ni de les tordre et friser comme quand elle les avait si beaux, si blonds et si cendrés. »

(3) Marie veut parler de mademoiselle de Huntly, femme de Bothwell, que celui-ci répudia, à la mort du roi, pour se marier avec la reine.

(4) *Histoire d'Écosse*, par sir Walter Scott. — L'Abbé, partie historique.

(5) *Histoire d'Écosse*, par sir Walter Scott. — L'Abbé, partie historique.

(6) Advis pour M. Villeroy de ce qui a été fait en Angleterre par M. de Bellièvre sur les affaires de la royne d'Écosse, ès moys de novembre et décembre 1586 et janvier 1587.

(7) Rapport de la manière de l'exécution de la royne d'Écosse, qui fust le 8 février 1587, au château de Fotheringay, avec la relation des paroles proférées par icelle, et les occasions qui en advinrent au tems de ladite exécution, M. Thomas Andrews Scherif estant pour lors prévost de la comté de Northampton, et estant présent à ladite exécution.

(8) Les comtes de Cumberland, de Derby et de Pembroke ne se rendirent point aux ordres de la reine, et n'assistèrent ni à la lecture de la sentence, ni à l'exécution.

(9) La mort de la reine d'Écosse, douairière de France. Bibliothèque royale, n° 936.

TESTAMENT DE MARIE STUART.

7 et 8 février, V. S. (17 et 18 février 1587, N. S.)

Copie du testament et d'un mémoire de la feue reine Marie Stuart, reine d'Écosse et douairière de France; ladite copie prise sur l'original dudit testament et dudit mémoire, et tout écrite et signée de la propre main de ladite reine, la veille et le jour de sa mort, qui fut le 8 février 1587.

Au nom du Père, du Fils et du Saint-Esprit;

Je, Marie, par la grâce de Dieu, reine d'Écosse, douairière de France, étant prête de mourir, et n'ayant pas moyen de faire mon testament, j'ai mis ces articles par écrit, lesquels j'entends et veux avoir même force que s'ils étaient mis en forme.

Protestant de mourir en la foi catholique, apostolique et romaine. Premier, je veux qu'il soit fait un service complet pour mon âme en l'église de Saint-Denis, en France, et l'autre à Saint-Pierre de Reims, où tous mes serviteurs se trouveront en la manière qu'il sera ordonné à ceux à qui j'en donne la charge, ici dessous nommés.

Plus, qu'un obit annuel soit fondé pour prier pour mon âme à perpétuité, au lieu et en la manière qui sera avisée la plus commode.

Pour à quoi fournir, je veux que mes maisons de Fontainebleau soient vendues, espérant que, au surplus, le roi m'aidera, comme par mon mémoire je l'en requiers.

Je veux que ma terre de Trespagny demeure à mon cousin de Guise, pour une de ses filles, si elle venait à être mariée. En ces quartiers, je quitterai la moitié des arrérages qui me sont dus ou une partie, à condition que l'autre soit payée pour être par mes exécuteurs employée en aumônes perpétuelles.

Pour à quoi mieux pourvoir, les papiers seront recherchés et délivrés selon l'assignation pour en faire la poursuite.

Je veux aussi que l'argent qui se retirera de mon procès de Secondat soit distribué comme il s'ensuit :

Premier, à la décharge du payement de mes dettes et mandements ci-après nommés, qui ne seront déjà payés. Premier, les deux mille écus de Courle, que je veux lui être payés sans nulle contradiction, comme étant en faveur de mariage, sans que Nau ni autre lui en puisse rien demander, quelque obligation qu'il en ait, d'autant qu'elle n'est que feinte, et que l'argent était à moi et non emprunté, lequel je ne fis que lui montrer, et l'ai depuis retiré, et on me l'a pris depuis avec le reste. Charteloy, lequel je lui donne, s'il le peut recouvrer, comme il a été promis pour payement des quatre mille francs promis par ma mort, et mille pour marier une sienne sœur, et m'ayant demandé le reste pour ses dépenses en prison. Quant à l'assignation de pareille somme à Nau, elle n'est pas d'obligation; et pour ce, a toujours été mon intention qu'elle fût la dernière payée, et encore en cas qu'il fasse apparaître n'avoir rien fait contre la condition pour laquelle je les lui avais donnés, au témoignage de mes serviteurs.

Pour la partie des douze cents écus qu'il m'a fait allouer, par lui empruntés, pour mon service de Beauregard, jusqu'à six cents écus, et de Gervais trois cents, et le reste je ne sais d'où, il faut qu'il les repaye de son argent et que j'en sois quitte, et l'assignation cassée, car je n'en ai rien reçu, mais est le tout en ses coffres, si ce n'était qu'ils en soient payés par deçà. Comme que ce soit, il faut que cette partie me revienne bonne, n'ayant rien reçu, et, si elle était payée, je dois avoir recours sur mon bien; et puis je veux que Pasquier compte des deniers qu'il a dépensés et reçus par le commandement de Nau, par les mains des serviteurs de M. de Châteauneuf, l'ambassadeur de France.

Plus, je veux que mes comptes soient ouïs et mon trésorier payé; plus, que les gages et parts de mes gens, tant de l'année passée que de la présente, soient tous payés avant toute autre chose, tant gages que pensions, hormis les pensions de Nau et de Courle, jusqu'à ce que l'on sache ce qui en doit advenir, et ce qu'ils auront mérité de moi pour pensions, si ce n'est que la femme de Courle soit en nécessité, ou lui maltraité pour moi; des gages de Nau de même.

Je veux que les deux mille quatre cents francs que j'ai donnés à Jeanne Kennedy lui soient payés en argent, comme il était porté en son premier don; quoi faisant, la pension de Volly Douglas me reviendra, laquelle je donne à Fontenay, pour ses services et dépenses non récompensés.

Je veux que les quatre mille écus de ce banquier soient sollicités et repayés, duquel j'ai oublié le nom ; mais l'évêque de Glascow s'en ressouviendra assez, et si l'assignation première venait à manquer, je veux qu'il leur en soit donné une, sur les premiers deniers de Secondat.

Les dix mille francs que l'ambassadeur avait reçus pour moi, je veux qu'ils soient employés entre mes serviteurs qui s'en vont à présent, à savoir :

Premier, deux mille francs à mon médecin ;

Deux mille à Élisabeth Courle ;

Deux mille francs à Sébastien Paiges ;

Deux mille à Marie Paiges, ma filleule ;

A Beauregard, mille francs ;

Mille à Gorjon ;

Mille à Gervais.

Plus, sur les autres deniers de mon revenu et reste de Secondat et de toutes mes casualités, je veux être employés cinq mille francs pour la miséricorde des enfants de Reims.

A mes écolières deux mille francs.

Aux quatre mendiants la somme qui semblera nécessaire à mes exécuteurs, selon les moyens qui se trouveront.

Cinq cents francs aux hôpitaux.

A l'écuyer de cuisine Martin, je donne mille francs.

Mille francs à Annibal, et le laisse à mon cousin de Guise, son parrain, à le mettre en quelque lieu pour sa vie en son service.

Je laisse cinq cents francs à Nicolas, et cinq cents francs pour ses filles, quand il les mariera.

Je laisse cinq cents francs à Robin Hamilton, et prie mon fils le prendre, et M. de Glascow ou l'évêque de Ross.

Je laisse à Didier son greffe, sous la faveur du roi.

Je donne cinq cents francs à Jean Lauder, et prie mon cousin de Guise ou du Maine le prendre en leur service, et MM. de Glascow et de Ross qu'ils aient soin de le voir pourvu. Je veux que son père soit pourvu de ses gages, et lui laisse cinq cents francs.

Je veux que mille francs soient payés à Gorjon, pour argent et autres choses qu'il m'a fournis en ma nécessité.

Je veux que si Bourgoin accomplit le voyage du vœu qu'il a fait pour moi à saint Nicolas, que quinze cents francs lui soient livrés à cet effet.

Je laisse, selon mon peu de moyens, six mille francs à l'évêque de Glascow, et trois mille francs à celui de Ross.

Je laisse la donation des casualités et droits seigneuriaux recélés, à mon filleul, fils de M. du Ruysseau.

Je donne trois cents francs à Laurenz.

Plus, trois cents francs à Suzanne.

Et laisse dix mille francs entre les quatre partis qui ont été répondants pour moi au solliciteur Yarmy.

Je veux que l'argent provenant des meubles que j'ai ordonné être vendus à Londres, soit pour défrayer le voyage de mes gens jusqu'en Fra e.

Ma coche, j la laisse pour mener mes filles, et les chevaux pour les vendre, ou autrement en faire leurs commodités.

Il y a environ cent écus des gages des années passées dus à Bourgoin que je veux lui être payés.

Je laisse deux mille francs à Melvil, mon maître d'hôtel.

J'ordonne pour principal exécuteur de ma volonté mon cousin le duc de Guise ;

Après lui, l'archevêque de Glascow, l'évêque de Ross, et M. du Ruysseau, son chancelier.

J'entends que sans faute le Préau jouisse de ses deux prébendes.

Je recommande Marie Paiges, ma filleule, à ma cousine madame de Guise, et la prie la prendre en son service, et ma tante de Saint-Pierre faire mettre Mawbray en quelque bon lieu, ou la retenir à son service, pour l'honneur de Dieu.

Fait cejourd'hui, 7 février 1587.

Ainsi signé : Marie, reine.

MÉMOIRE, OU DERNIÈRE REQUÊTE QUE JE FAIS AU ROI.

De me faire payer, tant ce qu'il me doit de mes pensions, que d'argent avancé par la feue reine, ma mère, en Écosse, pour le service du roi, mon beau-père, en ces quartiers ; pour le moins, tant qu'un obit soit fondé pour mon âme, annuel, et que les aumônes et petites fondations par moi promises soient parfaites.

Plus, qu'il lui plaise me laisser la jouissance de mon douaire un an après ma mort, pour récompenser mes serviteurs.

Plus, s'il lui plaît, laisser les gages et pensions d'iceux, leur vie durant, comme fut fait aux officiers de la reine Aliénor.

Plus, je le supplie recevoir mon médecin en son service, comme il l'a promis, et l'avoir pour recommandé.

Plus, que mon aumônier soit remis à son état, et en ma faveur pourvu de quelque petit bénéfice pour prier Dieu pour mon âme, le reste de sa vie.

Plus, que Didier, un vieil officier de ma bouche, auquel j'ai donné un greffe pour récompense, en puisse jouir sa vie durant, étant déjà fort âgé.

Fait le matin de ma mort, le mercredi, huitième février 1587.

Ainsi signé : Marie, reine.

FIN DE MARIE STUART.

KARL LUDWIG SAND

1819

Ce fut le 22 mars 1819, vers les neuf heures du matin, qu'un jeune homme de vingt-trois à vingt-quatre ans à peu près, vêtu du costume des étudiants allemands, qui se compose d'une redingote courte, avec des brandebourgs de soie, d'un pantalon collant et de bottes venant au-dessous du mollet, s'arrêta sur une petite hauteur située aux trois quarts du chemin de Kaiserthal à Manheim, et du haut de laquelle on découvre cette dernière ville, s'élevant calme et heureuse au milieu des jardins, qui furent autrefois des remparts, et qui l'enveloppent et la pressent aujourd'hui comme une ceinture de feuillage et de fleurs. Arrivé là, il souleva sa casquette, au-dessus de la visière de laquelle s'entrelaçaient trois feuilles de chêne brodées en argent, et découvrant son front, il demeura un instant tête nue pour recevoir l'air frais qui montait de la vallée du Necker. Au premier moment, ses traits irréguliers faisaient une impression étrange ; mais bientôt, grâce à la pâleur de son visage fortement creusé par la petite vérole, à la douceur infinie de ses yeux, et au cadre élégant de sa longue et flottante chevelure noire admirablement plantée sur un front large et élevé, on éprouvait pour lui une de ces sympathies tristes et irraisonnées auxquelles on cède sans même penser à leur résister. Quoiqu'il fût de bonne heure encore, il paraissait avoir fait déjà une assez longue route ; car ses bottes étaient couvertes de poussière ; mais sans doute il était près d'atteindre à sa destination, car laissant tomber sa casquette, et accrochant à sa ceinture la longue pipe, amie inséparable du Bursch allemand, il tira un petit agenda de sa poche et écrivit dessus avec un crayon : — Parti de Wenheim à cinq heures du matin, arrivé en vue de Manheim à neuf heures un quart. Dieu me soit en aide ! — Puis, remettant son agenda dans sa poche, il resta un instant immobile, remuant les lèvres comme s'il eût fait une prière mentale, ramassa sa casquette, et reprit d'un pas ferme sa route vers Manheim.

Ce jeune étudiant était Karl Ludwig Sand, qui arrivait d'Iéna par le chemin de Francfort et de Darmstadt, pour assassiner Kotzebue.

Maintenant, comme nous allons mettre sous les yeux de nos lecteurs une de ces actions terribles pour l'appréciation desquelles il n'est point d'autre juge réel que la conscience, il faut qu'ils nous permettent de leur faire connaître entièrement celui-là, que les rois ont regardé comme un assassin, les juges comme un illuminé, et la jeune Allemagne comme un martyr.

Charles-Louis Sand naquit le 5 octobre 1795, à Wonsiedel, dans les montagnes de Fichtel : il était le plus jeune fils de Godefroy-Christophe Sand, premier président et conseiller de justice du roi de Prusse, et de Dorothée-Jeanne-Wilhelmine Schapf, sa femme. Outre deux frères aînés, Georges, qui embrassa la carrière du commerce à Saint-Gall, et Fritz, qui fut avocat à la cour d'appel de Berlin, il avait une sœur aînée, que l'on nommait Caroline et une sœur cadette que l'on appelait Julie.

Encore au berceau, il avait été attaqué d'une petite vérole de la plus maligne espèce. Le virus, répandu par tout son corps, avait mis ses côtes à nu et presque dévoré son crâne. Pendant plusieurs mois il demeura entre la vie et la mort; enfin la vie l'emporta.

Néanmoins il resta faible et maladif jusqu'à sa septième année, époque à laquelle une fièvre cérébrale l'atteignit et mit de nouveau ses jours en danger. Par compensation, au reste, cette fièvre, en le quittant, parut avoir emporté avec elle tous les vestiges de sa première maladie.

Dès ce moment, sa santé et ses forces semblèrent naître ; mais, pendant ces deux longues maladies, son instruction était restée fort arriérée, et ce ne fut qu'à l'âge de huit ans qu'il put commencer ses premières études ; encore, comme les souffrances physiques avaient retardé le développement de ses qualités intellectuelles, lui fallut-il tout d'abord une application deux fois plus grande qu'aux autres pour arriver au même résultat.

En voyant les efforts que, tout enfant, le jeune Sand faisait pour vaincre les défauts de son organisation, le professeur Salfranck, homme de savoir et de distinction, recteur du gymnase de Hof, le prit en si grande amitié, qu'ayant été nommé plus tard directeur du gymnase de Regensbourg, il ne put se séparer de son élève et l'emmena avec lui. Ce fut dans cette ville, et à l'âge de onze ans, qu'il donna la première preuve de son courage et de son humanité. Un jour, étant en promenade avec ses jeunes amis, il entendit appeler au secours, il courut aux cris ; un petit garçon de huit à neuf ans venait de tomber dans un étang. Aussitôt Sand, sans faire attention à ses beaux habits de fête, auxquels il tenait cependant beaucoup, se précipita dans l'eau, et après des efforts inouïs pour un enfant de son âge, il parvint à tirer celui qui se noyait à bord.

A l'âge de douze ou treize ans, Sand, devenu plus leste, plus adroit et plus déterminé que beaucoup qui étaient plus âgés que lui, s'amusait souvent à livrer bataille aux jeunes garçons de la ville et des villages voisins. Le théâtre de ces combats d'enfants, pâle et innocent simulacre des grandes batailles qui, à cette époque, ensanglantaient l'Allemagne, était ordinairement une plaine qui s'étend de la ville de Wonsiedel à la montagne Sainte-Catherine, au sommet de laquelle s'élèvent des ruines, et parmi ces ruines une tour parfaitement conservée. Sand, qui était un des soldats les plus ardents, voyant que son parti avait plusieurs fois été battu à cause de sa faiblesse numérique, résolut, pour obvier à cet inconvénient, de fortifier la tour Sainte-Catherine, et de s'y retirer à la prochaine bataille, si le sort lui était contraire. Il communiqua à ses camarades ce projet, qui fut reçu avec enthousiasme. En conséquence on passa une semaine à amasser dans la tour tous les moyens de défense possibles et à réparer les portes et les escaliers. Ces préparatifs furent faits avec tant de secret, que l'armée ennemie n'en eut aucune connaissance.

Le dimanche vint; les jours de congé étaient les jours de batailles. Soit la honte d'avoir été battu la dernière fois, soit toute autre cause, le parti auquel appartenait Sand se trouva encore plus faible que de coutume. Cependant, rassuré sur ses moyens de retraite, il n'en accepta pas moins le combat. Le choc ne fut pas long; l'un des deux partis était trop inférieur en nombre pour résister longtemps; aussi commença-t-il à se retirer, dans le meilleur ordre qu'il lui fut possible de conserver, vers la tour Sainte-Catherine, où il parvint sans être trop entamé. Arrivés là, quelques-uns montèrent aussitôt sur les terrasses, et tandis que les autres se défendaient au bas de la muraille, commencèrent à faire pleuvoir les pierres et les cailloux sur les vainqueurs. Ceux-ci, étonnés de ce nouveau moyen de défense adopté pour la première fois, reculèrent de quelques pas; le reste de la troupe profita de ce moment pour rentrer dans la forteresse et fermer la porte.

L'étonnement fut grand de la part des assiégeants : ils avaient toujours vu cette porte hors de service, et voilà que tout à coup elle leur opposait une résistance qui mettait les assiégés à l'abri de leurs coups. Trois ou quatre se détachèrent pour aller chercher des instruments à l'aide desquels ils pussent la briser ; pendant ce temps le reste de l'armée ennemie tint la garnison bloquée.

Au bout d'une demi-heure les envoyés revinrent, non-seulement avec des leviers et des pioches, mais encore avec un renfort considérable composé des jeunes gens du village où ils avaient été demander des instruments de siége. Alors l'assaut commença; Sand et ses compagnons se défendirent en désespérés ; mais il fut bientôt évident que, s'il ne lui arrivait du secours, la garnison serait forcée de capituler. On proposa de tirer au sort et de détacher un des assiégés, qui, au mépris du péril, sortirait de la tour, traverserait comme il pourrait l'armée ennemie, et irait faire un appel aux autres jeunes gens de Wonsiedel qui étaient lâchement restés chez eux. Le récit du péril où se trouvaient leurs camarades, la honte d'une reddition qui tomberait sur tous, devaient évidemment triompher de leur paresse, et les déterminer à faire une diversion qui permettrait à la garnison de tenter une sortie. Cet avis fut adopté ; mais, au lieu de laisser la décision au hasard, Sand se proposa pour cette mission. Comme chacun connaissait son courage, son adresse et sa légèreté, la proposition fut acceptée d'un consentement unanime, et le nouveau Décius se prépara à accomplir son dévouement.

La chose n'était point sans danger : il n'y avait que deux moyens de sortie, l'un par la porte, et l'on tombait évidemment entre les mains des ennemis ; l'autre en sautant du haut en bas d'une terrasse trop élevée pour que les assiégeants eussent songé à la garder. Sand, sans balancer un instant, alla à la terrasse ; là, toujours religieux jusque dans ses plaisirs d'enfant, il fit une courte prière, puis, sans crainte, sans hésitation, avec une confiance presque providentielle, il sauta de la terrasse à terre : l'espace était de vingt-deux pieds.

Sand s'élança aussitôt vers Wonsiedel, et y parvint, quoique les ennemis eussent dépêché après lui leurs meilleurs coureurs. Alors les assiégés, voyant le succès de leur entreprise, reprirent courage et réunirent leurs efforts contre les assiégeants, attendant tout de l'éloquence de Sand, à qui cette éloquence donnait un grand empire sur ses jeunes compagnons. En effet, au bout d'une demi-heure on le vit reparaître à la tête d'une trentaine d'enfants de son âge armés de frondes et d'arbalètes. Les assiégeants, sur le point d'être attaqués par devant et par derrière, comprirent le désavantage de leur position, et se retirèrent. La victoire resta au parti de Sand ; quant à lui, il eut tous les honneurs de la journée.

Nous avons raconté en détail cette anecdote, pour faire comprendre à nos lecteurs, par le caractère de l'enfant, quel serait plus tard celui de l'homme. Au reste, nous allons le voir se développer, toujours calme et supérieur, au milieu des petits comme des grands événements.

Vers le même temps, Sand échappa presque miraculeusement à deux dangers. Un jour, une auge pleine de plâtre tomba d'un échafaudage et se brisa à ses pieds ; un autre jour, le prince de Cobourg, qui, pendant que le roi de Prusse était aux bains d'Alexandre, logeait chez les parents de Sand, rentrant au grand galop de quatre chevaux, surprit le jeune Karl sous une grande porte ; il n'y avait pas moyen de fuir à droite ni à gauche, sans courir le risque d'être écrasé entre le mur et les roues, le cocher, emporté, ne pouvait pas retenir son attelage ; Sand se jeta à plat ventre, et la voiture lui passa sur le corps sans que ni les chevaux ni les roues lui eussent fait une seule égratignure.

Dès ce moment, beaucoup le regardèrent comme prédestiné, et dirent que la main de Dieu était sur lui.

Cependant les événements politiques se développaient autour de l'enfant, que leur gravité faisait jeune homme avant l'âge. Napoléon pesait sur l'Allemagne comme un autre Sennachérib. Staps avait voulu jouer le rôle de Mucius Scévola et était mort martyr.

Sand était alors à Hof, et faisait partie du gymnase de son bon professeur Salfranck. Il apprit que celui qu'il regardait comme l'Antechrist devait venir passer une revue dans cette ville : il la quitta aussitôt et revint chez ses parents. Ceux-ci lui demandèrent pour quelle cause il avait quitté le gymnase :

— Parce que, répondit-il, je n'aurais pu me trouver dans la même ville que Napoléon sans essayer de le tuer, et que je ne me sens pas encore la main assez ferme pour cela.

Cela se passait en 1809 : Sand avait quatorze ans.

La paix signée le 15 octobre donna quelque relâche à l'Allemagne, et permit au jeune fanatique de reprendre ses études sans être distrait par ses préoccupations politiques : il en était encore occupé en 1811, lorsqu'il apprit que le gymnase était dissous et remplacé par une école primaire. Le recteur Salfranck y restait attaché comme professeur ; mais au lieu de mille florins que lui rapportait son ancienne place, la nouvelle n'en valait plus que cinq cents. Karl ne pouvait plus rester dans une école primaire, où il n'aurait pu continuer son éducation : il écrivit à sa mère pour lui annoncer cet événement et lui dire avec quelle égalité d'esprit le vieux philosophe allemand l'avait supporté : voici la réponse de la mère de Sand; elle suffira pour faire connaître cette femme, dont le cœur puissant ne se démentit jamais au milieu des plus vives douleurs; cette réponse est empreinte de ce mysticisme allemand dont nous n'avons en France aucune idée.

« Mon cher Karl,

» Tu ne pouvais me donner une nouvelle plus douloureuse que celle de l'événement qui vient d'accabler ton professeur et ton père adoptif : cependant, si terrible qu'il soit, il s'y résignera, n'en doute point, pour donner à la vertu de ses élèves un grand exemple de la soumission que tout sujet doit au roi que Dieu lui a imposé. Au reste, sois bien convaincu qu'il n'y a au monde d'autre politique droite et bien calculée que celle qui ressort de cet ancien précepte :—Respecte Dieu, sois juste, et ne crains personne.

» Et pense aussi que là où l'injustice est criante contre les justes, la voix publique se fait entendre et relève ceux qui sont accablés.

» Mais si, contre toute probabilité, cela n'arrivait point ainsi; si Dieu imposait à la haute vertu de notre ami cette sublime épreuve, que le monde le méconnût, et que la Providence se fît à ce point sa débitrice, elle a aussi pour ce cas, crois-moi, de suprêmes dédommagements : toutes les choses et tous les événements qui agissent autour de nous et sur nous ne sont que des machines qu'une main plus haute met en mouvement, afin de compléter notre éducation pour un meilleur monde, dans lequel seulement nous prendrons notre véritable place. Applique-toi donc, mon cher enfant, à veiller sur toi sans cesse et toujours, afin que tu ne prennes pas de grandes et belles actions isolées par une vertu réelle, et que tu sois prêt à faire à chaque instant tout ce que ton devoir demande de toi. Au fond, vois-tu, rien n'est grand, rien n'est petit, quand on regarde les choses isolées les unes des autres, et l'ensemble seul produit l'unité du mal ou du bien.

» D'ailleurs, Dieu n'envoie l'épreuve qu'au cœur où il a mis la force, et la manière dont tu me dis que ton professeur a supporté le malheur qui lui arrive est une nouvelle preuve de cette grande et éternelle vérité. Tu prendras modèle de lui, mon cher enfant, et s'il te faut quitter Hof pour Bamberg, tu t'y résigneras avec courage. Il y a trois éducations pour l'homme : celle qu'il reçoit de ses parents, celle que lui imposent les circonstances, et enfin celle qu'il se fait à lui-même : si ce malheur arrivait, demande à Dieu de compléter dignement toi-même cette dernière éducation, la plus importante de toutes.

» Je te donnerai aussi pour exemple la vie et la conduite de mon père, dont tu as peu entendu parler, car il était déjà mort lorsque tu naquis, mais dont l'esprit et la ressemblance revivent en toi seul, parmi tous tes frères et tes sœurs. Le malheureux incendie qui réduisit sa ville natale en cendres anéantit sa fortune et celle de ses parents; le chagrin d'avoir tout perdu, car la flamme s'était déclarée dans une maison voisine de la sienne, coûta la vie à son père, et tandis que sa mère, étendue depuis six ans sur un lit de douleur où la retenaient d'horribles convulsions, nourrissait, dans les intervalles de ses souffrances, trois petites filles du travail de ses mains, il entra comme simple commis dans une des plus grandes maisons de commerce d'Augsbourg, où son caractère vif et cependant égal fut le bienvenu; il y apprit un état pour lequel cependant il n'était point né, et revint dans la maison natale avec un cœur pur et sans tache, pour y être le soutien de sa mère et de ses sœurs.

» L'homme peut beaucoup lorsqu'il veut faire beaucoup : joins tes efforts à mes prières, et remets le reste entre les mains de Dieu. »

La prédiction de la puritaine s'accomplit : peu de temps après, le recteur Salfranck fut nommé professeur à Richembourg, où Sand le suivit : c'est là que les événements de 1813 viennent le chercher. Au mois de mars il écrit à sa mère :

« C'est à peine, chère mère, si je puis vous exprimer combien je commence maintenant à être calme et heureux, depuis qu'il m'est permis de croire à l'affranchissement de ma patrie, que j'entends dire de tout côté devoir être si prochain, de cette patrie que, dans ma confiance en Dieu, je vois d'avance libre et puissante, de cette patrie enfin pour le bonheur de laquelle j'accepterais les plus grands maux et même la mort. Prenez de la force pour cette crise. Si par hasard elle atteignait notre bonne province, élevez vos yeux vers le Tout-Puissant, puis reportez-les vers la belle et riche nature. La bonté de Dieu, qui a sauvé et protégé tant d'hommes pendant la guerre désastreuse de Trente ans, peut et veut encore aujourd'hui ce qu'elle put et voulut alors. Quant à moi, je crois et j'espère. »

Leipsick vint justifier les pressentiments de Sand; puis 1814 arriva, et il crut l'Allemagne libre.

Le 10 décembre de cette même année, il quittait Richembourg avec ce témoignage de ses professeurs :

« Karl Sand est du petit nombre de ces jeunes gens élus qui se distinguent à la fois par les dons de l'esprit et les facultés de l'âme : en application et en travail il dépasse tous ses condisciples, ce qui explique ses progrès rapides et profonds dans toutes les sciences philosophiques et philologiques : seulement dans les mathématiques il aurait encore quelques études à faire. Les plus tendres vœux de ses professeurs le suivent à son départ.

> Richembourg, 15 septembre 1814,

> J. A. KEVN,
> Recteur et professeur de première classe. >

Mais c'étaient véritablement les parents et surtout la mère de Sand qui avaient préparé cette terre fertile, où les professeurs avaient semé la science : Sand le savait bien, car au moment de partir pour l'université de Tubingen, où il allait achever les études théologiques nécessaires à l'état de pasteur qu'il voulait embrasser, il leur écrivait :

« Je vous avoue que je vous dois, ainsi que tous mes frères et sœurs, cette belle et grande partie de mon éducation dont j'ai vu manquer la plupart de ceux qui m'entouraient. Le ciel seul peut vous en récompenser, par la conviction d'avoir rempli vos devoirs de parents d'une manière si noble et si grande parmi tant d'autres. »

Après avoir fait une visite à son frère à Saint-Gall, Sand arriva à Tubingen, où la réputation d'Eschenmaïer l'avait surtout attiré ; il passa cet hiver tranquille et sans qu'il lui arrivât d'autre événement que de se faire recevoir d'une association de Burschen, appelée la Teutonia ; puis, la fête de Pâques de 1815 arriva, et avec elle la terrible nouvelle que Napoléon était débarqué au golfe Juan. Aussitôt toute la jeunesse allemande en état de porter les armes se réunit de nouveau sous les drapeaux de 1813 et de 1814 : Sand suivit l'exemple général ; seulement l'action qui fut chez les autres un effet de l'enthousiasme fut chez lui le résultat d'une résolution calme et réfléchie.

A cette occasion il écrivait à Wonsiedel :

« 22 avril 1815.

» Mes chers parents, jusqu'à présent vous m'avez trouvé soumis à vos leçons paternelles et aux conseils de mes excellents professeurs ; jusqu'à présent je me suis efforcé de me rendre digne de l'éducation que Dieu m'a envoyée par vous, et je me suis appliqué à être capable de répandre sur ma patrie la parole du Seigneur ; c'est pourquoi je puis aujourd'hui vous faire sincèrement part du parti que j'ai pris, certain que comme parents tendres et affectueux, vous vous tranquilliserez, et que comme parents allemands et patriotes, vous louerez plutôt ma résolution que vous ne chercherez à m'en détourner.

» La patrie appelle encore une fois à son aide, et cette fois, cet appel s'adresse à moi aussi, car maintenant j'ai le courage et la force. Il me fallut un grand combat intérieur, croyez-moi, pour que je m'abstinsse, lorsqu'en 1813 elle fit entendre son premier cri, et la conviction seule que des milliers d'autres combattaient et triomphaient alors pour le bien-être de l'Allemagne, tandis qu'il fallait que je vécusse, moi, pour l'état paisible auquel j'étais destiné, put me retenir.

Maintenant il s'agit de conserver la liberté nouvellement ré-
tablie, et qui en quelques lieux déjà a porté de si riches
moissons. Le Seigneur tout-puissant et miséricordieux nous
réserve encore cette grande épreuve, qui sera certainement
la dernière : c'est donc à nous de montrer que nous sommes
dignes du don suprême qu'il nous a fait, et que nous sommes
capables de le maintenir avec force et avec fermeté.

» Le danger de la patrie n'a jamais été aussi grand qu'à
cette heure, c'est pourquoi, parmi la jeunesse allemande, les
forts doivent soutenir les chancelants, afin que tous se lèvent
ensemble. Déjà nos braves frères du nord se rassemblent
de toutes parts sous leurs drapeaux ; les états wurtember-
geois proclament une levée en masse, et de tous côtés des
volontaires arrivent, qui demandent à mourir pour la patrie:
Moi aussi, je considère comme un devoir de combattre pour
mon pays et pour tous les chers que j'aime. Si je n'étais pas
profondément convaincu de cette vérité, je ne vous ferais
point part de ma résolution; mais j'ai une famille au cœur
véritablement allemand, et qui me considérerait comme un
lâche et comme un fils indigne, si je ne suivais pas cette
impulsion. Je sens certainement la grandeur de mon sacrifice : il m'en coûte, croyez-moi, de quitter mes belles études,
pour aller me mettre sous les ordres de gens grossiers et sans
éducation, mais ce sacrifice augmente encore mon courage
à aller assurer la liberté de mes frères; d'ailleurs, cette liberté assurée, si Dieu veut bien le permettre, je reviendrai
leur rapporter sa parole.

» Je prends donc pour un temps congé de vous, mes bien
dignes parents, de mes frères, de mes sœurs et de tous ceux
qui me sont chers. Comme, après une mûre délibération, ce
qui me paraît le plus convenable est de servir avec les Bava-
rois, je vais me faire recevoir, pour tout le temps que durera
la guerre, dans une compagnie de tirailleurs de cette nation. Adieu donc, vivez heureux; tout éloigné que je serai de
vous, je suivrai vos pieuses exhortations. Dans cette nouvelle
voie, je resterai, je l'espère, pur devant Dieu, et je tâcherai
toujours de marcher dans le sentier qui élève au-dessus des
choses de la terre et conduit à celles du ciel, et peut-être dans

cette carrière, la haute volupté de sauver quelques âmes de leur chute m'est-elle réservée.

» Sans cesse votre chère image m'entourera; sans cesse je veux avoir le Seigneur devant les yeux et dans le cœur, afin de pouvoir soutenir avec joie les peines et les fatigues de cette guerre sainte. Comprenez-moi dans vos prières; Dieu vous enverra l'espérance de temps meilleurs pour vous aider à supporter ce malheureux temps où nous sommes. Nous ne pouvons nous revoir bientôt que si nous sommes vainqueurs, et si nous étions vaincus (ce dont Dieu nous garde!), alors ma dernière volonté, que je vous prie, que je vous conjure d'accomplir, ma dernière et suprême volonté serait que vous, mes chers et dignes parents allemands, quittassiez un pays esclave pour quelque autre qui ne serait point encore sous le joug.

» Mais pourquoi nous faire ainsi le cœur triste les uns aux autres? N'avons-nous pas la cause juste et sainte, et Dieu n'est-il pas juste et saint? Comment donc ne serions-nous pas vainqueurs? Vous voyez que quelquefois je doute; ainsi, dans vos lettres, que j'attends avec impatience, ayez pitié de moi et n'effrayez pas mon âme, car, dans tous les cas, nous nous retrouverons toujours dans une autre patrie, et celle-là serait libre et heureuse.

» Je suis, jusqu'à la mort, votre fils soumis et reconnaissant,

» KARL SAND. »

Ces deux vers de Kœrner étaient écrits en *post-scriptum*:

Peut-être verrons-nous au-dessus des cadavres ennemis
Apparaître l'étoile de la liberté.

Ce fut avec cet adieu à ses parents, et les poésies de Kœrner à la bouche, que Sand abandonna ses livres, et le 10 mai, nous le retrouvons armé parmi les chasseurs volontaires enrôlés sous le commandement du major Falkenhausen, qui était alors à Manheim; il y retrouva son second frère, qui l'y avait déjà précédé, et ils y apprirent ensemble tous les exercices du soldat.

Quoique Sand ne fût point habitué à de grandes fatigues corporelles, il supporta celles de la campagne avec une merveilleuse force, refusant tous les allégements que ses supérieurs cherchaient à lui offrir; car il voulait qu'aucun ne le surpassât dans la peine qu'il prenait pour le bien du pays. Pendant toute la route il partagea fraternellement ce qu'il possédait avec ses camarades, venant en aide à ceux qui étaient plus faibles que lui en portant leur bagage, et prêtre et soldat à la fois, les soutenant de la parole, quand il était impuissant à autre chose.

Le 18 juin, à huit heures du soir, il arrivait sur le champ de bataille de Waterloo; le 14 juillet il entrait à Paris.

Le 18 décembre 1815, Karl Sand et son frère étaient de retour à Wonsiedel, à la grande joie de leur famille. Il passa près d'elle les fêtes de Noël et la fin de l'année; mais l'ardeur qu'il avait pour sa nouvelle vocation ne lui permit pas d'y demeurer plus longtemps, et le 7 janvier il arriva à Erlangen.

Ce fut alors que, pour rattraper le temps perdu, il résolut d'assujettir sa journée à des règles fixes et uniformes, et d'écrire chaque soir ce qu'il avait fait depuis le matin. C'est à l'aide de ce journal que nous pourrons suivre le jeune enthousiaste, non-seulement dans toutes les actions de sa vie, mais encore dans toutes les pensées de son esprit et toutes les hésitations de sa conscience. Il y est tout entier simple jusqu'à la naïveté, exalté jusqu'à la folie, bon pour les autres jusqu'à la faiblesse, sévère pour lui-même jusqu'à l'ascétisme. Une de ses grandes douleurs était les frais qu'occasionnait son éducation à ses parents, et tout plaisir inutile et coûteux lui laissait dans le cœur un remords.

Aussi, le 9 février 1816, il écrit:

« Je comptais aujourd'hui visiter mes parents. J'allai en conséquence dans la maison de commerce, et là je m'amusai beaucoup. N. et T. commencèrent alors avec moi leur éternelle plaisanterie sur Wonsiedel : cela dura jusqu'à onze heures. Mais ensuite N. et T. commencèrent à me tourmenter pour aller au café (1); je m'y refusai autant que cela me fut possible. Mais comme ils finirent par avoir l'air de croire que c'était par mépris que je ne voulais pas venir boire un verre de vin du Rhin avec eux, je n'osai résister plus longtemps. Malheureusement on n'en resta point au Braumberger ; et comme j'avais encore mon verre à moitié plein, N. fit venir une bouteille de vin de Champagne. Quand la première eut disparu, T. en fit venir une seconde ; puis, avant même que cette seconde fût bue, tous deux en demandèrent une troisième pour moi et malgré moi. Je rentrai à la maison tout étourdi ; je me jetai sur le sofa, où je dormis une heure à peu près, et je me couchai seulement alors.

» Ainsi s'est passé ce jour honteux, où je n'ai point assez pensé à mes dignes et bons parents, qui vivent d'une vie si pauvre et difficile, et où je me laissai entraîner par l'exemple de ceux qui ont de l'argent à faire une dépense de quatre florins, dépense qui était inutile, et avec laquelle toute ma famille aurait vécu pendant deux jours. Pardonne-moi, mon Dieu, pardonne-moi, je t'en supplie, et reçois le serment que je ne retomberai jamais dans la même faute. Je veux désormais vivre plus sobrement encore que je n'ai coutume de le faire, pour réparer dans ma pauvre caisse les traces fâcheuses de ma prodigalité et n'être point forcé de demander de l'argent à ma mère avant le jour où elle songera d'elle-même à m'en envoyer. »

Puis, en même temps que le pauvre jeune homme se reproche comme un crime d'avoir dépensé quatre florins, une de ses cousines, déjà veuve, vient à mourir en laissant trois enfants orphelins. Aussitôt il accourt donner les premières consolations aux malheureux petits, supplie sa mère de se charger du plus jeune, et tout joyeux de sa réponse, il la remercie ainsi :

« Pour la joie bien vive que vous m'avez causée par votre lettre, et pour le ton bien cher dont votre âme me parle, soyez bénie, ô ma mère ! Comme je devais l'espérer et en être convaincu, vous avez pris le petit Jules ; cela me remplit de nouveau de la plus profonde reconnaissance pour vous, d'autant plus que, dans ma confiance éternelle en votre bonté, j'avais déjà de son vivant fait à la bonne petite cousine la promesse que vous acquittez pour moi après sa mort. »

Vers le mois de mars, Sand, sans tomber malade, éprouva une indisposition qui le força d'aller prendre les eaux ; sa mère était justement alors aux forges de Redwitz, distantes de trois ou quatre lieues de Wonsiedel, où les eaux sont situées. Sand s'établit aux forges avec sa mère, et malgré son désir de ne point interrompre ses travaux, le temps de prendre ses bains, les invitations à dîner, les promenades même que nécessitait sa santé, dérangeaient la régularité de son existence habituelle et lui donnaient des remords. Aussi trouve-t-on ces lignes écrites sur son journal à la date du 13 avril :

« La vie, sans un but élevé auquel on rattache toutes ses pensées et toutes ses actions, est vide et déserte : ma journée d'aujourd'hui en est une preuve, je l'ai passée avec les miens, et ce m'a été un grand plaisir sans doute ; mais à quoi l'ai-je passée ? à manger continuellement ; de sorte que, lorsque j'ai voulu travailler, je n'ai pu rien faire de bon. Plein de mollesse et de vague, je me suis traîné ce soir dans deux ou trois sociétés, et j'en suis sorti dans les mêmes dispositions où j'y étais entré. »

Pour ses courses, Sand se servait d'un petit cheval alezan appartenant à son frère, et qu'il aimait beaucoup. Ce petit cheval avait été acheté à grande peine ; car, ainsi que nous l'avons dit, toute la famille était pauvre. La note suivante, qui est relative à cet animal, donnera une idée de la naïveté de cœur de Sand.

« 19 avril.
» Aujourd'hui j'ai été bien heureux à la forge et bien laborieux près de ma bonne mère. Le soir je retournai à la maison avec le petit alezan. Depuis avant-hier, qu'il a fait un écart et qu'il s'est blessé au pied, il est resté très-rétif et très-ombrageux : en arrivant, il a refusé de manger. Je crus d'abord que sa nourriture ne lui agréait pas, et je lui donnai quelques morceaux de sucre et quelques bâtons de cannelle qu'il aime

beaucoup; il y goûta, mais ne voulut point les manger. La pauvre petite bête paraît avoir, outre son pied blessé, une autre indisposition intérieure. S'il devenait par malheur fourbu ou malade, tout le monde, et même mes parents, rejetterait la faute sur moi, quoique je l'aie cependant bien soigné et bien ménagé. Mon Dieu! Seigneur, toi qui peux les grandes comme les petites choses, éloigne ce malheur de moi et fais-le guérir le plus promptement possible. Cependant, si tu en avais décidé autrement, et si ce nouveau malheur devait tomber sur nous, je tâcherais de le supporter avec courage et comme une expiation de quelque péché. Au reste, ô mon Dieu! je remets cette chose entre tes mains, comme j'y remets ma vie et mon âme. »

Le 20 avril il écrivait :

« Le petit cheval se porte bien; Dieu m'a aidé. »

Les mœurs allemandes sont si différentes des nôtres, et les oppositions dans un même homme sont si fréquentes au delà du Rhin, qu'il ne fallait rien moins que toutes les citations que nous avons faites pour amener nos lecteurs à une juste idée de ce caractère, mélange de naïveté et de raison, d'enfantillage et de force, d'abattement et d'enthousiasme, de détails matériels et d'idées poétiques, qui fait de Sand un homme incompréhensible pour nous. Nous continuerons donc le portrait; car les dernières touches lui manquent encore.

A son retour à Erlangen, après une cure complète, Sand lut pour la première fois Faust : d'abord il s'étonna de cette œuvre, qu'il regarda comme une débauche de génie; puis, lorsqu'il l'eut entièrement finie, revenant sur sa première impression, il écrivit :

« 4 mai.

» O effroyable lutte de l'homme et du démon! Ce que Méphistophélès est en moi, je le sens seulement à cette heure, et je le sens, ô mon Dieu, avec épouvante!

» Vers les onze heures de la nuit, j'ai achevé de lire cette tragédie, et j'ai vu et senti le démon en moi, de sorte qu'à

minuit j'avais fini, au milieu de mes pleurs et de mon désespoir, par avoir peur de moi-même. »

Cependant Sand tombait peu à peu dans une grande mélancolie, dont pouvait seulement le tirer son désir d'épurer et de
moraliser les étudiants qui l'entouraient. Pour quiconque
connaît la vie des universités, une pareille tâche semblera
surhumaine. Cependant Sand ne se rebuta point, et s'il ne
put prendre son influence sur tous, il parvint du moins à
former autour de lui un cercle considérable, composé des
plus intelligents et des meilleurs : néanmoins, au milieu de
ces travaux apostoliques, d'étranges envies de mourir lui
prenaient : il semblait se souvenir du ciel et avoir besoin d'y
retourner; il appelait ces tentations : — le mal du pays de
l'âme.

Ses auteurs favoris étaient Lessing, Schiller, Herder et
Gœthe; après avoir relu pour la vingtième fois les deux derniers, voici ce qu'il écrivait :

« Le bien et le mal se touchent : les douleurs du jeune
Werther et la séduction de Weisslingen sont presque la même
histoire : n'importe, nous ne devons pas juger ce qui est bien
et ce qui est mal chez les autres, car c'est ce que Dieu fera.
Je viens de passer beaucoup de temps dans cette pensée, et
je suis convaincu qu'on ne devrait dans aucune circonstance
se permettre de chercher le diable chez autrui, et que nous
n'avons pas le droit de juger; la seule créature sur laquelle
nous ayons reçu puissance de justice et de condamnation,
c'est nous-mêmes, et avec cela nous avons constamment assez
de soins, d'affaires et de peines.

» Je me suis senti encore aujourd'hui un désir profond de
sortir de ce monde et d'entrer dans un monde supérieur; mais
ce désir était plutôt de l'accablement que de la force, une lassitude qu'un élan. »

L'année 1816 s'écoula pour Sand dans ces tentatives pieuses
sur ses jeunes compagnons, dans cet éternel examen de lui-
même et dans le combat perpétuel qu'il livra à ce désir de

mort qui le poursuivait; chaque jour il doutait davantage de lui-même, et le 1er janvier 1817, voici la prière qu'il écrivait sur son journal :

« Accorde-moi, Seigneur, à moi à qui tu as donné le libre arbitre en m'envoyant sur la terre, cette grâce que, pendant cette année où nous entrons, je ne me relâche jamais de cette constante attention de moi-même, et que je n'abandonne pas honteusement cet examen de ma conscience que j'ai fait jusqu'ici. Donne-moi de la force pour accroître cette attention que je porte sur ma vie et pour diminuer de plus en plus celle que je porte sur la vie des autres : augmente ma volonté, afin qu'elle soit assez puissante pour commander aux désirs du corps et aux égarements de l'esprit : donne-moi une conscience pieuse et toute dévouée à ton royaume céleste, afin que je t'appartienne toujours, ou qu'après avoir failli, je puisse encore revenir à toi. »

Sand avait raison de prier Dieu pour cette année 1817, et ses craintes étaient un pressentiment : le ciel de l'Allemagne, éclairci par Leipsick et Waterloo, était de nouveau devenu sombre; au despotisme colossal et universel de Napoléon avait succédé l'oppression individuelle de ces petits princes qui forment la diète germanique, et tout ce que les peuples avaient gagné à précipiter le géant, c'était d'être gouvernés par des nains.

Ce fut alors que les sociétés secrètes s'organisèrent par toute l'Allemagne; disons-en quelques mots, car l'histoire que nous écrivons est non-seulement celle des individus, mais encore celle des nations, et chaque fois que l'occasion s'er présentera, nous ferons un grand horizon à notre petit tableau.

Les sociétés secrètes d'Allemagne, dont nous avons tant entendu parler sans les connaître, semblent, lorsqu'on les remonte comme des fleuves, prendre leur source dans une sorte d'affiliation à ces célèbres clubs d'illuminés et de francs-maçons, qui firent tant de bruit en France vers la fin du dix-huitième siècle. A l'époque de la révolution de 89, ces différentes sectes philosophiques, politiques et religieuses, acceptèrent avec enthousiasme la propagande républicaine, et les succès de nos premiers généraux ont souvent été attribués aux secrets efforts de ces affiliés.

Lorsque Bonaparte, qui en avait eu connaissance et qui même, disait-on, en avait fait partie, troqua son habit de général pour le manteau d'empereur, toutes ces sectes, qui le regardaient comme un renégat et un traître, non-seulement se soulevèrent contre lui à l'intérieur, mais encore lui cherchèrent des ennemis à l'étranger : comme elles s'adressaient aux passions nobles et généreuses, elles trouvèrent de l'écho, et les princes, qui pouvaient profiter de leurs résultats, parurent un instant les encourager. Le prince Louis de Prusse, entre autres, fut grand maître d'une de ces sociétés.

La tentative d'assassinat de Staps, dont nous avons déjà dit un mot, fut un des coups de tonnerre de cet orage; mais le surlendemain vint la paix de Vienne; l'abaissement de l'Autriche compléta la dissolution du vieux corps germanique. Déjà frappées mortellement en 1806, et surveillées par la police française, ces sociétés, au lieu de continuer de s'organiser publiquement, furent forcées de se recruter dans l'ombre.

En 1811, on arrêta plusieurs agents de ces sociétés à Berlin; mais les autorités prussiennes les protégeaient elles-mêmes par l'ordre secret de la reine Louise; de sorte qu'il leur fut facile de faire prendre sur leurs intentions le change à la police française.

Vers février 1813, les désastres de l'armée française ranimèrent le courage de ces sociétés, car il était visible que Dieu venait en aide à leur cause : les étudiants surtout prirent part avec enthousiasme aux nouvelles tentatives qu'elles essayèrent; plusieurs écoles presque entières s'enrôlèrent à l'envi, choisissant pour capitaines leurs chefs d'établissements et leurs professeurs : le poëte Kœrner, tué le 18 octobre à Leipsick, fut le héros de cette campagne.

Le triomphe de ce mouvement national, qui amena deux fois jusqu'à Paris l'armée prussienne, dont une grande partie se composait de volontaires, eut, lorsque les traités de 1815

13.

et la nouvelle constitution germanique furent connus, une réaction terrible en Allemagne : tous ces jeunes gens qui, excités par leurs princes, s'étaient levés au nom de la liberté, s'aperçurent bientôt qu'ils étaient les instruments dont le despotisme européen s'était servi pour se raffermir; ils voulurent réclamer les promesses faites, mais la politique de MM. de Talleyrand et de Metternich pesa sur eux, et, les comprimant aux premières paroles qu'ils firent entendre, les força d'abriter leur mécontentement et leurs espérances dans les universités, qui, jouissant d'une espèce de constitution particulière, échappaient plus facilement aux investigations des mouchards de la sainte-alliance; mais, toutes comprimées qu'elles étaient, ces sociétés n'en existaient pas moins, correspondant entre elles par le moyen d'étudiants voyageurs, qui, chargés de missions verbales, parcouraient l'Allemagne sous le prétexte d'herboriser, et passant de montagnes en montagnes, semaient partout ces paroles lumineuses et pleines d'espoir dont les peuples sont toujours avides et les rois toujours épouvantés.

On a vu que Sand, emporté par le mouvement général, avait fait comme volontaire la campagne de 1815, quoiqu'il n'eût alors que dix-neuf ans : à son retour il avait été déçu comme les autres de ses espérances dorées, et c'est de cette époque que nous voyons son journal prendre le caractère de mysticisme et de tristesse que nos lecteurs ont dû y remarquer. Bientôt il entra dans l'une de ces associations, la Teutonia, et ce fut de ce moment que prenant en religion la grande cause qu'il avait embrassée, il essaya de faire les conjurés dignes de l'entreprise, de là ses tentatives de moralisation, qui réussirent pour quelques-uns, mais échouèrent sur le plus grand nombre.

Cependant Sand était parvenu à former autour de lui un certain cercle de puritains, se composant de soixante à quatre-vingts étudiants à peu près, appartenant tous à la secte de la Burschenschaft, laquelle, malgré toutes les plaisanteries de la secte opposée (la Landmannschaft), poursuivait sa route politique et religieuse : un de ses amis, nommé Dittmar, et lui en étaient à peu près les chefs; et quoique aucune élection n'eût constitué chez eux cette autorité, l'influence qu'ils exerçaient sur les décisions était la preuve que, dans une circonstance donnée, on obéirait spontanément à l'impulsion qu'il leur plairait de communiquer à leurs adeptes. Les réunions des Burschen avaient lieu sur une petite colline couronnée d'un vieux château, située à quelque distance d'Erlangen, et que Sand et Dittmar avaient appelée le Ruttli, en mémoire du lieu où Walter Fürst, Melchthal et Stauffacher firent le serment de délivrer leur pays : c'était là que, sous le prétexte de jeux d'étudiants et tout en rebâtissant avec les vieux débris une maison nouvelle, ils passaient tour à tour de l'action au symbole et du symbole à l'action.

Au reste, l'association faisait de si grands progrès par toute l'Allemagne, que non-seulement les princes et les rois de la confédération germanique commençaient à s'en inquiéter, mais encore les hautes puissances européennes. La France envoyait des agents chargés de lui faire des rapports, la Russie en payait sur place, et souvent les persécutions qui atteignaient un professeur et exaspéraient toute une université, avaient leur source dans une note envoyée par le cabinet des Tuileries ou par celui de Saint-Pétersbourg.

Ce fut au milieu des événements qui se préparaient ainsi que Sand, après s'être mis sous la protection de Dieu, commença l'année 1817 dans les tristes dispositions où nous venons de le voir, et où le maintenait plutôt le dégoût des choses que le dégoût de la vie. Le 8 mai, en proie à cette mélancolie qu'il ne peut vaincre, et qui a pour source toutes ses espérances politiques trompées, il écrit sur son journal :

« Il m'est toujours impossible de me remettre sérieusement au travail, et cette disposition paresseuse, cette humeur hypocondriaque qui jette son voile noir sur toutes les choses de la vie, continue et s'augmente, malgré le mouvement moral que je me suis donné hier. »

A l'époque des vacances, de peur d'augmenter la gêne de ses parents par un surcroît de dépenses, il ne veut pas aller chez eux, et préfère voyager à pied avec ses amis. Sans doute ce voyage, à part son côté d'agrément, avait son but politique.

Quoi qu'il en soit, le journal de Sand n'indique, pendant tout le temps de cette excursion, que le nom des villes où il a passé. Pour donner, au reste, une idée de la soumission de Sand à ses parents, on saura qu'il ne s'était mis en route qu'après en avoir obtenu la permission de sa mère.

A leur retour, Sand, Dittmar et leurs amis, les Burschen, trouvèrent leur Ruttli saccagé par leurs ennemis de la Landmannschaft; la maison qu'ils avaient bâtie était démolie, et ses débris dispersés. Sand prit cet événement pour un présage, et il en fut profondément abattu.

« Il me semble, ô mon Dieu! dit-il dans son journal, que tout nage et tournoie autour de moi. Il fait de plus en plus sombre dans mon âme; mes forces morales, au lieu d'augmenter, diminuent; je travaille, et je ne puis atteindre; je marche au but, et je n'arrive pas; je m'épuise, et je ne fais rien de grand. Les jours de la vie s'enfuient les uns après les autres; les soucis et les inquiétudes augmentent; je n'aperçois nulle part un port qui puisse recevoir notre cause allemande et sainte. A la fin nous tomberons, car déjà je chancelle moi-même. O Seigneur et père! protége-moi, sauve-moi, et conduis-moi à cette terre dont nous sommes sans cesse repoussés par l'indifférence des esprits chancelants. »

Vers ce temps, un événement terrible atteignit Sand jusqu'au plus profond de son cœur: son ami Dittmar se noya.

Voici ce qu'il écrivait le matin même de cet événement sur son journal:

« O Dieu tout-puissant! que va-t-il arriver de moi? Depuis quatorze jours, je suis attiré dans le désordre, et je n'ai pu prendre sur moi de regarder fixement en avant ou en arrière dans ma vie; si bien que du 4 juin jusqu'à cette heure mon journal est resté vide. J'aurais pourtant eu tous les jours occasion de vous louer, ô mon Dieu! mais mon âme est dans l'angoisse. Seigneur, ne vous détournez pas de moi; plus il y a d'obstacles, plus il faut de force. »

Le soir, il ajouta ces quelques mots aux lignes qu'il avait écrites le matin:

« Désolation, désespoir et mort sur mon ami, sur mon bien profondément aimé Dittmar. »

Cette lettre, qu'il écrit à sa famille, contient le récit de ce tragique événement :

« Vous savez que lorsque mes meilleurs amis U. C. et Z. furent partis, je me liai particulièrement avec mon bien-aimé Dittmar d'Anspach ; Dittmar, c'est-à-dire un véritable et digne Allemand, un chrétien évangélique, plus qu'un homme enfin ! une âme d'ange toujours poussée vers le bien, sereine, pieuse et prête à l'action : il était venu habiter, dans la maison du professeur Grunler, une chambre contre la mienne ; nous nous aimions, nous nous soutenions dans nos efforts, et nous portions bien ou mal, bonne ou mauvaise fortune en commun. Cette dernière soirée du printemps, après avoir travaillé dans sa chambre et nous être affermis de nouveau contre tous les tourments de la vie et dans le but que nous voulions atteindre, nous allâmes, vers les sept heures du soir, aux bains du Rednitz. Un orage très-sombre s'élevait en ce moment dans le ciel, mais n'apparaissait encore qu'à l'horizon. E., qui nous accompagnait, proposa de rentrer ; mais Dittmar insista, disant que le canal n'était qu'à quelques pas. Dieu permit que ce ne fût pas moi qui répondis cette parole meurtrière. Nous continuâmes donc notre route ; le coucher du soleil était splendide. Je le vois encore, avec ses nuages violets tout frangés d'or ; car je me souviens des moindres détails de cette fatale soirée.

» Dittmar descendit le premier ; c'était le seul de nous qui sût nager ; aussi marcha-t-il devant nous pour nous indiquer la profondeur. Nous avions de l'eau à peu près jusqu'à la poitrine ; et lui, qui nous précédait, en avait jusqu'aux épaules, lorsqu'il nous prévint de ne pas aller plus loin, parce qu'il perdait pied. Aussitôt il quitta le fond, et se mit à nager ; mais à peine était-il à dix brassées, qu'arrivé à l'endroit où la rivière se sépare en deux branches, il jeta un cri, et, voulant reprendre pied, disparut. Nous courûmes aussitôt sur le bord, espérant de là lui porter plus facilement du secours ; mais nous n'avions à notre portée ni perches ni cordes ; et, comme

je vous l'ai dit, ni l'un ni l'autre de nous ne savait nager.
Nous appelâmes alors à l'aide de toute notre force. Dans ce
moment, Dittmar reparut, et, par un effort inouï, saisit le
bout d'une branche de saule qui pendait au-dessus de l'eau ;
mais la branche n'avait point la force de résister, et notre
ami s'enfonça de nouveau comme s'il eût été frappé par un
coup de sang. Vous figurez-vous dans quel état nous étions,
nous ses amis, les yeux fixes et hagards, courbés sur le fleuve,
cherchant à percer la profondeur de son eau. Mon Dieu ! mon
Dieu ! comment ne devînmes-nous pas fous ?

» Cependant une grande multitude était accourue à nos
cris. Pendant deux heures, on le chercha avec des barques
et des crocs, enfin on parvint à retirer son cadavre de l'a-
bîme. Hier nous l'avons solennellement porté au champ du
repos.

» Ainsi, avec la fin de ce printemps a commencé le sérieux
été de ma vie. Je l'ai salué dans une disposition grave et mélancolique, et vous me voyez maintenant sinon consolé, du
moins affermi par la religion, qui, grâce aux mérites du
Christ, me donne l'assurance de retrouver mon ami dans le
ciel, du haut duquel il m'inspirera la force de supporter les
épreuves de cette vie ; et maintenant je ne désire plus rien
que de vous savoir hors de toute inquiétude relativement à
moi. »

Au lieu qu'un pareil accident réunît par une douleur commune les deux sectes des étudiants, il ne fit, au contraire,
qu'envenimer la haine qu'elles se portaient. Parmi les premiers accourus aux cris de Sand et de son camarade, était
un membre de la Landmannschaft qui savait nager ; mais
au lieu de porter du secours à Dittmar, il s'écria : — Il paraît
que nous allons être débarrassés d'un de ces chiens de Burschen ; Dieu soit loué ! — Malgré cette manifestation haineuse,
qui, au reste, pouvait être celle d'un individu, et non celle
du corps, les Burschen invitèrent leurs ennemis à assister au
convoi de Dittmar. Un refus brutal et la menace de troubler
le convoi par des outrages au cadavre fut leur seule réponse.
Les Burschen prévinrent alors l'autorité, qui prit ses mesu-

res, et tous les amis de Dittmar accompagnèrent son corps l'épée à la main. En voyant cette démonstration calme mais résolue, la Landmannschaft n'osa tenir la menace qu'elle avait faite, et se contenta d'insulter le convoi par des rires et par des chansons.

Sand écrivait sur son journal :

« Dittmar est une grande perte pour tous et particulièrement pour moi : il me donnait le superflu de sa force et de sa vie; il arrêtait comme avec une digue ce que mon caractère a de flottant et d'irrésolu. C'est de lui que j'ai appris à ne pas craindre l'orage qui s'approche et à savoir combattre et mourir. »

Quelques jours après le convoi, Sand eut une querelle à propos de Dittmar avec un de ses anciens amis, qui avait passé des Burschen dans la Landmannschaft et qui s'était, lors du convoi, fait remarquer par son inconvenante hilarité. Il fut décidé que l'on se battrait le lendemain, et ce même jour Sand écrit sur son journal :

« 16 août.

» Demain je dois me battre avec P. G.; tu sais pourtant, ô mon Dieu! combien, à cela près d'une certaine défiance que sa froideur m'a toujours inspirée, nous avons autrefois été amis; mais, dans cette circonstance, sa conduite odieuse m'a fait descendre de la pitié la plus tendre à la haine la plus profonde.

» Mon Dieu! ne retire ta main ni de lui ni de moi, puisque nous combattons tous deux comme des hommes! juge seulement nos deux causes, et donne la victoire à la plus juste. Si tu m'appelles devant ton tribunal suprême, je sais bien que j'y paraîtrai chargé d'une éternelle malédiction : aussi ce n'est pas sur moi que je compte, mais sur les mérites de notre Sauveur Jésus.

» Quoi qu'il arrive, sois loué et béni, ô mon Dieu! Amen.

» Mes chers parents, frères et amis, je vous recommande à la protection de Dieu. »

Sand attendit en vain le lendemain pendant deux heures : son adversaire ne vint pas au rendez-vous.

Au reste, la perte de Dittmar fut loin de produire sur Sand le résultat qu'on aurait pu en attendre, et qu'il semble indiquer lui-même dans les regrets qu'il lui donne. Privé de cette âme forte sur laquelle il se reposait, Sand comprit qu'il devait rendre, par une double énergie, la mort de Dittmar moins fatale à son parti. En effet, il continua à lui seul l'œuvre d'association qu'ils poursuivaient à eux deux, et la conspiration patriotique ne fut pas entravée un instant.

Les vacances arrivèrent, et Sand quitta Erlangen pour n'y plus revenir. De Wonsiedel, il devait se rendre à Iéna pour y continuer ses études théologiques. Après quelques jours passés dans sa famille et indiqués dans son journal comme parfaitement heureux, Sand partit pour sa nouvelle résidence, où il arriva quelque temps avant les fêtes du Wartburg.

Ces fêtes, qui étaient instituées pour célébrer l'anniversaire de la bataille de Leipsick, avaient une grande solennité dans toute l'Allemagne; et quoique les princes sussent bien que c'était un centre d'affiliation renouvelé tous les ans, ils n'osaient encore les proscrire. En effet, l'association Teutonique fut posée au milieu de cette fête, et signée par plus de deux mille députés des différentes universités d'Allemagne. Ce fut un jour de joie pour Sand; car il retrouva là, au milieu d'amis nouveaux, un grand nombre de ses anciens amis.

Cependant le gouvernement, qui n'avait point osé attaquer cette réunion par la force, résolut de la miner par la pensée. M. de Stauren publia un mémoire terrible contre les associations, lequel avait été, disait-on, rédigé sur des renseignements fournis par Kotzebue. Ce mémoire fit grand bruit, non-seulement à Iéna, mais dans toute l'Allemagne. C'était le premier coup porté à la liberté des étudiants. Voici la trace que nous trouvons de cet événement sur le journal de Sand :

« 24 novembre.

» Aujourd'hui, après avoir travaillé avec beaucoup de soin et d'assiduité, je suis sorti vers quatre heures du soir avec E. En traversant la place du Marché, nous y avons entendu lire la nouvelle et empoisonnée insulte de Kotzebue. Quelle rage possède cet homme contre les Burschen et contre tout ce qui aime l'Allemagne? »

C'est la première fois et dans ces termes que le journal de Sand présente le nom de l'homme que dix-huit mois plus tard il devait assassiner.

Le 29 au soir, Sand écrit encore :

« Demain, je vais partir courageusement et joyeusement d'ici pour un pèlerinage à Wonsiedel : là, je retrouverai ma mère au grand cœur et ma tendre sœur Julie; là, je me refroidirai la tête et me réchaufferai l'âme. Probablement que j'assisterai au mariage de mon bon Fritz avec Louise, et au baptême du premier-né de mon bien cher Durchmith. Dieu, ô mon père! ainsi que tu fus avec moi pendant la voie douloureuse, sois encore avec moi pendant le chemin joyeux. »

Ce voyage égaya effectivement beaucoup Sand. Depuis la mort de Dittmar, ses accès d'hypocondrie avaient disparu. Dittmar vivant, il pouvait mourir; Dittmar mort, il devait vivre.

Le 11 décembre, il quitta Wonsiedel pour revenir à Iéna, et le 30 du même mois, il écrivit cette prière sur son journal :

« O Seigneur miséricordieux, j'ai commencé cette année avec la prière, et vers ces derniers temps j'ai été distrait et mal disposé. Quand je regarde en arrière, je trouve, hélas! que je ne suis pas devenu meilleur; mais je suis entré plus profondément dans la vie, et l'occasion s'en présentant, je me sens maintenant la force d'agir.

» C'est que tu as toujours été avec moi, Seigneur, quand bien même je n'étais pas avec toi. »

Si nos lecteurs ont suivi avec quelque attention les différents extraits du journal que nous avons mis sous leurs yeux, ils ont dû voir peu à peu la résolution de Sand s'affermir et sa tête s'exalter. Dès le commencement de l'année 1818, on sent son regard, longtemps timide et errant, embrasser un horizon plus large et se fixer vers un plus noble but. Ce n'est plus la vie simple du pasteur, ni l'influence étroite qu'il peut prendre dans une petite commune, et qui lui avaient paru, dans sa modestie juvénile, le comble du bonheur et de la félicité, qu'il ambitionne, c'est sa patrie, c'est son peuple allemand, c'est l'humanité tout entière qu'il embrasse dans les plans gigantesques de sa régénération politique. Aussi, sur la page blanche de la reliure de son journal pour l'année 1818, il écrit :

« Seigneur, laisse-moi m'affermir dans l'idée que j'ai conçue de la délivrance de l'humanité par le saint sacrifice de ton Fils. Fais que je sois un Christ pour l'Allemagne, et que, comme et par Jésus, je sois fort et patient à la douleur. »

Cependant les brochures antirépublicaines de Kotzebue se multipliaient, et prenaient une influence fatale sur l'esprit des gouvernants. Presque toutes les personnes qui étaient attaquées dans ces pamphlets étaient connues et estimées à Iéna : on doit comprendre quels effets ces insultes devaient produire sur ces jeunes têtes et ces nobles cœurs, qui poussaient la conviction jusqu'à l'aveuglement, et l'enthousiasme jusqu'au fanatisme.

Aussi voici ce que Sand écrit le 5 mai sur son journal :

« Seigneur, pourquoi donc cette mélancolique angoisse qui s'est de nouveau emparée de moi ! Mais une volonté ferme et constante surmonte tout, et l'idée de la patrie donne aux plus tristes et aux plus faibles de la joie et du courage. Quand j'y réfléchis, je m'étonne toujours qu'il ne s'en trouve point parmi nous un assez courageux pour enfoncer un couteau dans la gorge de Kotzebue ou de tout autre traître. »

Toujours dominé par la même pensée, il continue ainsi le mai :

Un homme n'est rien en comparaison d'un peuple ; c'est

une unité comparée à des milliards ; c'est une minute comparée à un siècle. L'homme que rien ne précède et que rien ne suit, naît, vit et meurt dans un espace plus ou moins long mais qui, relativement à l'éternité, équivaut à peine à la durée de l'éclair. Un peuple, au contraire, est immortel. »

Cependant, de temps en temps, au milieu de ces pensées empreintes de la fatalité politique qui le pousse vers l'œuvre sanglante, le bon et joyeux jeune homme reparaît.

Le 24 juin, il écrit à sa mère :

« J'ai reçu votre grande et belle lettre, accompagnée du trousseau si complet et si bien choisi que vous m'envoyez. La vue de ce beau linge m'a rendu une de mes anciennes joies d'enfant. Ce sont de nouveaux bienfaits. Mes prières ne restent jamais inaccomplies, et vous et Dieu, j'ai sans cesse à vous remercier. Je reçois tout à la fois des chemises, deux paires de beaux draps, un présent de votre ouvrage, de l'ouvrage de Julie et de Caroline, des friandises et des douceurs ; si bien que j'en saute encore de joie, et que j'en ai tourné trois fois sur mon talon quand j'ouvris ce petit paquet. Recevez mon remercîment de cœur, et partagez comme donatrice la joie de celui qui a reçu.

» Aujourd'hui cependant est un jour sérieux, le dernier jour du printemps anniversaire de celui où j'ai perdu mon noble et bon Dittmar. Je suis en proie à mille sentiments divers et confus ; mais je n'ai plus en moi que deux passions qui restent debout, et, pareilles à deux piliers d'airain, soutiennent tout ce chaos : c'est la pensée de Dieu et l'amour de ma patrie. »

Pendant tout ce temps, la vie de Sand reste en apparence calme et égale ; l'orage intérieur est apaisé ; il se réjouit de son application au travail et de sa disposition joyeuse. Cependant de temps en temps il se fait de grandes plaintes à lui-même sur sa propension à la friandise, qu'il ne lui est pas toujours possible de vaincre. Alors il s'appelle, dans son mépris pour lui-même, — ventre de figues ou de gâteaux.

Puis, au milieu de tout cela, l'exaltation religieuse et politique continue. Il fait avec ses amis un voyage de propagande à Leipsick, à Wittemberg et à Berlin, et visite tous les champs de bataille qui se trouvent dans le voisinage de la route qu'il parcourt. Le 18 octobre, il est de retour à Iéna, où il reprend ses études avec plus d'application que jamais. C'est dans ces travaux universitaires qu'expire pour lui l'année 1818, et à peine se douterait-on de la résolution terrible qu'il a prise, si l'on ne trouvait sur son journal cette dernière note en date du 31 décembre :

« Je finis ainsi le dernier jour de cette année 1818 dans une disposition sérieuse et solennelle, et j'ai décidé que la fête de Noël qui vient de s'écouler serait la dernière fête de Noël que je fêterai. S'il doit ressortir quelque chose de nos efforts, si la cause de l'humanité doit prendre le dessus dans notre patrie ; si, au milieu de cette époque sans foi, quelques sentiments généreux peuvent renaître et se faire place, c'est à la condition que le misérable, que le traître, que le séducteur de la jeunesse, l'infâme Kotzebue, sera tombé! Je suis bien convaincu de ceci, et tant que je n'aurai pas accompli l'œuvre que j'ai résolue, je n'aurai plus aucun repos. Seigneur, toi qui sais que j'ai dévoué ma vie à cette grande action, je n'ai plus, maintenant qu'elle est arrêtée en mon esprit, qu'à te demander la véritable fermeté et le courage de l'âme. »

Ici finit le journal de Sand : il l'avait établi pour s'affermir ; il était arrivé à son but, il n'avait plus besoin d'autre chose. De ce moment il ne fut plus occupé que de cette seule idée, et il continua lentement d'en mûrir le plan dans sa tête pour se familiariser avec son exécution; mais toutes les impressions qui ressortirent de cette pensée furent intérieures, et aucune ne se manifesta à la surface. Pour tout le monde, il était le même; seulement, depuis quelque temps, on remarquait en lui une sérénité parfaite et toujours égale, accompagnée d'un retour visible et joyeux vers la vie. Il n'avait rien changé aux heures ni à la durée de ses leçons;

seulement il se mit à fréquenter avec une grande assiduité les cours d'anatomie. Un jour on le vit donner une attention plus profonde encore que de coutume à une leçon où le professeur démontrait les différentes fonctions du cœur : il examina avec le plus grand soin la place qu'il occupait dans la poitrine, faisant répéter quelques-unes des démonstrations jusqu'à deux ou trois fois, et en sortant, interrogeant encore ceux des jeunes gens qui suivaient la classe de médecine, sur la susceptibilité de cet organe, qui ne peut être frappé d'un coup, si faible que ce soit, sans que ce coup amène la mort; et tout cela avec une indifférence et un calme si parfaits, qu'aucun de ceux qui l'entouraient ne se douta de rien.

Un autre jour, A. S., un de ses amis, entre dans sa chambre; Sand, qui l'avait entendu monter, l'attendait debout contre une table, un couteau à couper le papier à la main ; aussitôt qu'il paraît, Sand se précipite sur lui, lui donne un léger coup au front, et comme il y porte ses mains, le frappe d'un autre un peu plus violent à la poitrine; puis, satisfait de son épreuve :

— Vois-tu, lui dit Sand, lorsqu'on veut tuer un homme, voilà comme on s'y prend : on menace le visage, il y porte les mains, et pendant ce temps on lui enfonce un poignard dans le cœur.

Les deux jeunes gens rirent beaucoup de cette démonstration meurtrière, et le soir A. S. la raconta au Weinhaus comme une de ces singularités de caractère si communes chez son ami. Après l'événement, cette pantomime s'expliqua d'elle-même.

Le mois de mars arriva; Sand devenait de jour en jour plus calme, plus affectueux et meilleur : on eût dit qu'au moment de quitter ses amis pour toujours, il voulait leur laisser de lui un souvenir ineffaçable. Enfin il annonça que, pour plusieurs affaires de famille, il allait entreprendre un petit voyage, et commença tous ses préparatifs avec son soin habituel, mais avec une sérénité qu'on ne lui avait jamais vue. Jusque-là il avait continué de travailler comme de coutume, ne se relâchant point un instant; car il était dans les choses possibles que Kotzebue mourût ou fût tué par un autre avant le terme que Sand s'était fixé à lui-même, et alors il ne voulait pas avoir perdu son temps.

Le 7 mars, Sand invita tous ses amis à passer la soirée chez lui, et leur annonça son départ pour le surlendemain 9. Tous lui proposèrent alors de lui faire la conduite pendant quelques lieues; mais Sand refusa : il craignait que cette démonstration, quelque innocente qu'elle fût, ne les compromît plus tard. Il partit donc seul, après avoir, pour éloigner tout soupçon, loué de nouveau son logement pour un semestre, et prit par Erfurt et Isenach, afin de visiter le Warzburg.

De là il partit pour Francfort, où il coucha le 17, et le lendemain continua sa route par Darmstadt. Enfin, le 23, à neuf heures du matin, il arriva sur la petite colline où nous l'avons trouvé au commencement de ce récit. Pendant toute la route, il avait été ce bon et joyeux jeune homme que l'on ne pouvait voir sans l'aimer.

Arrivé à Manheim, il alla loger au Weinberg, et s'inscrivit sur le registre des voyageurs sous le nom de Henri. Aussitôt il s'informa où demeurait Kotzebue. Le conseiller logeait près de l'église des jésuites; sa maison faisait l'angle d'une rue, et quoiqu'on ne pût pas lui dire précisément la lettre, il n'y avait point à s'y tromper (2).

Sand se rendit aussitôt chez Kotzebue; il était à peu près dix heures : on lui dit alors que le conseiller sortait tous les matins pour aller se promener une heure ou deux dans une allée du parc de Manheim : Sand se fit désigner l'allée et le costume que portait le conseiller, car, ne l'ayant jamais vu, il ne pouvait le reconnaître que d'après son signalement. Le hasard fit que Kotzebue avait pris une autre allée. Sand se promena une heure au parc; mais n'y voyant personne à qui il pût appliquer le signalement donné, il repassa par la maison. Kotzebue était rentré; mais il déjeunait et ne pouvait le recevoir.

Sand revint au Weinberg, et prit place à la table d'hôte de midi, où il dîna avec une disposition si calme et même si joyeuse, qu'il fut remarqué de tout le monde par sa conversation tour à tour vive, simple et élevée. A cinq heures de l'après-midi, il retourna une troisième fois chez Kotzebue, qui donnait ce jour-là même un grand dîner ; mais les ordres avaient été laissés pour qu'on reçût Sand. On le fit entrer dans un petit cabinet attenant à l'antichambre ; au bout d'un instant, Kotzebue parut.

Sand joua alors le drame dont il avait fait la répétition sur son ami A. S. : menacé au visage, Kotzebue y porta les mains et découvrit la poitrine ; Sand lui enfonça aussitôt son poignard dans le cœur : Kotzebue ne jeta qu'un cri et alla en chancelant tomber à la renverse dans un fauteuil. Il était mort.

A ce cri accourut une petite fille de six ans, une de ces charmantes enfants d'Allemagne, à la tête de chérubin, aux yeux bleus et aux longs cheveux flottants. Elle se jeta sur le corps de Kotzebue en poussant des cris déchirants, et en appelant son père : Sand, debout à la porte, ne put supporter ce spectacle, et, sans aller plus loin, il s'enfonça jusqu'au manche dans la poitrine le poignard encore tout couvert du sang de Kotzebue.

Alors, voyant avec étonnement que, malgré la blessure terrible qu'il venait de se faire, il ne sentait pas la mort venir, et ne voulant pas tomber vivant aux mains des valets qui accouraient, il se précipita dans l'escalier. En ce moment les personnes invitées entraient : ces personnes, en voyant un jeune homme pâle, tout sanglant, un couteau dans la poitrine, poussèrent de grands cris, et s'écartèrent au lieu de l'arrêter. Sand franchit donc encore l'escalier et arriva à la porte de la rue : à dix pas passait une patrouille qui allait relever les sentinelles du château, Sand la crut appelée par les cris qui le poursuivaient, se jeta à genoux au milieu de la rue, disant : « Mon père, reçois mon âme. » Puis, tirant le couteau de la plaie, il s'en donna un second coup au-dessous du premier et tomba évanoui.

Sand fut transporté à l'hôpital et tenu sous la garde la plus sévère : les blessures étaient graves ; et cependant, grâce à l'habileté des médecins appelés, elles ne furent pas mortelles : l'une d'elles guérit même plus tard ; mais, pour la seconde, comme le fer avait pénétré entre la plèvre costale et la plèvre pulmonaire, il s'était formé un épanchement entre les deux feuillets ; de sorte qu'au lieu de la refermer, on la tint soigueusement ouverte, afin de lui tirer tous les matins, à l'aide d'une pompe, le sang extravasé pendant la nuit, comme cela se pratique dans l'opération de l'empyème. Malgré ces soins, Sand fut pendant trois mois entre la vie et la mort.

Lorsque, le 26 mars, la nouvelle de l'assassinat de Kotzebue arriva de Manheim à Iéna, le sénat académique fit ouvrir l'appartement de Sand, et trouva deux lettres, l'une adressée à ses amis de la Burschenschaft, et dans laquelle il leur déclarait qu'il ne faisait plus partie de leur société, ne voulant pas qu'ils eussent encore pour frère un homme qui allait mourir sur l'échafaud ;

L'autre, qui portait cette suscription : « A mes plus chers et mes plus intimes, » était le récit exact de ce qu'il comptait faire, et des motifs qui l'avaient déterminé à cette action. Quoique la lettre soit un peu longue, elle est si solennelle et si antique, que nous n'hésitons pas à la mettre entièrement sous les yeux de nos lecteurs.

« A tous les miens,

» Ames loyales et éternellement chéries :

» Pourquoi augmenter encore votre douleur? me demandais-je. Et j'hésitais à vous écrire; mais la religion du cœur eût été blessée de mon silence; et plus la douleur est profonde, plus elle a besoin, pour s'effacer, d'épuiser d'abord jusqu'à la lie l'absinthe de son calice. Sors donc de ma poitrine pleine d'angoisses; — en avant, long et cruel tourment d'un dernier entretien, qui peut seul cependant, lorsqu'il est sincère, adoucir la peine du départ !

» Cette lettre vous apporte le dernier adieu de votre fils et de votre frère.

» Le plus grand malheur de la vie pour tout cœur généreux est de voir la cause de Dieu s'arrêter dans ses développements par notre faute; et l'infamie la plus déshonorante serait de souffrir que les belles choses acquises bravement par des milliers d'hommes, et pour lesquelles des milliers d'hommes se sont sacrifiés avec joie, ne soient plus qu'un rêve passager, sans suites réelles et positives. La résurrection de notre vie allemande fut commencée dans les vingt dernières années, et particulièrement dans la sainte année 1813, avec un courage inspiré par Dieu. Mais voilà que la maison paternelle est ébranlée depuis le faîte jusqu'à la base. En avant! relevons-la neuve et belle, et telle que doit être le temple du vrai Dieu.

» Ils sont en petit nombre ceux qui résistent et qui veulent s'opposer comme une digue au torrent du progrès de la haute humanité chez le peuple allemand. Pourquoi de grandes masses tout entières plieraient-elles sous le joug d'une perverse minorité? et pourquoi, guéris à peine, retomberions-nous dans un mal pire que celui dont nous sortons?

» Plusieurs de ces suborneurs, et ceux-là sont les plus infâmes, jouent avec nous le jeu de la corruption : parmi eux est Kotzebue, le plus adroit et le pire de tous, véritable machine à paroles, d'où sortent tout discours détestable et tout conseil pernicieux. Sa voix est habile à nous enlever toute humeur et toute amertume contre les mesures les plus injustes, et telle qu'il la faut aux rois pour nous endormir dans ce vieux sommeil fainéant qui est la mort des peuples. Chaque jour il trahit odieusement la patrie, et n'en reste pas moins, malgré sa trahison, une idole pour la moitié de l'Allemagne, qui, éblouie par lui, accepte sans résistance le poison qu'il lui verse dans ses pamphlets périodiques, protégé et enveloppé qu'il est dans le manteau séducteur d'une grande réputation de poëte. Excités par lui, les princes de l'Allemagne, qui ont oublié leurs promesses, ne laisseront s'accomplir rien de libre ni de bon ; ou, si quelque chose de pareil s'accomplit malgré eux, ils se ligueront avec les Français pour l'anéantir. Pour que l'histoire de notre temps ne soit pas couverte d'une ignominie éternelle, il faut qu'il tombe.

» Je l'ai toujours dit : si nous voulons trouver un grand et suprême remède à l'état d'abaissement où nous sommes, il faut qu'aucun ne redoute ni le combat ni la douleur, et la véritable liberté du peuple allemand ne sera assurée que lorsque le brave bourgeois lui-même se sera mis au jeu, ou aura parié, et que tout fils de la patrie préparé à la lutte pour la justice méprisera les biens de ce monde, pour n'envier que les biens célestes qui sont sous la garde de la mort.

» Qui donc frappera ce misérable salarié, ce traître vénal?

» J'attends depuis longtemps dans la crainte, dans la prière et dans les larmes, moi qui ne suis pas né pour le meurtre, qu'un autre me devance, me délie et me laisse ainsi continuer ma route dans le sentier doux et paisible que je me suis choisi. Eh bien! malgré mes prières et mes larmes, celui-là qui doit frapper ne se présente point : en effet, chacun, ainsi que moi, a le droit de compter sur un autre, et chacun comptant ainsi, chaque heure de retard ne fait qu'empirer notre situation; car d'une heure à l'autre, et quelle honte profonde ne serait-ce pas pour nous! Kotzebue impuni peut quitter l'Allemagne et aller dévorer en Russie les trésors contre lesquels il a échangé son honneur, sa conscience et son nom d'Allemand. Qui pourra nous garantir de cette honte, si chacun, si moi-même, je ne me sens pas la force de sauver ma chère patrie en me faisant l'élu de la justice de Dieu? Ainsi donc, en avant! c'est moi qui m'élancerai courageusement sur lui (ne vous effrayez pas), sur lui, le séducteur immonde : c'est moi qui tuerai le traître, afin qu'en s'éteignant sa voix corruptrice cesse de nous éloigner des enseignements de l'histoire et de l'esprit de Dieu. Un devoir irrésistible et solennel me pousse à cette action, depuis que j'ai reconnu à quelles hautes destinées le peuple allemand peut atteindre dans ce siècle; et depuis que je connais le lâche et l'hypocrite qui l'empêche seul d'y arriver, ce désir est devenu pour moi, comme pour tout Allemand qui veut le bien public, une sévère et rigoureuse nécessité. Puissé-je, par cette vengeance populaire, indiquer à toutes les consciences droites et loyales où gît le véritable danger et sauver du grand et prochain péril qui les menace nos associations avilies et calomniées! puissé-je enfin répandre la terreur sur les méchants et les lâches, et le courage et la foi sur les bons! Les discours et les écrits ne mènent à rien, les actions seules *peuvent*.

» J'agirai donc; et, quoique poussé violemment hors de mes beaux rêves d'avenir, je n'en suis pas moins plein de confiance en Dieu : j'éprouve même une joie céleste depuis que, comme les Hébreux cherchant la terre promise, je vois tracée devant moi, dans la nuit et dans la mort, cette route au bout de laquelle j'aurai payé ma dette à la patrie.

» Ainsi donc, adieu, cœurs fidèles : certes cette prompte séparation est dure; certes vos espérances comme mes souhaits sont trompés; mais consolons-nous d'abord avec l'idée que nous avons fait ce que la voix de la patrie réclamait de nous; c'est, vous le savez, le principe dans lequel j'ai toujours vécu. Vous vous direz entre vous, sans doute : Il avait cependant, grâce à nos sacrifices, appris à connaître la vie et à goûter les joies de la terre, et il paraissait aimer profondément le pays natal et l'humble état auquel il était appelé. Hélas ! oui, cela est vrai : sous votre protection et avec vos innombrables sacrifices, le pays natal et la vie m'étaient devenus profondément chers. Oui, grâce à vous, j'ai pénétré dans l'Éden de la science et j'ai vécu de la vie libre de la pensée : grâce à vous, j'ai regardé dans l'histoire, et je suis rentré ensuite dans ma conscience, pour m'attacher aux solides piliers de la foi pour l'Éternel.

» Oui, je devais traverser doucement cette vie comme un prédicateur de l'Évangile; oui, je devais, dans ma fidélité à mon état, m'abriter contre les orages de cette existence. Mais cela suffirait-il pour détourner le danger qui menace l'Allemagne? et vous-mêmes, dans votre amour infini, ne devez-vous pas, au contraire, me pousser à risquer ma vie pour le bien de tous? Tant de Grecs modernes sont déjà tombés pour affranchir leur patrie du joug des Turcs, et sont morts presque sans aucun résultat et sans aucune espérance; et cependant des milliers de nouveaux martyrs ne perdent point courage et sont prêts à tomber à leur tour; et moi, j'hésiterais à mourir !

» Que je méconnaisse votre amour, ou que votre amour soit pour moi une considération légère, vous ne le croyez pas. Qui donc me pousserait à la mort, si ce n'était mon dévouement à vous et à l'Allemagne, et le besoin de prouver ce dévouement à ma famille et à mon pays?

» Ma mère, tu diras : Pourquoi ai-je élevé un fils que j'aimais et qui m'aimait, pour lequel j'ai pris mille soins et me suis donné mille peines; qui, grâce à mes prières et à mon

 LES CRIMES CÉLÈBRES

exemple, fut impressionnable au bien, et duquel je devais, après ma longue et fatigante carrière, recevoir des soins pareils à ceux que je lui ai donnés ? Pourquoi m'abandonne-t-il maintenant ?

» O ma bonne et tendre mère ! oui, vous direz cela peut-être ; mais la mère d'un autre ne pourrait-elle pas en dire autant ? et tout se passer ainsi en paroles, quand il faut agir pour le pays ! et si personne ne voulait agir, que deviendrait cette mère de tous qu'on appelle l'Allemagne ?

» Mais non, ces plaintes sont loin de toi, noble femme ; déjà une fois j'ai compris ton appel ; et si, à l'heure qu'il est, personne ne se présentait pour la cause allemande, tu me pousserais toi-même au combat. J'ai avant moi deux frères et deux sœurs, tous nobles et loyaux. Ils vous resteront, ma mère ; puis vous aurez encore pour fils tous les enfants de l'Allemagne qui aiment leur patrie.

» Tout homme a une destinée qu'il doit accomplir : la mienne est vouée à l'action que je vais entreprendre ; quand je vivrais encore cinquante années, je ne pourrais pas vivre plus heureux que je ne l'ai fait dans ces derniers temps.

» Adieu, ma mère ; je vous recommande à la protection de Dieu ; puisse-t-il vous élever à cette joie que les malheurs ne peuvent plus troubler ! Conduisez bientôt vos petits-enfants, pour lesquels j'aurais tant aimé à être un tendre ami, sur le sommet de nos belles montagnes. Que là, sur cet autel élevé par le Seigneur lui-même au milieu de l'Allemagne, ils se dévouent et jurent de prendre l'épée aussitôt qu'ils auront la force de la soulever, et de ne la déposer que lorsque tous nos frères seront réunis par la liberté ; que lorsque tous les Allemands, ayant une constitution libérale, seront grands devant le Seigneur, puissants contre leurs voisins, et unis entre eux.

» Que ma patrie élève toujours ses regards heureux vers toi, Père tout-puissant ! que ta bénédiction tombe abondamment sur ses moissons prêtes à être fauchées, et sur ses armées prêtes à combattre, et que, reconnaissant les grâces dont tu l'as accablé, le peuple allemand soit toujours parmi les peuples le premier levé pour soutenir la cause de l'humanité, qui est ton image sur la terre !

» Votre éternellement attaché fils, frère et ami,

» KARL LUDWIG SAND.

» Iéna, au commencement de mars 1819, »

Sand, conduit d'abord à l'hôpital, comme nous l'avons dit, avait ensuite, au bout de trois mois, été transporté à la maison de force de Manheim, où le directeur M. G. lui avait fait préparer une chambre. Ce fut là qu'il resta deux mois encore dans une faiblesse extrême : son bras gauche était complétement paralysé ; sa voix était très-faible ; chaque mouvement qu'il faisait lui causait des douleurs atroces ; aussi ne fut-ce que le 11 août, c'est-à-dire cinq mois après l'événement que nous venons de raconter, qu'il put écrire à sa famille la lettre suivante :

« Bien chers parents,

» La commission d'enquête du grand-duc m'a fait part hier qu'il serait possible que j'eusse la joie bien vive d'être visité par vous, et que je pourrais peut-être vous voir et vous embrasser ici, vous, ma mère, et quelques-uns de mes frères et sœurs !

» Sans être surpris de cette nouvelle preuve de votre amour maternel, cette espérance a de nouveau réveillé en moi le souvenir ardent de cette vie heureuse passée doucement ensemble. La joie et la douleur, le désir et le sacrifice agitent violemment mon cœur, et il m'a fallu peser l'un à côté de l'autre, et avec la puissance de la raison, tous ces mouvements divers pour redevenir maître de moi-même et prendre une décision relativement à mes désirs.

» La balance a penché du côté du sacrifice.

» Vous savez, ma mère, ce qu'un regard de vos yeux, ce que des relations de tous les jours, ce que vos entretiens pieux et élevés pourraient m'apporter de joie et de courage

14.

pendant ce temps bien court. Mais aussi vous savez ma posi-tion, et vous connaissez trop bien la marche naturelle de toutes ces douloureuses enquêtes, pour ne pas trouver comme moi qu'une gêne pareille, renouvelée à tous les instants, troublerait beaucoup la joie de notre réunion, si elle ne parvenait pas à la détruire entièrement. Puis, ma mère, après ce long et fatigant voyage, que vous serez forcée d'entreprendre pour me revoir, songez aux douleurs terribles de l'adieu lorsque arrivera le moment de nous quitter en ce monde. Tenons-nous-en donc, d'après la volonté de Dieu, au sacrifice, et livrons-nous seulement à cette douce communauté de pensées que la distance ne peut interrompre, dans laquelle je puise mes seules joies, et qui nous sera toujours, en dépit des hommes, accordée par le Seigneur notre Père.

» Quant à mon état physique, je l'ignore complétement. Cependant vous voyez que, puisque enfin je vous écris moi-même, je suis tiré de mes premières incertitudes. Quant au reste, je connais trop peu la structure de mon propre corps pour porter un jugement sur ce que mes blessures décideront de lui. A part un peu de force qui m'est revenue, cet état est toujours le même, et je le supporte avec calme et patience : c'est que Dieu vient à mon aide et me donne le courage et la fermeté ; il m'aidera, croyez-moi, à trouver en tout les joies de l'âme et à être fort dans l'esprit. Amen.

» Vivez heureux.

» Votre fils profondément respectueux,

» KARL LUDWIG SAND.

» Manheim, 11 août 1819. »

Un mois après cette lettre arrivèrent de tendres réponses de la part de toute la famille : nous ne citerons que celle de la mère de Sand, parce qu'elle complète l'idée qu'on a déjà pu se faire de cette femme au grand cœur, comme l'appelle toujours son fils.

« Cher, inexprimablement cher Karl,

» Combien il m'a été doux de revoir, après un aussi long

temps, les traits de ta main chérie ! Il n'y aurait pour moi ni aucun voyage assez pénible, ni aucun chemin assez long pour m'empêcher d'aller te retrouver, et j'irais avec un amour profond et infini à chaque extrémité de la terre, dans la seule espérance de t'apercevoir seulement.

» Mais comme je connais bien et ta tendre affection et ta profonde sollicitude pour moi, et que tu me donnes avec une si grande fermeté et une si mâle réflexion des motifs contre lesquels je n'ai rien à dire et que je ne puis qu'honorer, il en sera, mon bien-aimé Karl, comme tu l'as voulu et décidé. Nous continuerons, sans nous parler, la communication de nos pensées : mais sois tranquille, rien ne peut nous séparer ; je t'enveloppe de mon âme, et mes pensées maternelles font la garde autour de toi.

» Que cet amour infini, qui nous soutient, nous affermit et nous conduit tous à une vie meilleure, te conserve, mon cher Karl, le courage et la fermeté.

» Adieu, et sois bien invariablement convaincu que je ne cesserai jamais de t'aimer fortement et profondément.

» Ta mère fidèle, et qui t'aimera jusque dans l'éternité. »

Sand répondit :

« Janvier 1820, de mon île de Páthmos.

» Mes chers parents, frères et sœurs,

» Dans le milieu du mois de septembre de l'année dernière, j'ai reçu, par la commission spéciale d'enquête du grand-duc, dont vous avez déjà apprécié l'humanité, vos chères lettres de la fin d'août et du commencement de septembre, et elles ont eu l'influence magique de m'inonder de joie en me transportant dans le cercle intime de vos cœurs.

» Vous, mon tendre père, vous m'écrivez le jour du soixante-septième anniversaire de votre naissance, et vous me bénissez dans l'épanchement de votre plus tendre amour.

» Vous, ma mère bien-aimée, vous descendez jusqu'à la promesse de la continuation de votre affection maternelle, à laquelle j'ai cru immuablement dans tous les temps ; et c'est ainsi que j'ai reçu vos deux bénédictions, qui, dans ma position actuelle, exerceront sur moi une influence plus bienfaisante qu'aucune des choses que tous les rois de la terre réunis ensemble pourraient m'accorder. Oui, vous me nourrissez abondamment de votre amour béni, et je vous en rends grâce, mes chers parents, avec la soumission respectueuse que mon cœur m'inspirera toujours comme le premier devoir d'un fils.

» Mais plus votre amour est grand, plus vos lettres sont tendres, plus j'ai eu à souffrir, je dois vous l'avouer, du sacrifice volontaire que nous nous sommes imposé de ne pas nous voir, et je n'ai tant tardé à vous répondre, mes chers parents, que pour me donner à moi-même le temps de retrouver la force que j'avais perdue.

» Vous aussi, cher beau-frère et chère sœur, m'assurez de votre attachement sincère et non interrompu. Et cependant, après l'effroi que j'ai répandu sur vous tous, vous ne paraissez pas savoir encore précisément ce que vous devez penser de moi ; mais mon cœur, plein de reconnaissance pour vos bontés passées, se rassure de lui-même ; car vos actions parlent, et me disent que, quand vous ne voudriez plus m'aimer comme je vous aime, vous ne pourriez faire autrement. Ces actions valent mieux pour moi, à cette heure, que toutes les protestations possibles, voire même les plus tendres paroles.

» Et toi aussi, mon bon frère, tu aurais consenti à accourir avec notre mère bien-aimée aux bords du Rhin, ici, où les véritables rapports de l'âme se sont établis entre nous, où nous avons été deux fois frères (3). Mais dis-moi, n'y es-tu pas véritablement en pensée et en esprit, lorsque je considère la riche source de consolation qui m'y est apportée par ta cordiale et tendre lettre ?

» Et toi, bonne belle-sœur, ainsi qu'au premier abord tu t'es posée, dans ta délicate tendresse, comme une véritable sœur, ainsi je te retrouve aujourd'hui. Ce sont toujours les mêmes relations tendres, c'est toujours la même affection fraternelle : tes consolations, qui émanent d'une piété profonde et soumise, sont tombées rafraîchissantes jusqu'au plus profond de mon cœur. Mais, bonne belle-sœur, il faut que je te dise, à toi comme aux autres, que tu es trop libérale envers moi dans la dispensation de ton estime et de tes louanges, et ton exagération m'a rejeté en face de mon juge intérieur, qui m'a fait voir alors dans le miroir de ma conscience le contour de toutes mes faiblesses.

» Toi, bonne Julie, tu ne désires rien plus que de m'enlever au sort qui m'attend, et tu m'assures, en ton nom et au nom de tous, que toi, comme eux, tu serais heureuse de le subir à ma place : je te reconnais là tout entière, et aussi les douces et tendres relations dans lesquelles nous avons été élevés dès l'enfance. Oh! rassure-toi, bonne Julie! grâce à la protection de Dieu, je te promets qu'il me sera facile, bien plus facile que je ne l'aurais cru, de supporter ce qui m'échoit.

» Recevez donc tous mes vifs et sincères remercîments pour avoir ainsi réjoui mon cœur.

» Maintenant que j'ai reconnu, par ces lettres fortifiantes, que, pareil à l'enfant prodigue, l'amour et la bonté de ma famille sont plus grands pour moi à mon retour qu'à mon départ, je veux, avec autant de soin que possible, vous dépeindre mon état physique et moral, et je prie Dieu qu'il appuie mes paroles de sa force, afin que ma lettre contienne l'équivalent de ce que les vôtres m'ont apporté, et qu'elle vous aide à arriver à cet état de calme et de sérénité où je suis parvenu moi-même.

» Endurci, à force de puissance sur moi-même, contre les biens et les maux de la terre, vous savez déjà que pendant ces dernières années je n'ai vécu que pour les joies morales, et je dois dire que, touché de mes efforts sans doute, le Seigneur, sainte source de tout bien, m'a rendu apte à les chercher et à en jouir avec plénitude : Dieu est toujours près de moi, comme autrefois, et je trouve en lui, principe souverain de la création de toute chose, en lui, notre père sacré, non-seulement la consolation et la force, mais un ami immuable, plein du plus saint amour, qui m'accompagnera partout où j'aurai besoin de ses consolations. Certes, s'il s'était éloigné de moi, ou si j'avais détourné mes yeux de lui, je me trouverais maintenant bien malheureux et bien misérable; mais par sa grâce, au contraire, moi humble et faible créature, il me fait fort et puissant contre tout ce qui peut tomber sur moi.

» Ce que j'ai révéré jusqu'ici comme sacré, ce que j'ai désiré comme bon, ce à quoi j'ai aspiré comme céleste, n'a changé en rien à cette heure. Et j'en remercie Dieu, car je me trouverais maintenant bien désespéré si j'avais à reconnaître que mon cœur a adoré des images trompeuses et s'est enveloppé de fugitives chimères. Aussi ma confiance dans ces idées, aussi mon pur amour pour elles, pour elles qui sont les anges gardiens de mon esprit, s'accroissent de moment en moment, et s'accroîtront ainsi jusqu'à ma fin, et j'en serai d'autant plus facilement conduit, je l'espère, de ce monde à l'éternité. Je passe ma vie silencieuse dans l'exaltation et l'humilité chrétienne, et j'ai parfois de ces visions d'en haut par lesquelles, depuis ma naissance, j'ai adoré le ciel sur la terre, et qui me donnent la puissance de m'élever jusqu'au Seigneur sur les ailes ardentes de mes prières. La maladie, quoique longue, douloureuse et cruelle, a toujours été assez fortement maîtrisée par ma volonté pour me laisser le loisir de m'occuper avec suite de l'histoire, des sciences positives et des belles parties de l'éducation religieuse, et lorsque le mal, plus violent, interrompait pendant quelque temps ces occupations, je n'en luttais pas moins victorieusement contre l'ennui : car les souvenirs du passé, ma résignation au présent et ma foi dans l'avenir, étaient assez riches et assez forts, en moi et autour de moi, pour ne pas me laisser choir de mon paradis terrestre. Je n'aurais, d'après mes principes, dans la position où je me trouve, et où je me suis mis moi-même, jamais voulu rien demander pour mon bien-être ; et néanmoins, j'ai été comblé à tous égards de tant de bontés, de tant de soins, et cela avec une délicatesse et une humanité que je ne puis, hélas! reconnaître, par tous ceux avec lesquels je me suis trouvé en contact, que des vœux que je n'aurais point osé former dans le coin le plus secret de mon cœur ont été dépassés, et bien au delà. Je n'ai jamais été assez vaincu par les douleurs du corps pour ne pas pouvoir me dire intérieurement, en élevant ma pensée au ciel : « Devienne ce que pourra cette guenille; » et si grandes qu'aient été ces douleurs, je ne saurais les mettre en comparaison avec ces souffrances de l'âme que, dans le sentiment de nos faiblesses et de nos fautes, nous éprouvons si profondes et si poignantes.

» Au reste, il est rare maintenant que cette douleur me fasse perdre connaissance : l'enflure et l'inflammation n'ont jamais gagné beaucoup, et les fièvres ont toujours été modérées, quoique, depuis près de dix mois, je sois forcé de me tenir couché sur le dos, sans pouvoir me soulever, et quoiqu'il soit sorti de ma poitrine, à l'endroit du cœur, plus de quarante pintes de matières. Non, la blessure, au contraire, quoique toujours ouverte, est en bon état; et cela, je le dois non-seulement aux excellents soins dont je suis entouré, mais encore au sang pur que j'ai reçu de vous, ma mère. Ainsi, ni les secours de la terre ni les encouragements du ciel ne m'ont manqué; ainsi, j'ai eu tous les motifs, le jour anniversaire de ma naissance, — oh! non pas de maudire l'heure où je suis né, mais, au contraire, après la sérieuse contemplation de ce monde, de remercier Dieu, et vous, mes bien chers parents, de la vie que vous m'avez donnée! — Je l'ai célébré, ce 18 octobre, dans une paisible et fervente soumission à la sainte volonté de Dieu. — Le jour de Noël, j'ai cherché à me mettre dans la disposition des enfants dévoués au Seigneur; et avec l'aide de Dieu, l'année nouvelle se passera, comme la précédente, dans les douleurs du corps, peut-être, mais certainement dans la joie de l'âme. Et c'est avec ce vœu, le seul que je forme, que je m'adresse à vous, mes chers parents, et à vous et aux vôtres, mes chers frères et sœurs.

» Je ne puis pas espérer de voir une vingt-cinquième nouvelle année; puisse donc la prière que je viens de faire être exaucée! puisse ce tableau de ma vie actuelle vous apporter quelque tranquillité! et puisse cette lettre, que je vous écris du plus profond de mon cœur, non-seulement vous prouver que je ne suis pas indigne de votre inexprimable amour à tous, mais, au contraire, m'assurer cet amour pour l'éternité

» Ces jours-ci, j'ai reçu encore votre chère lettre du 2 décembre, ma bonne mère, et la commission du grand-duc a eu la condescendance de me laisser lire aussi la lettre de mon bon frère qui accompagnait la vôtre. Vous me donnez les nouvelles les meilleures de votre santé à tous, et vous m'envoyez des fruits confits de votre maison chérie. Je vous en remercie du fond du cœur. Ce qui me cause le plus de joie là dedans, c'est que vous êtes occupés de moi avec sollicitude l'été comme l'hiver; c'est que vous et ma bonne Julie, vous les avez cueillis et préparés pour moi dans la maison, et je m'abandonne de toute mon âme à cette douce jouissance.

» Je me réjouis bien sincèrement de l'arrivée au monde du petit cousin; j'en fais joyeusement mes félicitations aux bons parents et aux grands-parents; je me transporte pour son baptême dans cette commune bien-aimée, où je lui apporte mon affection comme son frère chrétien, et où j'appelle sur lui toutes les bénédictions du ciel.

» Pour ne pas trop incommoder la commission du grand-duc, nous serons forcés, je crois, de renoncer à cette correspondance. Je finis donc en vous assurant encore, mais pour la dernière fois peut-être, de ma profonde soumission filiale et de mon affection fraternelle.

» Votre bien tendrement attaché,

» Karl Ludwig Sand. »

En effet, dès ce moment toute correspondance cessa entre Karl et sa famille, et il ne lui écrivit plus qu'une fois, lorsque son sort lui fut connu, une lettre que nous trouverons plus tard.

On a vu par celle-ci de quels soins Sand était entouré : cette humanité ne se démentit pas un instant. Il est vrai de dire aussi que personne ne voyait en lui un assassin ordinaire, que beaucoup le plaignaient tout bas, et que quelques-uns l'excusaient tout haut. La commission du grand-duc elle-même traînait l'affaire en longueur le plus qu'il lui était possible; car la gravité des blessures de Sand lui avait d'abord fait croire qu'il serait inutile de recourir au bourreau, et elle eût été heureuse que Dieu se fût chargé d'accomplir l'arrêt. Mais ses prévisions furent trompées : l'habileté du docteur triompha, non pas de la blessure, mais de la mort. Sand ne guérit pas; mais il resta vivant, et l'on commença à voir que l'on serait forcé de le tuer.

En effet, l'empereur Alexandre, qui avait nommé Kotzebue son conseiller, et qui ne s'était pas mépris à la cause de l'assassinat, demandait avec instance que la justice eût son cours. La commission d'enquête fut donc forcée de se mettre au travail; mais désirant bien sincèrement avoir un prétexte pour traîner la procédure en longueur, elle ordonna qu'un médecin d'Heidelberg visiterait Sand et ferait un rapport exact sur sa position : comme Sand restait constamment couché, et que l'on ne pouvait l'exécuter dans son lit, elle espérait que le rapport du médecin, en constatant chez le prisonnier l'impossibilité de se lever, lui viendrait en aide et lui donnerait un nouveau sursis.

En conséquence, le médecin désigné vint d'Heidelberg à Manheim, et se présentant à Sand comme attiré par l'intérêt qu'il inspirait, il lui demanda s'il ne sentait pas quelque mieux dans son état et s'il lui serait impossible de se lever. Sand le regarda un instant, puis avec un sourire :

— Je comprends, monsieur, lui dit-il; on désire savoir si je suis assez fort pour monter sur un échafaud : je n'en sais rien moi-même; mais nous allons en faire l'épreuve ensemble.

A ces mots, il se leva, et, accomplissant avec un courage surhumain ce qu'il n'avait point essayé depuis quatorze mois, il fit deux fois le tour de la chambre, et revenant s'asseoir sur son lit :

— Vous voyez, monsieur, lui dit-il, que je suis assez fort : ce serait, en conséquence, faire perdre à mes juges un temps précieux que de les retenir plus longtemps après mon affaire; qu'ils portent donc leur jugement, car rien n'empêche plus qu'il soit exécuté.

Le médecin fit son rapport : il n'y avait pas moyen de reculer; la Russie était de plus en plus pressante, et le 5 mai 1820, la cour suprême de justice rendit cet arrêt, qui fut confirmé le 12 par son altesse royale le grand-duc de Baden :

« Dans les affaires d'enquête et après l'interrogatoire ressortissant au bailliage, la défense apportée, les avis réunis de la cour de justice à Manhein, les consultations ultérieures de la cour de justice, qui déclare l'accusé Karl Sand, de Wonsiedel, coupable d'assassinat, de son aveu même, sur la personne du conseiller d'État impérial russe de Kotzebue; d'après cela, pour sa juste punition, et pour donner à d'autres un exemple qui les effraye, il sera mis par le fer de la vie à la mort.

» Tous les frais de cette affaire d'enquête, y compris ceux occasionnés par son exécution publique, vu le manque de fortune, prélevés sur les fonds de la justice. »

On voit que, quoiqu'elle condamnât l'accusé à mort, ce que, au reste, il était difficile d'éviter, la sentence était, dans la forme et dans le fond, aussi douce que possible, puisque; tout en frappant Sand, elle n'achevait point, par les frais d'un procès long et coûteux, de ruiner sa pauvre famille.

Cependant on tarda encore cinq jours, et l'arrêt ne fut signifié que le 17.

Lorsqu'on annonça à Sand que deux conseillers de justice étaient à la porte, il se douta qu'ils venaient lui lire sa sentence; il demanda un instant pour se lever, ce qu'il n'avait fait qu'une fois encore, et dans la circonstance que nous avons dite, depuis quatorze mois. Néanmoins, il ne put entendre l'arrêt debout, tant il était faible, et après avoir salué la députation qui lui venait de la part de la mort, il demanda à s'asseoir, disant que ce n'était point par lâcheté d'âme, mais par faiblesse de corps; puis il ajouta : — Soyez les bienvenus, messieurs, car je souffre tant, depuis quatorze mois, que vous êtes pour moi des anges de délivrance.

Il écouta tout l'arrêt sans affectation aucune, et avec un doux sourire sur les lèvres; puis, lorsque la lecture fut terminée : — Je ne m'étais pas attendu à un meilleur destin, messieurs, dit-il; et lorsqu'il y a plus d'un an, je m'arrêtai sur la petite colline qui domine la ville, je vis d'avance la place où serait mon tombeau : je dois donc remercier Dieu et les hommes d'avoir prolongé mon existence jusqu'aujourd'hui.

Les conseillers sortirent : Sand se leva une seconde fois pour saluer leur départ, comme il s'était levé pour saluer leur entrée ; puis il se rassit, pensif, sur la chaise, près de laquelle se tenait debout M. G., directeur de la prison. Au bout d'un instant de silence, une larme parut à chacune des paupières du condamné, et coula le long de ses joues ; puis tout à coup se retournant vers M. G., qu'il aimait beaucoup :

— J'espère, dit-il, que mes parents aimeront mieux me voir mourir de cette mort violente que de quelque maladie lente et honteuse ; quant à moi, je suis bien aise d'entendre bientôt sonner l'heure à laquelle ma mort satisfera ceux qui me haïssent et ceux que, d'après mes principes, je dois haïr moi-même.

Puis il écrivit à sa famille :

« Manheim, le 17 du mois de printemps 1820.

» Chers parents, frères et sœurs,

» Vous avez dû recevoir, par la commission du grand-duc, mes dernières lettres : j'y répondais aux vôtres, et je cherchais à vous consoler de ma position en vous peignant l'état de mon âme tel qu'il est, le mépris où je suis arrivé de tout ce qui est fragile et terrestre, et qu'on doit subir comme une nécessité, lorsque cela est mis en balance avec l'exécution d'une pensée, et cette liberté intellectuelle qui peut seule nourrir notre âme : en un mot, je cherchais à vous consoler par l'assurance que les sentiments, les principes et les convictions desquels je parlais autrefois ont été fidèlement conservés en moi et sont restés exactement les mêmes ; mais tout cela était trop de précaution de ma part, j'en suis certain, car dans aucun temps vous n'avez exigé autre chose de moi, que d'avoir *Dieu devant les yeux et dans le cœur;* et vous avez vu, sous votre conduite, comment ce précepte passa tellement dans mon âme, qu'il devint pour ce monde et pour l'autre mon seul but de félicité : sans doute, comme il était en moi et près de moi, Dieu sera en vous et près de vous au moment où cette lettre vous apportera la nouvelle de la lecture de mon arrêt. Je meurs volontiers, et le Seigneur me donnera la force pour que je meure comme on doit mourir.

» Je vous écris parfaitement tranquille et calme sur toutes choses, et j'espère que votre vie aussi s'écoulera calme et tranquille, jusqu'au moment où nos âmes se retrouveront pleines d'une nouvelle force, pour nous aimer et partager ensemble l'éternel bonheur.

» Quant à moi, tel j'ai vécu depuis que je me connais, c'est-à-dire avec une sérénité pleine de désirs célestes et un courageux et infatigable amour de la liberté, tel je vais mourir.

» Que Dieu soit avec vous et avec moi,

» Votre fils, frère et ami,

» KARL LUDWIG SAND. »

A compter de ce moment, rien ne troubla plus sa sérénité; toute la journée il causa plus gaiement qu'à l'ordinaire, dormit bien, ne se réveilla qu'à sept heures et demie, dit qu'il se sentait fortifié, et remercia Dieu de le visiter ainsi.

Dès la veille, la teneur de l'arrêt avait été connue, et l'on avait su que le jour de l'exécution était fixé au 20 mai, c'est-à-dire à trois jours pleins après la lecture qui en avait été faite au condamné.

Dès lors, avec la permission de Sand, on laissa entrer les personnes qui désiraient lui parler et que lui-même n'avait pas de répugnance à voir : parmi celles-ci, trois restèrent plus longtemps et plus particulièrement avec lui.

L'une était le major badois Holzungen, qui commandait la patrouille qui l'avait arrêté, ou plutôt relevé mourant et porté à l'hôpital. Il lui demanda s'il le reconnaissait : Sand avait tellement la tête à lui lorsqu'il s'était frappé, que, quoiqu'il n'eût vu le major qu'un instant et ne l'eût jamais revu depuis, il se rappela les détails les plus minutieux du costume qu'il portait quatorze mois auparavant, et qui était le grand uniforme. Quand la conversation tomba sur la mort que Sand allait subir si jeune, le major le plaignit ; mais Sand lui répondit en souriant : — Il n'y a qu'une différence entre vous et moi, monsieur le major, c'est que moi, je mourrai pour mes convictions, et que vous mourrez, vous, pour une conviction étrangère.

Après le major vint un jeune étudiant d'Iéna que Sand avait connu à l'université. Il se trouvait dans le duché de Bade, et avait voulu lui faire une visite : leur reconnaissance fut touchante, et l'étudiant pleura beaucoup ; mais Sand le consola avec son calme et sa sérénité ordinaires.

Un ouvrier demanda alors à être introduit près de Sand, se fondant sur ce qu'il avait été son camarade d'école à Wonsiedel, et, quoiqu'il ne se souvînt point de son nom, il donna l'ordre de le laisser entrer : l'ouvrier lui rappela qu'il faisait partie de la petite armée que Sand commandait le jour de l'assaut de la tour Sainte-Catherine. Ce renseignement guida Sand, qui le reconnut parfaitement, et lui parla alors avec une tendre affection de son pays natal et de ses chères montagnes, puis le chargea de saluer sa famille, en invitant de nouveau sa mère, son père, ses frères et ses sœurs, à ne point prendre de chagrin à cause de lui, puisque le messager qui se chargeait de leur porter ses dernières paroles pourrait leur attester dans quelle disposition calme et joyeuse d'esprit il attendait la mort.

A cet ouvrier succéda un des convives que Sand avait rencontrés sur l'escalier aussitôt la mort de Kotzebue. Il lui demanda s'il reconnaissait son crime et s'il éprouvait du repentir ; Sand lui répondit : — J'y avais pensé pendant une année entière, j'y pense depuis quatorze mois, et mon opinion n'a varié en rien : j'ai fait ce que je devais faire.

Après le départ de ce dernier visiteur, Sand fit appeler M. G., le directeur de la prison, et lui dit qu'il serait bien aise de causer avec le bourreau avant l'exécution, ayant des renseignements à lui demander sur la manière dont il devait se tenir pour lui rendre l'opération plus sûre et plus facile. M. G. fit quelques objections ; mais Sand insista avec sa douceur ordinaire, et M. G. finit par promettre à Sand qu'il ferait prévenir la personne qu'il demandait de passer à la maison de force aussitôt son arrivée d'Heidelberg, où elle demeurait.

Le reste de la journée s'écoula en nouvelles visites et en causeries philosophiques et morales, dans lesquelles Sand développa ses théories sociales et religieuses avec une lucidité d'expressions et une hauteur de pensées qu'il n'avait jamais montrées peut-être. Le directeur de la prison, dont je tiens ces détails, me disait qu'il regretterait toute sa vie de n'avoir point su sténographier, pour recueillir toutes ces pensées, qui eussent fait un pendant au Phédon.

La nuit vint; Sand passa une partie de la soirée à écrire : on croit que ce fut un poëme qu'il composa; mais sans doute qu'il le brûla, car on n'en trouva aucune trace. A onze heures il se mit au lit, et dormit jusqu'à six heures du matin; le lendemain il supporta son pansement, toujours très-douloureux, avec un courage extraordinaire, sans s'évanouir comme il le faisait quelquefois, ni laisser échapper une seule plainte; il avait dit la vérité : en face de la mort, Dieu lui faisait la grâce que la force lui revînt.

L'opération était finie : Sand était couché comme d'ordinaire, M. G. était assis sur le pied de son lit, lorsque la porte s'ouvrit et qu'un homme entra et salua Sand et M. G. Le directeur de la prison se leva aussitôt, et d'une voix dont il ne pouvait pas dissimuler l'émotion : — Celui qui vous salue, dit-il à Sand, est M. Widemann d'Heidelberg, à qui vous avez désiré parler.

Alors le visage de Sand s'éclaira d'une joie étrange, et se soulevant sur son séant : — Monsieur, lui dit-il, soyez le bienvenu ; puis, le faisant asseoir près de son lit et lui prenant la main dans la sienne, il commença à le remercier de son obligeance avec un accent si profond et une voix si douce, que M. Widemann, profondément ému, ne put lui répondre. Sand l'encouragea à lui parler et à lui donner les détails qu'il désirait, lui disant pour le rassurer : — Soyez ferme, monsieur, car ce n'est pas moi qui vous ferai défaut : je ne bougerai pas; et quand même il vous faudrait deux ou trois coups pour séparer ma tête du tronc, comme on dit que cela arrive quelquefois, ne vous troublez point pour cela. — Alors Sand se leva, appuyé sur M. G., pour faire avec le bourreau

l'étrange et terrible répétition du drame où il devait jouer le
principal rôle le lendemain. M. Widemann le fit asseoir sur
une chaise, lui fit prendre la pose voulue, et entra avec lui
dans tous les détails de l'exécution. Alors Sand, parfaitement
renseigné, le pria de ne point se presser et de bien prendre
son temps. Puis il le remercia par avance; « car, ajouta-t-il,
après je ne le pourrai plus. » Sand alors regagna son lit,
laissant le bourreau plus pâle et plus chancelant que lui. Tous
ces détails ont été conservés par M. G.; car, pour le bourreau,
son émotion était si grande, qu'il ne se souvenait plus de
rien.

Derrière M. Widemann on introduisit trois ecclésiastiques
avec lesquels Sand s'entretint de matières religieuses : l'un
d'eux resta six heures près de lui, et lui dit en le quittant
qu'il avait mission d'obtenir de lui la promesse qu'il ne par-
lerait pas au peuple sur la place de l'exécution. Sand le lui
promit et ajouta : — Quand bien même je le voudrais, ma
voix est devenue si faible, que le peuple ne pourrait pas l'entendre.

Pendant ce temps, on dressait l'échafaud dans la prairie
qui s'étend à la gauche du chemin d'Heildelberg. C'était une
plate-forme de cinq à six pieds de haut sur dix de large en
tous sens. Comme on avait présumé que, grâce à l'intérêt
qu'inspirait le condamné et à l'approche de la Pentecôte, la
foule serait immense, et que l'on craignait quelque mouvement des universités, la garde de la prison avait été triplée,
et l'on avait fait venir de Carlsruhe à Manheim le général
Neustein avec douze cents hommes d'infanterie, trois cent
cinquante cavaliers et une compagnie d'artilleurs accompagnés de leurs pièces.

Le 19, dans l'après-midi, il arriva, ainsi qu'on l'avait prévu,
tant d'étudiants, qui se logèrent dans les villages environ-
nants, que l'on décida que l'exécution, au lieu d'avoir lieu le
lendemain à onze heures du matin, ainsi que cela avait été
convenu, serait avancée et aurait lieu à cinq. Cependant il
fallait pour cela l'autorisation de Sand; car on ne pouvait
l'exécuter que trois jours révolus après la lecture de sa sentence, et comme la sentence ne lui avait été lue qu'à dix

heures et demie, Sand avait le droit de vivre jusqu'à onze heures.

Avant quatre heures du matin, on entra dans la chambre du condamné; il dormait si profondément, qu'on fut obligé de l'éveiller. Il ouvrit les yeux en souriant comme c'était son habitude, et, se doutant pourquoi l'on venait : — Aurais-je si bien dormi, demanda-t-il, qu'il fût déjà onze heures du matin ? — On lui répondit que non, mais qu'on venait lui demander de permettre que l'on avançât l'heure; car, lui dit-on, on craignait quelque conflit entre les étudiants et les soldats, et comme les dispositions militaires étaient parfaitement prises, ce conflit ne pouvait être que fatal à ses amis. Sand répondit qu'il était prêt à l'instant même, qu'il demandait seulement le temps de prendre un bain, comme les anciens avaient l'habitude de le faire au moment du combat. Cependant l'autorisation verbale qu'il avait donnée ne suffisant point, on présenta à Sand une plume et du papier, et il écrivit d'une main ferme et de son écriture ordinaire :

« Je remercie les autorités de Manheim d'avoir été au-devant de mes désirs les plus pressants en avançant de six heures mon exécution.

» *Sit nomen Domini benedictum.*

» Karl Ludwig Sand.

» De la chambre de la prison, le 20 mai, au matin,
jour de ma délivrance. »

Lorsque Sand eut remis ces deux lignes au greffier, le médecin s'approcha de lui pour panser, comme d'habitude, sa blessure. Sand le regarda en souriant, puis : — Est-ce bien la peine ? lui demanda-t-il.

— Vous en serez plus fort, répondit le médecin.

— Alors, faites, dit Sand.

On apporta un bain, Sand se coucha dans la baignoire, et fit arranger ses beaux et longs cheveux avec le plus grand soin; puis, sa toilette terminée, il passa une redingote de forme allemande, c'est-à-dire courte, et avec le collet de la

chemise rabattu sur les épaules, des pantalons collants blancs
et des bottes par-dessus. Alors Sand alla s'asseoir sur son lit
et pria quelque temps à voix basse avec les prêtres ; puis lorsqu'il eut fini, il dit ces deux vers de Kœrner :

> Tout ce qui est terrestre est terminé,
> Et la vie céleste s'ouvre.

Alors il prit congé du médecin et des prêtres, en leur disant : — N'attribuez pas l'émotion de ma voix à la faiblesse,
mais à la reconnaissance. — Puis, comme ces derniers lui of-
fraient de l'accompagner jusqu'à l'échafaud : — C'est inutile,
leur dit-il, je suis parfaitement préparé, bien avec Dieu et avec
ma conscience. D'ailleurs, ne suis-je pas presque ecclésiastique moi-même ? — Et comme l'un d'eux lui demandait s'il
ne s'en allait point avec haine : — Eh ! mon Dieu, dit-il, est-
ce que j'en ai jamais eu ?

On entendit alors le bruit croissant de la rue, et Sand dit
de nouveau que l'on pouvait disposer de lui, et qu'il était prêt.
En ce moment le bourreau entra avec ses deux aides ; il était
vêtu d'une longue lévite noire sous laquelle il cachait son
glaive : Sand lui tendit affectueusement la main, et comme
M. Widemann, gêné par l'épée qu'il désirait soustraire aux
regards de Sand, n'osait avancer : — Venez donc, lui dit Sand,
et montrez-moi votre épée ; je n'en ai jamais vu, et suis curieux de savoir comment cela est fait.

M. Widemann, tout pâle et tout tremblant, lui présenta le
glaive ; Sand l'examina avec attention, passa le doigt sur le
tranchant : — Allons, dit-il, la lame est bonne ; ne tremblez
pas, et tout ira bien. — Alors se tournant vers M. G., qui
pleurait : — Vous me rendrez bien, n'est-ce pas, lui dit-il, le
service de me conduire jusqu'à l'échafaud ? — M. G. lui fit de
la tête signe que oui, car il ne pouvait répondre. Sand prit son
bras, et une troisième fois : — Eh bien ! répéta-t-il, qu'atten-
dez-vous donc, messieurs ? je suis prêt.

En arrivant dans la cour, Sand trouva aux fenêtres tous les
prisonniers qui pleuraient. Quoique Sand ne les eût jamais

15.

vus, c'étaient pour lui d'anciens amis; car chaque fois qu'ils passaient devant sa porte, sachant que c'était là qu'était gisant l'étudiant qui avait tué Kotzebue, ils soulevaient leurs chaînes pour ne point le fatiguer par le bruit.

Manheim tout entière était dans les rues qui conduisaient au lieu de l'exécution, et que croisaient de nombreuses patrouilles. Le jour où l'arrêt avait été lu, on avait cherché par toute la ville une calèche pour conduire Sand à l'échafaud; mais personne, pas même les carrossiers, n'avait voulu ni en louer ni en vendre; on avait donc été obligé d'en acheter une à Heidelberg, sans dire dans quel but on l'achetait.

Sand trouva cette calèche dans la cour et monta dedans avec M. G. Se tournant alors vers lui : — Monsieur, lui dit-il tout bas à l'oreille, si par hasard vous me voyez pâlir, dites-moi mon nom, mon nom seulement, entendez-vous? cela suffira.

On ouvrit la porte, et Sand parut: alors toutes les voix, d'un seul élan, crièrent : — Adieu, Sand, adieu! — et en même temps de la foule pressée dans la rue, et des fenêtres, on lui jeta des bouquets de fleurs, dont quelques-uns tombèrent dans la voiture même. A ces cris amis et à cette vue, Sand, qui n'avait pas faibli jusqu'alors un seul instant, sentit les larmes venir malgré lui à ses paupières, et rendant les saluts qu'on lui faisait de tous côtés, murmura à voix basse : — O mon Dieu! donnez-moi le courage!

Cette première explosion passée, le cortége se mit en marche au milieu d'un profond silence; de temps en temps seulement une voix isolée criait : — Adieu, Sand! — et un mouchoir, secoué par une main élevée au-dessus de la foule, indiquait au condamné de quel endroit ce dernier cri était venu. De chaque côté de la calèche marchaient deux employés de la prison avec des crêpes au bras, et derrière la calèche venait une seconde voiture avec les autorités de la ville.

L'air était très-froid; il avait plu toute la nuit, et le ciel, couvert et sombre, semblait partager la tristesse générale. Sand, trop faible pour demeurer assis, était à moitié couché sur l'épaule de M. G. qui l'accompagnait; son visage était doux, calme et souffrant; son front ouvert et libre, et ses traits intéressants, sans être régulièrement beaux, semblaient avoir vieilli de plusieurs années pendant les quatorze mois de souffrance qui venaient de s'écouler. Le cortége arriva enfin à la place de l'exécution, qui était entourée d'un batail-lon d'infanterie; Sand abaissa ses yeux du ciel vers la terre, et aperçut l'échafaud. A cette vue, il sourit doucement, et en descendant de voiture il dit : — Allons, Dieu m'a donné la force jusqu'à présent.

Le directeur de la prison et les premiers employés le sou-levèrent pour monter les marches. Pendant cette courte as-cension, la souffrance le tint courbé; mais, arrivé en haut, il se redressa en disant : — Voici donc le lieu où je vais mou-rir! — Puis, avant d'avoir atteint la chaise sur laquelle il devait s'asseoir pour l'exécution, il tourna les yeux vers Manheim, et parcourut du regard toute cette foule qui l'en-tourait; en ce moment un rayon de soleil perça les nuages. Sand le salua en souriant et s'assit.

Alors, comme, selon les ordres reçus, on devait lui relire une seconde fois son arrêt, on lui demanda s'il se sentait assez de force pour écouter cette lecture debout. Sand ré-pondit qu'il allait essayer, et qu'il espérait qu'à défaut de force physique, la force morale le soutiendrait. Il se leva aus-sitôt de la chaise fatale, en priant M. G. de se placer assez près de lui pour le soutenir s'il venait à chanceler. La pré-caution fut inutile, Sand ne chancela point.

Après la lecture du jugement, il se rassit et dit à haute voix :

— Je meurs en me confiant à Dieu...

Mais à ces mots, M. G. l'interrompit :

— Sand, lui dit-il, qu'avez-vous promis?

— C'est juste, répondit-il, je l'avais oublié.

Il se tut alors pour tous; mais, élevant la main droite et l'étendant solennellement en l'air, il dit à demi-voix, et de manière à n'être entendu que de ceux qui l'entouraient :

—Je prends Dieu à témoin que je meurs pour la liberté de l'Allemagne.

Puis, à ces mots, et comme Conradin avait fait de son gant,

il jeta par-dessus la haie de soldats qui l'entourait son mouchoir roulé au milieu du peuple.

Alors le bourreau s'approcha de lui pour lui couper les cheveux; mais Sand s'y opposa d'abord.

— C'est pour votre mère, lui dit M. Widemann.

— Sur votre honneur, monsieur? demanda Sand.

— Sur mon honneur.

— Alors, faites, dit Sand en présentant sa chevelure au bourreau.

On ne lui en coupa que quelques boucles, et seulement celles qui retombaient par derrière, et l'on noua les autres avec un ruban sur le haut de la tête. Alors le bourreau lui attacha les mains sur la poitrine; mais comme cette position l'oppressait, et à cause de sa blessure le forçait d'incliner la tête, on les lui posa à plat sur les cuisses, et on les fixa ainsi avec des cordes. Ensuite, comme on voulait lui bander les yeux, il pria M. Widemann de placer le bandeau de manière à ce qu'il pût, jusqu'à son dernier moment, voir la lumière. Il fut fait comme il désirait.

Alors un silence profond et mortel plana sur toute cette foule et entoura l'échafaud. Le bourreau tira son épée, qui flamboya comme un éclair et s'abattit. Aussitôt un cri terrible sortit de vingt mille poitrines à la fois : la tête n'était pas tombée, et, quoique inclinée sur la poitrine, tenait encore au cou. Le bourreau frappa une seconde fois, et du même coup abattit la tête et une partie de la main.

Au même instant, malgré les efforts des soldats, la haie fut rompue, hommes et femmes se précipitèrent vers l'échafaud, le sang fut essuyé jusqu'à la dernière goutte avec les mouchoirs; la chaise où Sand avait été assis fut brisée et partagée en morceaux, et ceux qui n'en purent avoir coupèrent des parcelles de bois sanglantes à même de l'échafaud.

La tête et le corps furent mis dans un cercueil drapé de noir et reportés à la prison avec une nombreuse escorte militaire. A minuit, le cadavre fut transporté silencieusement, et sans torches ni lumières, au cimetière protestant où quatorze mois auparavant avait déjà été enterré Kotzebue. Une fosse avait été mystérieusement creusée; le cercueil y fut descendu, et l'on fit jurer sur l'Évangile, à ceux qui assistaient à l'inhumation, de ne point révéler le lieu où était enterré Sand, avant d'être relevés de leur serment. Alors la tombe fut recouverte avec le gazon adroitement enlevé et remis ensuite à la même place, de manière à ce que l'on ne vît point de tombe fraîche ; puis les nocturnes fossoyeurs sortirent, laissant une garde à l'entrée.

C'est là que reposent, à vingt pas de distance l'un de l'autre Sand et Kotzebue ; Kotzebue, en face de la porte, à l'endroit le plus apparent du cimetière, et sous un tombeau où est gravée cette inscription :

LE MONDE LE PERSÉCUTA SANS PITIÉ,

LA CALOMNIE FUT SON TRISTE PARTAGE,

IL NE TROUVA LE BONHEUR QUE DANS LES BRAS DE SA FEMME,

ET LE REPOS QUE DANS LE SEIN DE LA MORT.

L'ENVIE VEILLAIT TOUJOURS POUR COUVRIR SON CHEMIN D'ÉPINES,

L'AMOUR LUI FIT FLEURIR SES ROSES :

QUE LE CIEL LUI PARDONNE,

COMME IL A PARDONNÉ A LA TERRE.

Au contraire de ce monument pompeux élevé, comme nous l'avons dit, à l'endroit le plus apparent du cimetière, il faut aller chercher la fosse de Sand dans l'angle situé à l'extrême gauche de la porte du cimetière ; et un prunier sauvage, dont chaque voyageur emporte en passant quelques feuilles, s'élève seul sur cette tombe veuve de toute inscription.

Quant à la prairie dans laquelle Sand fut exécuté, elle est encore appelée par le peuple — *Sand's Himmelfartsweise,* — ce qui signifie :

LA PRAIRIE DE L'ASCENSION AU CIEL DE SAND.

Vers la fin de septembre 1838, nous étions à Manheim, où je m'étais arrêté trois jours, pour recueillir tous les détails que je pourrais trouver sur la vie et la mort de Karl Ludwig Sand. Mais après ces trois jours, malgré l'activité de mes recherches, ces détails étaient encore fort incomplets, soit que je m'adressasse mal, soit qu'en ma qualité d'étranger j'inspirasse quelque défiance à ceux à qui je m'adressais. Je quittais donc Manheim assez désappointé, et après avoir visité le petit cimetière protestant où sont enterrés, à vingt pas l'un de l'autre, Sand et Kotzebue, j'avais ordonné à mon cocher de prendre la route d'Heidelberg, lorsque, après quelques pas, sachant l'objet de mes recherches, il s'arrêta de lui-même, en me demandant si je ne voulais pas voir la place où Sand avait été exécuté. En même temps il me montrait de la main un petit tertre situé au milieu d'une prairie et à quelques pas d'un ruisseau. J'acceptai avec empressement, et j'eus bientôt, quoique mon cocher fût resté sur la route avec mes compagnons de voyage, reconnu la place indiquée, à quelques débris de branches de cyprès, d'immortelles et de vergissmeinnicht semés sur la terre.

On comprend que cette vue, au lieu de diminuer mon désir d'investigation, l'avait augmenté. J'étais donc de plus en plus mécontent de m'en aller si mal renseigné, lorsque j'aperçus un homme de quarante-cinq à cinquante ans qui se promenait à quelques pas de l'endroit où j'étais moi-même, et qui, se doutant de la cause qui m'attirait, me regardait avec curiosité. Je résolus de tenter un dernier effort, et allant à lui :

— Mon Dieu, monsieur, lui dis-je, je suis étranger ; je voyage pour recueillir toutes les traditions si riches et si poétiques de votre Allemagne. A la manière dont vous me regardez, je me doute que vous savez ce qui m'attire dans cette prairie. Pourriez-vous me donner quelques renseignements sur la vie et la mort de Sand ?

— Dans quel but, monsieur ? me demanda celui auquel je m'adressais, en français presque inintelligible.

— Dans un but très-allemand, monsieur, rassurez-vous,

répondis-je. Par le peu que j'en ai appris, Sand est pour moi une de ces ombres qui ne vous en apparaissent que plus grandes et plus poétiques, pour être drapées dans un linceul taché de sang. Mais on ne le connaît pas en France ; on pourrait le confondre avec un Fieschi ou un Meunier, et je voudrais, autant qu'il est en moi, éclairer sur lui l'esprit de mes compatriotes.

— Ce serait avec grand plaisir, monsieur, que je concourrais à cette œuvre ; mais vous voyez que je parle à peine français, vous ne parlez point du tout allemand ; de sorte qu'il nous serait difficile de nous comprendre.

— Qu'à cela ne tienne, repartis-je : j'ai là dans ma voiture un ou plutôt une interprète dont vous serez fort content, je l'espère, qui parle allemand comme Gœthe, et à qui, une fois que vous aurez commencé de parler, je vous défie de ne pas tout dire.

— Allons donc, monsieur, répondit le promeneur. Je ne demande pas mieux que de vous être agréable.

Nous nous acheminâmes vers la voiture, qui nous attendait toujours sur la grande route, et je présentai à ma compagne de voyage la nouvelle recrue que je venais de faire. Les saluts d'usage s'échangèrent et le dialogue commença dans le plus pur saxon.

Quoique je n'entendisse pas un mot de ce qui se disait, il m'était facile de voir, à la rapidité des demandes et à la longueur des réponses, que la conversation était des plus intéressantes. Enfin, au bout d'une demi-heure, désireux de savoir où l'on en était :

— Eh bien ? dis-je.

— Eh bien ! me répondit mon interprète, tu as eu la main heureuse, et tu ne pouvais mieux t'adresser.

— Monsieur a connu Sand ?

— Monsieur est le directeur de la prison où il a été enfermé, M. G.

— Vraiment ?

— Pendant neuf mois, c'est-à-dire depuis le moment où il est sorti de l'hôpital, monsieur l'a vu tous les jours.

— A merveille !

— Mais ce n'est pas tout : monsieur était avec lui dans la voiture qui l'a conduit au supplice ; monsieur était avec lui sur l'échafaud ; il n'y a dans tout Manheim qu'un portrait de Sand, et c'est monsieur qui l'a.

Je dévorais chaque parole : alchimiste de la pensée, j'ouvrais mon creuset, et j'y trouvais de l'or.

— Demande un peu, repris-je vivement, si monsieur veut permettre que nous prenions par écrit les renseignements qu'il peut me donner.

Mon interprète interrogea de nouveau ; puis, se retournant de mon côté :

— C'est accordé, me dit-elle.

M. G. monta avec nous dans la voiture, et au lieu de partir pour Heidelberg, nous rentrâmes dans Manheim et descendîmes à la maison de force.

M. G. ne se démentit pas un instant de la complaisance qu'il avait montrée. Avec l'obligeance la plus grande, la patience la plus minutieuse, la mémoire la plus complaisante, il revint sur chaque circonstance, se mettant à ma disposition comme aurait pu le faire un cicerone ; puis enfin comme, ayant tout épuisé sur Sand, je l'interrogeai sur la manière dont les exécutions se faisaient :

— Quant à cela, me dit-il, je puis vous offrir une recommandation pour une personne d'Heidelberg qui vous donnera là-dessus tous les renseignements que vous pouvez désirer.

J'acceptai avec reconnaissance, et comme je prenais, après mille remercîments, congé de M. G., il me remit la lettre offerte. Elle portait cette suscription :

« A monsieur le docteur Widemann, Grande-Rue, n° 111, à Heidelberg. »

Je me retournai vers M. G.

— Serait-il parent du bourreau qui a exécuté Sand ? demandai-je.

— C'est son fils, et il était près de lui quand la tête a tombé.

— Quel état exerce-t-il donc ?

— Le même que son père, auquel l a succédé.

— Mais vous l'appelez docteur ?

— Sans doute ; chez nous les bourreaux portent ce titre.

— Mais enfin, docteur en quoi ?

— Docteur en chirurgie.

— Tiens, dis-je, c'est tout le contraire chez nous : ce sont les chirurgiens qu'on appelle bourreaux.

— Vous trouverez, au reste, ajouta M. G., un jeune homme très-distingué, qui, quoiqu'il fût bien jeune alors, a gardé un profond souvenir de cet événement. Quant à son pauvre père, je crois qu'il eût autant aimé se couper la main droite que d'exécuter Sand ; mais il eût refusé, qu'on en eût trouvé un autre. Il lui fallut donc faire ce qui lui était ordonné, et il fit de son mieux.

Je remerciai M. G., bien déterminé à faire usage de sa lettre, et nous partîmes pour Heidelberg, où nous arrivâmes à onze heures du soir.

Ma première visite le lendemain fut pour M. le docteur Widemann.

Ce ne fut pas sans une certaine émotion, que je vis, au reste, reflétée sur la figure de mes compagnons de voyage, que nous sonnâmes à la porte du dernier juge, comme l'appellent les Allemands. Une vieille femme vint nous ouvrir, et nous fit entrer, en attendant M. Widemann, qui achevait sa toilette, dans un joli petit cabinet de travail, à gauche d'un corridor et au pied d'un escalier. Ce cabinet était rempli de curiosités, de madrépores, de coquillages, d'oiseaux empaillés et de plantes sèches, un fusil à deux coups, une poire à poudre et une carnassière indiquaient que M. Widemann était chasseur.

Au bout d'un instant, nous entendîmes le bruit de ses pas, et la porte s'ouvrit.

M. Widemann était un très-beau jeune homme de trente à trente-deux ans, avec des favoris noirs qui encadraient entièrement sa figure mâle et pleine de caractère : il était vêtu en costume du matin et avec une certaine recherche campagnarde.

Il parut d'abord, non-seulement embarrassé, mais peiné de notre visite. Cette curiosité sans but dont il paraissait être l'objet était en effet étrange. Je m'empressai de lui donner la lettre de M. G. et de lui dire la cause qui m'amenait. Alors il se remit graduellement, et finit par se montrer aussi hospitalier et aussi obligeant pour nous que l'avait été, la veille, celui qui nous avait adressés à lui.

Alors M. Widemann rappela tous ses souvenirs : lui aussi avait gardé une profonde mémoire de Sand, et il nous raconta, entre autres choses, que son père, au risque de se compromettre, avait demandé la permission de faire refaire un autre échafaud à ses frais, afin qu'aucun criminel ne fût exécuté sur l'autel où était mort le martyr. Cette permission lui avait été accordée, et de l'échafaud, M. Widemann avait fait faire les portes et les fenêtres d'une petite maison de campagne située au milieu d'une vigne. Alors, pendant trois ou quatre ans, cette maison était devenue l'objet d'un pèlerinage; mais enfin, peu à peu, la foule était devenue moins nombreuse, et aujourd'hui qu'une partie de ceux qui ont essuyé avec leur mouchoir le sang de l'échafaud occupent des fonctions publiques et sont les salariés du gouvernement, il n'y a plus guère que les étrangers qui, de temps en temps, demandent à voir ces étranges reliques.

M. Widemann me donna un guide ; car après avoir tout entendu, je voulais tout voir.

La maison est située à une demi-lieue d'Heidelberg, à gauche de la route de Carlsruhe, et à mi-chemin de la montagne. C'est peut-être l'unique monument de ce genre qui existe au monde.

Nos lecteurs jugeront mieux par cette anecdote, que par tout ce que nous pourrions leur dire encore, quel homme c'était que celui-là qui a laissé un pareil souvenir au cœur de son gardien et de son bourreau.

NOTES.

(1) Il n'y a pas de mots en français pour rendre *Weinhaus.*
C'est un établissement qui tient le milieu entre une auberge et un
cabaret, et où les étudiants se réunissent le soir pour fumer et boire
de la bière et du vin du Rhin.

(2) A Manheim les maisons sont numérotées avec des lettres et
non avec des chiffres.

(3) C'était dans les environs de Manheim que Karl et son frère
s'étaient retrouvés sous les mêmes drapeaux en 1815.

FIN DE KARL LUDWIG SAND.

MURAT

Le 18 juin 1815, à l'heure même où les destinées de l'Europe se décidaient à Waterloo, un homme habillé en mendiant suivait silencieusement la route de Toulon à Marseille. Arrivé à l'entrée des gorges d'Ollioulles, il s'arrêta sur une petite éminence qui lui permettait de découvrir tout le paysage qui l'entourait : alors, soit qu'il fût parvenu au terme de son voyage, soit qu'avant de s'engager dans cet âpre et sombre défilé, qu'on appelle les Thermopyles de la Provence, il voulût jouir encore quelque temps de la vue magnifique qui se déroulait à l'horizon méridional, il alla s'asseoir sur le talus du fossé qui bordait la grande route, tournant le dos aux montagnes qui s'élèvent en amphithéâtre au nord de la ville, et ayant par conséquent à ses pieds une riche plaine, dont la végétation asiatique rassemble, comme dans une serre, des arbres et des plantes inconnus au reste de la France. Au delà de cette plaine resplendissante des derniers rayons du soleil, s'étendait la mer, calme et unie comme une glace, et à la surface de l'eau glissait légèrement un seul brick de guerre, qui, profitant d'une fraîche brise, lui ouvrait toutes ses voiles, et, poussé par elles, gagnait rapidement la mer d'Italie. Le mendiant le suivit avidement des yeux, jusqu'au moment où il disparut entre la pointe du cap de Gien et la première des îles d'Hyères ; puis, dès que la blanche apparition se fut effacée, il poussa un profond soupir, laissa retomber son front entre ses mains, et resta immobile et absorbé dans ses réflexions, jusqu'au moment où le bruit d'une cavalcade le fit tressaillir; il releva aussitôt la tête, secoua ses longs cheveux noirs, comme s'il voulait faire tomber de son front les amères pensées qui l'accablaient, et fixant les yeux vers l'entrée des gorges, du côté d'où venait le bruit, il en vit bientôt sortir deux cavaliers qu'il reconnut sans doute; car aussitôt se relevant de toute sa hauteur, il laissa tomber le bâton qu'il tenait à la main, croisa les bras et se retourna vers eux. De leur côté, les nouveaux arrivants l'eurent à peine aperçu qu'ils s'arrêtèrent, et que celui qui marchait le premier descendit de cheval, jeta la bride au bras de son compagnon, et mettant le chapeau à la main, quoiqu'il fût à plus de cinquante pas de l'homme aux haillons, s'avança respectueusement vers lui; le mendiant le laissa approcher d'un air de dignité sombre et sans faire un seul mouvement, puis lorsqu'il ne fut plus qu'à une faible distance :

— Eh bien! monsieur le maréchal, lui dit-il, avez-vous reçu des nouvelles ?

— Oui, sire, répondit tristement celui qu'il interrogeait.

— Et quelles sont-elles ?...

— Telles que j'eusse préféré que tout autre que moi les annonçât à votre majesté...

— Ainsi l'empereur refuse mes services! il oublie les victoires d'Aboukir, d'Eylau, de la Moscowa ?

— Non, sire; mais il se souvient du traité de Naples, de la prise de Reggio et de la déclaration de guerre au vice-roi d'Italie !

Le mendiant se frappa le front.

— Oui, oui, à ses yeux peut-être ai-je mérité ces reproches; mais il me semble cependant qu'il devait se rappeler qu'il y eut deux hommes en moi, le soldat dont il a fait son frère, et son frère dont il a fait un roi... Oui, comme frère, j'eus des torts, et de grands torts, envers lui; mais comme roi, sur mon âme! je ne pouvais faire autrement... Il me fallait choisir entre mon sabre et ma couronne, entre un régiment et un peuple!... Tenez, Brune, vous ne savez pas comment la chose s'est passée! Il y avait une flotte anglaise dont le canon grondait dans le port; il y avait une population napolitaine qui hurlait dans les rues. Si j'avais été seul, j'aurais passé avec un bateau au milieu de la flotte, avec mon sabre au milieu de la foule; mais j'avais une femme, des enfants. Cependant j'ai hésité, l'idée que l'épithète de traître et de transfuge s'attacherait à mon nom m'a fait verser plus de larmes que ne m'en coûtera jamais la perte de mon trône, et peut-être la mort des êtres que j'aime le plus... Enfin il ne veut pas de moi, n'est-ce pas?... Il me refuse comme général, comme capitaine, comme soldat?... Que me reste-t-il donc à faire?...

— Sire, il faut que votre majesté sorte à l'instant de France.

— Et si je n'obéissais pas?

— Mes ordres sont alors de vous arrêter et de vous livrer à un conseil de guerre!...

— Ce que tu ne ferais pas, n'est-ce pas, mon vieux camarade?

— Ce que je ferais, en priant Dieu de me frapper de mort au moment où j'étendrais la main sur vous!

— Je vous reconnais là, Brune; vous avez pu rester brave et loyal, vous! Il ne vous a pas donné un royaume, il ne vous a pas mis autour du front ce cercle de feu, qu'on appelle une couronne et qui rend fou; il ne vous a pas placé entre votre conscience et votre famille. Ainsi, il me faut quitter la France, recommencer la vie errante, dire adieu à Toulon, qui me rappelait tant de souvenirs! Tenez, Brune, continua Murat en s'appuyant sur le bras du maréchal, ne voilà-t-il pas des pins aussi beaux que ceux de la villa Pamphile, des palmiers pareils à ceux du Caire, des montagnes qu'on croirait une chaîne du Tyrol? Voyez à gauche ce cap de Gien; n'est-ce pas, moins le Vésuve, quelque chose comme Castellamare et Sorrente? Et tenez, Saint-Mandrier, qui ferme là-bas le golfe, ne ressemble-t-il pas à mon rocher de Caprée, que Lamarque a si bien escamoté à cet imbécile d'Hudson Lowe? Ah! mon Dieu! et il me faut quitter tout cela! Il n'y a pas moyen de rester sur ce coin de terre française, dites, Brune?...

— Sire, vous me faites bien mal! répondit le maréchal.

— C'est vrai; ne parlons plus de cela. Quelles nouvelles?...

— L'empereur est parti de Paris pour rejoindre l'armée; on doit se battre à cette heure...

— On doit se battre à cette heure, et je ne suis pas là! Oh! je sens que je lui aurais cependant été bien utile un jour de bataille! Avec quel plaisir j'aurais chargé sur ces misérables Prussiens et sur ces infâmes Anglais! Brune, donnez-moi un passe-port. Je partirai à franc étrier, j'arriverai où sera l'armée, je me ferai reconnaître à un colonel, je lui dirai : Donnez-moi votre régiment; je chargerai avec lui; et si le soir l'empereur ne me tend pas la main, je me brûlerai la cervelle, je vous en donne ma parole d'honneur!... Faites ce que je vous demande, Brune, et de quelque manière que cela finisse, je vous en aurai une reconnaissance éternelle!

— Je ne puis, sire...

— C'est bien, n'en parlons plus.

— Et votre majesté va quitter la France ?

— Je ne sais; du reste, accomplissez vos ordres, maréchal, et si vous me retrouvez, faites-moi arrêter; c'est encore un moyen de faire quelque chose pour moi! La vie m'est aujourd'hui un lourd fardeau, et celui qui m'en délivrera sera le bienvenu... Adieu, Brune.

Et il tendit la main au maréchal; celui-ci voulut la lui baiser; mais Murat ouvrit ses bras, les deux vieux compagnons se tinrent un instant embrassés, la poitrine gonflée de soupirs, les yeux pleins de larmes; puis enfin ils se séparèrent. Brune remonta à cheval, Murat reprit son bâton, et ces deux hommes s'éloignèrent chacun de son côté, l'un pour aller se faire assassiner à Avignon, et l'autre pour aller se faire fusiller au Pizzo.

Pendant ce temps, comme Richard III, Napoléon échangeait à Waterloo sa couronne pour un cheval.

Après l'entrevue que nous venons de rapporter, l'ex-roi de Naples se retira chez son neveu, qui se nommait Bonafoux, et qui était capitaine de frégate; mais cette retraite ne pouvait être que provisoire, la parenté devait éveiller les soupçons de l'autorité. En conséquence, Bonafoux songea à procurer à son oncle un asile plus secret. Il jeta les yeux sur un avocat de ses amis, dont il connaissait l'inflexible probité, et le soir même il se présenta chez lui. Après avoir causé de choses indifférentes, il lui demanda s'il n'avait pas une campagne au bord de la mer, et sur sa réponse affirmative, il s'invita pour le lendemain à déjeuner chez lui ; la proposition, comme on le pense, fut acceptée avec plaisir.

Le lendemain, à l'heure convenue, Bonafoux arriva à Bonette, c'était le nom de la maison de campagne qu'habitaient la femme et la fille de M. Marouin. Quant à lui, attaché au barreau de Toulon, il était obligé de rester dans cette ville. Après les premiers compliments d'usage, Bonafoux s'avança vers la fenêtre, et faisant signe à Marouin de le rejoindre :

— Je croyais, lui dit-il avec inquiétude, que votre campagne était située plus près de la mer?

— Nous en sommes à dix minutes de chemin à peine.

— Mais on ne l'aperçoit pas.

— C'est cette colline qui nous empêche de la voir.

— En attendant le déjeuner, voulez-vous que nous allions faire un tour sur la côte?

— Volontiers ; votre cheval n'est pas encore dessellé, je vais faire mettre la selle au mien, et je viens vous reprendre.

Marouin sortit. Bonafoux resta devant la fenêtre, absorbé dans ses pensées. Au reste, les maîtresses de la maison, distraites par les préparatifs du déjeuner, ne remarquèrent point ou ne parurent point remarquer sa préoccupation. Au bout de cinq minutes, Marouin rentra : tout était prêt. L'avocat et son hôte montèrent à cheval et se dirigèrent rapidement vers la mer. Arrivés sur la grève, le capitaine ralentit le pas de sa monture, et longeant la plage pendant une demi-heure à peu près, il parut apporter la plus grande attention au gisement des côtes. Marouin le suivait sans lui faire de questions sur cet examen, que la qualité d'officier de marine rendait tout naturel. Enfin, après une heure de marche, les deux convives rentrèrent à la maison de campagne. Marouin voulut faire desseller les chevaux ; mais Bonafoux s'y opposa, disant qu'aussitôt après le déjeuner il était obligé de retourner à Toulon. Effectivement, à peine le café était-il enlevé que le capitaine se leva et prit congé de ses hôtes. Marouin, rappelé à la ville par ses affaires, monta à cheval avec lui, et les deux amis reprirent ensemble le chemin de Toulon.

Au bout de dix minutes de marche, Bonafoux se rapprocha de son compagnon de route, et lui appuyant la main sur la cuisse :

— Marouin, lui dit-il, j'ai quelque chose de grave à vous dire, un secret important à vous confier.

— Dites, capitaine. Après les confesseurs, vous savez qu'il n'y a rien de plus discret que les notaires, et après les notaires que les avocats.

— Vous pensez bien que je ne suis pas venu à votre maison de campagne pour le seul plaisir de faire une promenade. Un objet plus important, une responsabilité plus sérieuse me préoccupent, et je vous ai choisi entre tous mes amis, pensant que vous m'étiez assez dévoué pour me rendre un grand service.

— Vous avez bien fait, capitaine.

— Venons au fait clairement et rapidement, comme il convient de le faire entre hommes qui s'estiment et qui comptent l'un sur l'autre. Mon oncle, le roi Joachim, est proscrit; il est caché chez moi, mais il ne peut y rester, car je suis la première personne chez laquelle on viendra faire visite. Votre campagne est isolée, et par conséquent on ne peut plus convenable pour lui servir de retraite. Il faut que vous la mettiez à notre disposition jusqu'au moment où les événements permettront au roi de prendre une détermination quelconque.

— Vous pouvez en disposer, dit Marouin.

— C'est bien ; mon oncle y viendra coucher cette nuit.

— Mais donnez-moi le temps au moins de la rendre digne de l'hôte royal que je vais avoir l'honneur de recevoir.

— Mon pauvre Marouin, vous vous donneriez une peine inutile, et vous nous imposeriez un retard fâcheux. Le roi Joachim a perdu l'habitude des palais et des courtisans; il est trop heureux aujourd'hui quand il trouve une chaumière et un ami; d'ailleurs je l'ai prévenu, tant d'avance j'étais sûr de votre réponse. Il compte coucher chez vous ce soir; si maintenant j'essayais de changer quelque chose à sa détermination, il verrait un refus dans ce qui ne serait qu'un délai, et vous perdriez tout le mérite de votre belle et bonne action. Ainsi, c'est chose dite : ce soir, à dix heures, au Champ-de-Mars.

A ces mots, le capitaine mit son cheval au galop et disparut. Marouin fit tourner bride au sien, et revint à sa campagne donner les ordres nécessaires à la réception d'un étranger dont il ne dit pas le nom.

A dix heures du soir, ainsi que la chose avait été convenue, Marouin était au Champ-de-Mars, encombré alors par l'artillerie de campagne du maréchal Brune. Personne n'était arrivé encore. Il se promenait entre les caissons, lorsque le factionnaire vint à lui et lui demanda ce qu'il faisait. La réponse était assez difficile : on ne se promène guère pour son plaisir à dix heures du soir au milieu d'un parc d'artillerie ; aussi demanda-t-il à parler au chef du poste. L'officier s'avança : M. Marouin se fit reconnaître à lui pour avocat, adjoint au maire de la ville de Toulon, lui dit qu'il avait donné rendez-vous à quelqu'un au Champ-de-Mars, ignorant que ce fût chose défendue, et qu'il attendait cette personne. En conséquence de cette explication, l'officier l'autorisa à rester et rentra au poste. Quant à la sentinelle, fidèle observatrice de la subordination, elle continua sa promenade mesurée sans s'inquiéter davantage de la présence d'un étranger.

Quelques minutes après, un groupe de plusieurs personnes parut du côté des Lices. Le ciel était magnifique, la lune brillante. Marouin reconnut Bonafoux et s'avança vers lui. Le capitaine lui prit aussitôt la main, le conduisit au roi, et s'adressant successivement à chacun d'eux : — Sire, dit-il, voici l'ami dont je vous ai parlé. — Puis, se retournant vers Marouin : — Et vous, lui dit-il, voici le roi de Naples, proscrit et fugitif, que je vous confie. Je ne parle pas de la possibilité qu'il reprenne un jour sa couronne ; ce serait vous ôter tout le mérite de votre belle action... Maintenant servez-lui de guide, nous vous suivrons de loin ; marchez.

Le roi et l'avocat se mirent en route aussitôt. Murat était alors vêtu d'une redingote bleue, moitié militaire, moitié civile, et boutonnée jusqu'en haut ; il avait un pantalon blanc et des bottes à éperons. Il portait les cheveux longs, de larges moustaches et d'épais favoris qui lui faisaient le tour du cou. Tout le long de la route il interrogea son hôte sur la situation de la campagne qu'il allait habiter et sur la facilité qu'il aurait, en cas d'alerte, à gagner la mer. Vers minuit le roi et Marouin arrivèrent à Bonette ; la suite royale les rejoignit au bout de dix minutes : elle se composait d'une trentaine de personnes. Après avoir pris quelques rafraîchissements, cette petite troupe, dernière cour du roi déchu, se retira pour se disperser dans la ville et ses environs, et Murat resta seul avec les femmes, ne gardant auprès de lui qu'un seul valet de chambre nommé Leblanc.

Murat resta un mois à peu près dans cette solitude, occupant toutes ses journées à répondre aux journaux qui l'avaient accusé de trahison envers l'empereur. Cette accusation était sa préoccupation, son fantôme, son spectre : jour et nuit il essayait de l'écarter en cherchant dans la position difficile où il s'était trouvé toutes les raisons qu'elle pouvait lui offrir d'agir comme il avait agi. Pendant ce temps, la désastreuse nouvelle de la défaite de Waterloo s'était répandue. L'empereur, qui venait de proscrire, était proscrit lui-même, et il attendait à Rochefort, comme Murat à Toulon, ce que les ennemis allaient décider de lui. On ignore encore à quelle voix intérieure a cédé Napoléon lorsque, repoussant les conseils du général Lallemand et le dévouement du capitaine Baudin, il préféra l'Angleterre à l'Amérique, et s'en alla, moderne Prométhée, s'étendre sur le rocher de Sainte-Hélène. Nous allons dire, nous, quelle circonstance fortuite conduisit Murat dans les fossés du Pizzo ; puis nous laisserons les fatalistes tirer de cette étrange histoire telle déduction philosophique qu'il leur plaira. Quant à nous, simple annaliste, nous ne pouvons que répondre de l'exactitude des faits que nous avons déjà racontés et de ceux qui vont suivre.

Le roi Louis XVIII était remonté sur le trône ; tout espoir de rester en France était donc perdu pour Murat ; il fallait partir. Son neveu Bonafoux fréta un brick pour les États-Unis sous le nom du prince de Rocca Romana. Toute la suite se rendit à bord, et l'on commença d'y faire transporter les objets précieux que le proscrit avait pu sauver dans le naufrage de sa royauté. D'abord ce fut un sac d'or pesant cent livres à peu près, une garde d'épée sur laquelle étaient les portraits du roi, de la reine et de ses enfants, et les actes de l'état civil de sa famille, reliés en velours et ornés de ses armes. Quant à Murat, il avait gardé sur lui une ceinture dans laquelle étaient, entre quelques papiers précieux, une vingtaine de diamants démontés qu'il estimait lui-même à une valeur de quatre millions.

Tous ces préparatifs de départ arrêtés, il fut convenu que le lendemain, 1ᵉʳ août, à cinq heures du matin, la barque du brick viendrait chercher le roi dans une petite baie distante de dix minutes de chemin de la maison de campagne qu'il habitait. Le roi passa la nuit à tracer à M. Marouin un itinéraire à l'aide duquel il devait arriver jusqu'à la reine, qui alors était, je crois, en Autriche. Au moment de partir il fut terminé, et en quittant le seuil de cette maison hospitalière, où il avait trouvé un refuge, il le remit à son hôte avec un volume de Voltaire que son édition stéréotype rendait portatif. Au bas du conte de *Micromégas* le roi avait écrit :

« Tranquillise-toi, ma chère Caroline; quoique bien malheureux, je suis libre. Je pars sans savoir où je vais; mais partout où j'irai, mon cœur sera à toi et à mes enfants.

» J. M. »

Dix minutes après, Murat et son hôte attendaient sur la plage de Bonette l'arrivée du canot qui devait conduire le fugitif à son bâtiment.

Ils attendirent ainsi jusqu'à midi, et rien ne parut; et cependant ils voyaient à l'horizon le brick sauveur qui, ne pouvant tenir l'ancre à cause de la profondeur de la mer, courait des bordées, au risque, par cette manœuvre, de donner l'éveil aux sentinelles de la côte. A midi, le roi, écrasé de fatigue, brûlé par le soleil, était couché sur la plage, lorsqu'un domestique arriva portant quelques rafraîchissements que madame Marouin, inquiète, envoyait à tout hasard à son mari. Le roi prit un verre d'eau rougie, mangea une orange, se releva un instant pour regarder si dans l'immensité de cette mer il ne verrait pas venir à lui la barque qu'il attendait. La mer était déserte, et le brick seul se courbait gracieusement à l'horizon, impatient de partir comme un cheval qui attend son maître.

Le roi poussa un soupir et se recoucha sur le sable. Le domestique retourna à Bonette avec l'ordre d'envoyer à la plage le frère de M. Marouin. Un quart d'heure après il arrivait, et presque aussitôt il repartait à grande course de cheval pour Toulon, afin de savoir de M. Bonafoux la cause qui avait empêché la barque de venir prendre le roi. En arrivant chez le capitaine il trouva la maison envahie par la force armée; on faisait une visite domiciliaire dont Murat était l'objet. Le messager parvint enfin au milieu du tumulte jusqu'à celui auprès duquel il était envoyé, et là, il apprit que le canot était parti à l'heure convenue et qu'il fallait qu'il se fût égaré dans les calangues de Saint-Louis et de Sainte-Marguerite. C'est en effet ce qui était arrivé. A cinq heures M. Marouin rapportait ces nouvelles à son frère et au roi. Elles étaient embarrassantes. Le roi n'avait plus le courage de défendre sa vie, même par la fuite; il était dans un de ces moments d'abattement qui saisissent parfois l'homme le plus fort, incapable d'émettre une opinion pour sa propre sûreté, et laissant M. Marouin maître d'y pourvoir comme bon lui semblerait. En ce moment un pêcheur rentrait en chantant dans le port. Marouin lui fit signe de venir, il obéit.

Marouin commença par acheter à cet homme tout le poisson qu'il avait pris; puis, après qu'il l'eut payé avec quelques pièces de monnaie, il fit briller de l'or à ses yeux, et lui offrit trois louis s'il voulait conduire un passager au brick que l'on apercevait en face de la Croix-des-Signaux. Le pêcheur accepta. Cette chance de salut rendit à l'instant même toutes ses forces à Murat; il se leva, embrassa M. Marouin, lui recommanda d'aller trouver sa femme et de lui remettre le volume de Voltaire; puis il s'élança dans la barque, qui s'éloigna aussitôt.

Elle était déjà à quelque distance de la côte lorsque le roi arrêta le rameur et fit signe à Marouin qu'il avait oublié quelque chose. En effet, sur la plage était un sac de nuit dans iequel Murat avait renfermé une magnifique paire de pistolets montés en vermeil, qui lui avait été donnée par la reine et à laquelle il tenait prodigieusement. A peine fut-il à la portée de la voix, qu'il indiqua à son hôte le motif de son retour. Celui-ci prit aussitôt la valise, et, sans attendre que Murat touchât terre, il la lui jeta de la plage dans le bateau ; en tombant, le sac de nuit s'ouvrit, et un des pistolets en sortit. Le pêcheur ne jeta qu'un coup d'œil sur l'arme royale ; mais ce fut assez pour qu'il remarquât sa richesse et qu'il conçût des soupçons. Il n'en continua pas moins de ramer vers le bâtiment. M. Marouin, le voyant s'éloigner, laissa son frère sur la côte, et saluant une dernière fois le roi, qui lui rendit son salut, retourna vers la maison pour calmer les inquiétudes de sa femme, et prendre lui-même quelques heures de repos, dont il avait grand besoin.

Deux heures après il fut réveillé par une visite domiciliaire ; sa maison, à son tour, était envahie par la gendarmerie. On chercha de tous les côtés sans trouver trace du roi. Au moment où les recherches étaient le plus acharnées, son frère rentra ; Marouin le regarda en souriant, car il croyait le roi sauvé ; mais à l'expression du visage de l'arrivant, il vit qu'il était advenu quelque nouveau malheur ; aussi, au premier moment de relâche que lui donnèrent les visiteurs, il s'approcha de son frère :

— Eh bien ! dit-il, le roi est à bord, j'espère ?

— Le roi est à cinquante pas d'ici, caché dans la masure.

— Pourquoi est-il revenu ?

— Le pêcheur a prétexté un gros temps, et a refusé de le conduire jusqu'au brick.

— Le misérable !

Les gendarmes rentrèrent.

Toute la nuit se passa en visites infructueuses dans la maison et ses dépendances ; plusieurs fois ceux qui cherchaient le roi passèrent à quelques pas de lui, et Murat put entendre leurs menaces et leurs imprécations. Enfin, une demi-heure avant le jour, ils se retirèrent ; Marouin les laissa s'éloigner, et aussitôt qu'il les eut perdus de vue il courut à l'endroit où devait être le roi. Il le trouva couché dans un enfoncement et tenant un pistolet de chaque main ; le malheureux n'avait pu résister à la fatigue et s'était endormi. Il hésita un instant à le rendre à cette vie errante et tourmentée ; mais il n'y avait pas une minute à perdre. Il le réveilla.

Aussitôt ils s'acheminèrent vers la côte ; le brouillard matinal s'étendait sur la mer, on ne pouvait distinguer à deux cents pas de distance : ils furent obligés d'attendre. Enfin les premiers rayons du soleil commencèrent à attirer à eux cette vapeur nocturne, elle se déchira, glissant sur la mer, pareille aux nuages qui glissent au ciel. L'œil avide du roi plongeait dans chacune des vallées humides qui se creusaient devant lui, sans y rien distinguer ; cependant il espérait toujours que derrière ce rideau mobile il finirait par apercevoir le brick sauveur. Peu à peu l'horizon s'éclaircit ; de légères vapeurs, semblables à des fumées, coururent encore quelque temps à la surface de la mer, et dans chacune d'elles le roi croyait reconnaître les voiles blanches de son vaisseau. Enfin la dernière s'effaça lentement, la mer se révéla dans toute son immensité : elle était déserte. Le brick, n'osant attendre plus longtemps, était parti pendant la nuit.

— Allons, dit le roi se retournant vers son hôte, le sort en est jeté, j'irai en Corse.

Le même jour, le maréchal Brune était assassiné à Avignon.

Murat resta caché chez M. Marouin jusqu'au 22 août. Ce n'était plus alors par Napoléon qu'il était menacé, c'était par Louis XVIII qu'il était proscrit : ce n'était plus la loyauté militaire de Brune qui venait, les larmes aux yeux, lui signifier les ordres qu'il avait reçus, c'était l'ingratitude haineuse de M. de Rivière qui mettait à prix (1) la tête de celui qui avait sauvé la sienne (2). M. de Rivière avait bien écrit à l'ex-roi de Naples de s'abandonner à la bonne foi et à l'humanité du roi de France ; mais cette vague invitation n'avait point paru au proscrit une garantie suffisante, surtout de la part d'un homme qui venait de laisser égorger, presque sous ses yeux, un maréchal de France porteur d'un sauf-conduit signé de sa main. Murat savait le massacre des mameluks à Marseille, l'assassinat de Brune à Avignon ; il avait été prévenu la veille par le commissaire de police de Toulon (3) que l'ordre formel avait été donné de l'arrêter : il n'y avait donc pas moyen de rester plus longtemps en France. La Corse, avec ses villes hospitalières, ses montagnes amies et ses forêts impénétrables, était à cinquante lieues à peine ; il fallait gagner la Corse, et attendre dans ses villes, dans ses montagnes ou dans ses forêts, ce que les rois décideraient relativement au sort de celui qu'ils avaient appelé sept ans leur frère.

A dix heures du soir, le roi descendit sur la plage. Le bateau qui devait l'emporter n'était pas encore au rendez-vous ; mais, cette fois, il n'y avait aucune crainte qu'il y manquât ; la baie avait été reconnue, pendant la journée, par trois amis dévoués à la fortune adverse : c'étaient MM. Blancard, Langlade et Donadieu, tous trois officiers de marine, hommes de tête et de cœur, qui s'étaient engagés sur leur vie à conduire Murat en Corse, et qui en effet allaient exposer leur vie pour accomplir leur promesse. Murat vit donc sans inquiétude la plage déserte : ce retard, au contraire, lui donnait quelques instants de joie filiale. Sur ce bout de terrain, sur cette langue de sable, le malheureux proscrit se cramponnait encore à la France, sa mère, tandis qu'une fois le pied posé sur ce bâtiment qui allait l'emporter, la séparation devait être longue, sinon éternelle.

Au milieu de ces pensées, il tressaillit tout à coup et poussa un soupir : il venait d'apercevoir, dans l'obscurité transparente de la nuit méridionale, une voile glissant sur les vagues comme un fantôme. Bientôt un chant de marin se fit entendre : Murat reconnut le signal convenu, il y répondit en brûlant l'amorce d'un pistolet, et aussitôt la barque se dirigea vers la terre ; mais, comme elle tirait trois pieds d'eau, elle fut forcée de s'arrêter à dix ou douze pas de la plage ; deux hommes se jetèrent aussitôt à la mer et gagnèrent le bord, le troisième resta enveloppé dans son manteau et couché près du gouvernail.

— Eh bien ! mes braves amis, dit le roi en allant au-devant de Blancard et de Langlade jusqu'à ce qu'il sentît la vague mouiller ses pieds, le moment est arrivé, n'est-ce pas ? Le vent est bon, la mer est calme ; il faut partir.

— Oui, répondit Langlade, oui, sire, il faut partir, et

peut-être cependant serait-il plus sage de remettre la chose à demain.

— Pourquoi? demanda le roi.

Langlade ne répondit point, mais, se tournant vers le couchant, il leva la main, et, selon l'habitude des marins, il siffla pour appeler le vent.

— C'est inutile, dit Donadieu, qui était resté dans la barque, voici les premières bouffées qui arrivent, et bientôt tu en auras à n'en savoir que faire... Prends garde, Langlade, prends garde; parfois en appelant le vent on éveille la tempête. — Murat tressaillit, car il semblait que cet avis, qui s'élevait de la mer, lui fût donné par l'esprit des eaux; mais l'impression fut courte, et il se remit à l'instant.

— Tant mieux, dit-il, plus nous aurons de vent, plus vite nous marcherons.

— Oui, répondit Langlade, seulement Dieu sait où il nous conduira, s'il continue à tourner ainsi.

— Ne partez pas cette nuit, sire, dit Blancard, joignant son avis à celui de ses deux compagnons.

— Mais enfin, pourquoi cela?

— Parce que, vous voyez cette ligne noire, n'est-ce pas? eh bien, au coucher du soleil elle était à peine visible, la voilà maintenant qui couvre une partie de l'horizon; dans une heure il n'y aura plus une étoile au ciel.

— Avez-vous peur? dit Murat.

— Peur? répondit Langlade, et de quoi? de l'orage? Il haussa les épaules. C'est à peu près comme si je demandais à votre majesté si elle a peur d'un boulet de canon... Ce que nous en disons, c'est pour vous, sire; mais que voulez-vous que fasse l'orage à des chiens de mer comme nous?

— Partons donc! s'écria Murat en poussant un soupir. Adieu, Marouin... Dieu seul peut vous récompenser de ce que vous avez fait pour moi. Je suis à vos ordres, messieurs.

A ces mots, les deux marins saisirent le roi chacun par une cuisse, et l'élevant sur leurs épaules, ils entrèrent aussitôt dans la mer; en un instant il fut à bord. Langlade et Blancard montèrent derrière lui; Donadieu resta au gouvernail, les deux autres officiers se chargèrent de la manœuvre et

commencèrent leur service en déployant les voiles. Aussitôt,
comme un cheval qui sent l'éperon, la petite barque sembla
s'animer; les marins jetèrent un coup d'œil insoucieux vers
la terre, et Murat, sentant qu'il s'éloignait, se retourna du
côté de son hôte et lui cria une dernière fois :

— Vous avez votre itinéraire jusqu'à Trieste... n'oubliez
pas ma femme!... Adieu! adieu!...

— Dieu vous garde, sire, murmura Marouin. — Et quelque
temps encore, grâce à la voile blanche qui se dessinait dans
l'ombre, il put suivre des yeux la barque qui s'éloignait rapidement; enfin elle disparut. Marouin resta encore quelque
temps sur le rivage, quoiqu'il ne vît plus rien et n'entendît
plus rien; alors un cri affaibli par la distance parvint encore
jusqu'à lui : ce cri était le dernier adieu de Murat à la France.

Lorsque M. Marouin me raconta un soir, au lieu même où
la chose s'était passée, les détails que je viens de décrire, ils
lui étaient si présents, quoique vingt ans se fussent écoulés
depuis lors, qu'il se rappelait jusqu'aux moindres accidents
de cet embarquement nocturne. De ce moment, il m'assura
qu'un pressentiment de malheur l'avait saisi, qu'il ne pouvait
s'arracher de cette plage, et que plusieurs fois l'envie lui prit
de rappeler le roi; mais, pareil à un homme qui rêve, sa
bouche s'ouvrait sans laisser échapper aucun son. Il craignait
de paraître insensé, et ce ne fut qu'à une heure du matin,
c'est-à-dire deux heures et demie après le départ de la barque,
qu'il rentra chez lui avec une tristesse mortelle dans le cœur.

Quant aux aventureux navigateurs, ils s'étaient engagés
dans cette large ornière marine qui mène de Toulon à Bastia,
et d'abord l'événement parut, aux yeux du roi, démentir la
prédiction de nos marins : le vent, au lieu de s'augmenter,
tomba peu à peu, et deux heures après le départ la barque
se balançait sans reculer ni avancer sur des vagues qui de
minute en minute allaient s'aplanissant. Murat regardait tristement s'éteindre, sur cette mer où il se croyait enchaîné, le
sillon phosphorescent que le petit bâtiment traînait après lui :
il avait amassé du courage contre la tempête, mais non
contre le calme; et, sans même interroger ses compagnons
de voyage, à l'inquiétude desquels il se méprenait, il se

coucha au fond du bateau, s'enveloppa de son manteau, et fermant les yeux comme s'il dormait, il s'abandonna au flot de ses pensées, bien autrement tumultueux et agité que celui de la mer. Bientôt les deux marins, croyant à son sommeil, se réunirent au pilote, et s'asseyant près du gouvernail, commencèrent à tenir conseil.

— Vous avez eu tort, Langlade, dit Donadieu, de prendre une barque ou si petite ou si grande : sans pont nous ne pouvons résister à la tempête, et sans rames nous ne pouvons avancer dans le calme.

— Sur Dieu ! je n'avais pas le choix. J'ai été obligé de prendre ce que j'ai rencontré, et si ce n'était pas l'époque des madragues (4), je n'aurais pas même trouvé cette mauvaise péniche, ou bien il me l'aurait fallu aller chercher dans le port, et la surveillance est telle que j'y serais bien entré, mais que je n'aurais probablement pas pu en sortir.

— Est-elle solide, au moins ? dit Blancard.

— Pardieu ! tu sais bien ce que c'est que des planches et des clous qui trempent depuis dix ans dans l'eau salée. Dans les occasions ordinaires on n'en voudrait pas pour aller de Marseille au château d'If ; dans une circonstance comme la nôtre on ferait le tour du monde dans une coquille de noix.

— Chut ! dit Donadieu. Les marins écoutèrent : un grondement lointain se fit entendre, mais si faible qu'il fallait l'oreille exercée d'un enfant de la mer pour le distinguer.

— Oui, oui, dit Langlade ; c'est un avertissement pour ceux qui ont des jambes ou des ailes de regagner le nid qu'ils n'auraient pas dû quitter.

— Sommes-nous loin des îles ? dit vivement Donadieu.

— A une lieue environ.

— Mettez le cap sur elles.

— Et pourquoi faire ? dit Murat en se soulevant.

— Pour y relâcher, sire, si nous pouvons...

— Non, non, s'écria Murat, je ne veux plus remettre le pied à terre qu'en Corse ; je ne veux pas quitter encore une fois la France. D'ailleurs la mer est calme, et voilà le vent qui nous revient...

— Tout à bas ! cria Donadieu.

Aussitôt Langlade et Blancard se précipitèrent pour exécuter la manœuvre. La voile glissa le long du mât, et s'abatti' au fond du bâtiment.

— Que faites-vous? cria Murat; oubliez-vous que je suis roi et que j'ordonne?

— Sire, dit Donadieu, il y a un roi plus puissant que vous ici, c'est Dieu; il y a une voix qui couvre la vôtre, c'est celle de la tempête... Laissez-nous sauver votre majesté, si la chose est possible, et n'exigez rien de plus...

En ce moment un éclair sillonna l'horizon, un coup de tonnerre, plus rapproché que le premier, se fit entendre, une légère écume monta à la surface de l'eau, la barque frissonna comme un être animé. Murat commença à comprendre que le danger venait; alors il se leva en souriant, jeta derrière lui son chapeau, secoua ses longs cheveux, aspira l'orage comme il aspirait la fumée : le soldat était prêt à combattre.

— Sire, dit Donadieu, vous avez bien vu des batailles, mais peut-être n'avez-vous point vu une tempête; si vous êtes curieux de ce spectacle, cramponnez-vous au mât et regardez, car en voilà une qui se présente bien.

— Que faut-il que je fasse? dit Murat; ne puis-je vous aider en rien?

— Non, pas pour le moment, sire; plus tard nous vous emploierons aux pompes.

Pendant ce dialogue, l'orage avait fait des progrès, il arrivait sur les voyageurs comme un cheval de course, soufflant le vent et le feu par ses naseaux, hennissant le tonnerre et faisant voler l'écume des vagues sous ses pieds. Donadieu pressa le gouvernail, la barque céda comme si elle comprenait la nécessité d'une prompte obéissance, et présenta sa poupe au choc du vent; alors la bourrasque passa, laissant derrière elle la mer tremblante, et tout parut rentrer dans le repos. La tempête reprenait haleine.

— En sommes-nous donc quittes pour cette rafale? dit Murat.

— Non, votre majesté, dit Donadieu; ceci n'est qu'une affaire d'avant-garde, tout à l'heure le corps d'armée va donner.

— Et ne faisons-nous pas quelques préparatifs pour le recevoir? répondit gaiement le roi.

— Lesquels? dit Donadieu. Nous n'avons plus un pouce de voile où le vent puisse mordre, et tant que la barque ne fera pas eau, nous flotterons comme un bouchon de liége. Tenez-vous bien, sire!...

En effet, une seconde bourrasque accourait, plus rapide que la première, accompagnée de pluie et d'éclairs. Donadieu essaya de répéter la même manœuvre; mais il ne put virer si rapidement que le vent n'enveloppât la barque; le mât se courba comme un roseau; le canot embarqua une vague.

— Aux pompes! cria Donadieu. Sire, voici le moment de nous aider...

Blancard, Langlade et Murat saisirent leurs chapeaux et se mirent à vider la barque. La position de ces quatre hommes était affreuse, elle dura trois heures. Au point du jour le vent faiblit; cependant la mer resta grosse et tourmentée. Le besoin de manger commença à se faire sentir; toutes les provisions avaient été atteintes par l'eau de mer, le vin seul avait été préservé du contact. Le roi prit une bouteille, et avala le premier quelques gorgées, puis il la passa à ses compagnons, qui burent à leur tour : la nécessité avait chassé l'étiquette. Langlade avait par hasard des tablettes de chocolat, qu'il offrit au roi. Murat en fit quatre parts égales et força ses compagnons de manger; puis le repas fini, on orienta vers la Corse; mais la barque avait tellement souffert qu'il n'y avait pas probabilité qu'elle pût gagner Bastia.

Le jour se passa tout entier sans que les voyageurs pussent faire plus de dix lieues; ils naviguaient sous la petite voile de foc, n'osant tendre la grande voile; le vent était si variable, que le temps se perdait à combattre ses caprices. Le soir, une voie d'eau se déclara; elle pénétrait à travers les planches disjointes; les mouchoirs réunis de l'équipage suffirent pour tamponner la barque, et la nuit, qui descendit triste et sombre, les enveloppa pour la seconde fois de son obscurité. Murat, écrasé de fatigue, s'endormit; Blancard et Langlade reprirent place près de Donadieu, et ces trois hom mes, qui semblaient insensibles au sommeil et à la fatigue, veillèrent à la tranquillité de son sommeil.

La nuit fut, en apparence, assez tranquille; cependant quelquefois des craquements sourds se faisaient entendre. Alors les trois marins se regardaient avec une expression étrange; puis leurs yeux se reportaient vers le roi, qui dormait au fond de ce bâtiment, dans son manteau trempé d'eau de mer, aussi profondément qu'il avait dormi dans les sables de l'Égypte et dans les neiges de la Russie. Alors l'un d'eux se levait, s'en allait à l'autre bout du canot en sifflant entre ses dents l'air d'une chanson provençale... puis après avoir consulté le ciel, les vagues et la barque, il revenait auprès de ses camarades, et se rasseyait en murmurant : — C'est impossible : à moins d'un miracle, nous n'arriverons jamais. — La nuit s'écoula dans ces alternatives. Au point du jour on se trouva en vue d'un bâtiment : — Une voile! s'écria Donadieu, une voile! A ce cri, le roi se réveilla. En effet, un petit brick marchand apparaissait, venant de Corse et faisant route vers Toulon. Donadieu mit le cap sur lui, Blancard hissa les voiles au point de fatiguer la barque, et Langlade courut à la proue, élevant le manteau du roi au bout d'une espèce de harpon. Bientôt les voyageurs s'aperçurent qu'ils avaient été vus; le brick manœuvra de manière à se rapprocher d'eux; au bout de dix minutes ils se trouvèrent à cinquante pas l'un de l'autre. Le capitaine parut sur l'avant. Alors le roi le héla, lui offrant une forte récompense s'il voulait le recevoir à bord avec ses trois compagnons et les conduire en Corse. Le capitaine écouta la proposition; puis aussitôt, se tournant vers l'équipage, il donna à demi-voix un ordre que Donadieu ne put entendre, mais qu'il saisit probablement par le geste, car aussitôt il commanda à Langlade et à Blancard une manœuvre qui avait pour but de s'éloigner du bâtiment. Ceux-ci obéirent avec la promptitude passive des marins; mais le roi frappa du pied :

— Mais que faites-vous, Donadieu? que faites-vous? s'écria-t-il, ne voyez-vous pas qu'il vient à nous?

— Oui, sur mon âme, je le vois... Obéissez, Langlade, alerte, Blancard. Oui, on vient sur nous, et peut-être m'en suis-je aperçu trop tard. C'est bien, c'est bien; à moi maintenant. Alors il se coucha sur le gouvernail, et lui imprima un mouvement si subit et si violent, que la barque, forcée de changer immédiatement de direction, sembla se roidir contre lui, comme ferait un cheval contre le frein; enfin elle obéit. Une vague énorme, soulevée par le géant qui venait sur elle, l'emporta avec elle comme une feuille; le brick passa à quelques pieds de sa poupe.

— Ah! traître! s'écria le roi, qui commença seulement à s'apercevoir de l'intention du capitaine : en même temps il tira un pistolet de sa ceinture, en criant : — A l'abordage, à l'abordage! et essaya de faire feu sur le brick; mais la poudre était mouillée et ne s'enflamma point. Le roi était furieux, et ne cessait de crier : — A l'abordage, à l'abordage!

— Oui, oui, le misérable, ou plutôt l'imbécile, dit Donadieu, il nous a pris pour des forbans, et il a voulu nous couler, comme si nous avions besoin de lui pour cela.

En effet, en jetant les yeux sur le canot, il était facile de s'apercevoir qu'il commençait à faire eau. La tentative de salut que venait de risquer Donadieu avait effroyablement fatigué la barque, et la mer entrait par plusieurs écartements des planches; il fallut se mettre à puiser de l'eau avec les chapeaux; ce travail dura dix heures. Enfin Donadieu fit, pour la seconde fois, entendre le cri sauveur : — Une voile! une voile!...

Le roi et ses deux compagnons cessèrent aussitôt leur travail; on hissa de nouveau les voiles, on mit le cap sur le bâtiment qui s'avançait, et l'on cessa de s'occuper de l'eau, qui, n'étant plus combattue, gagna rapidement.

Désormais c'était une question de temps, de minutes, de secondes, voilà tout; il s'agissait d'arriver au bâtiment avant de couler bas. Le bâtiment, de son côté, semblait comprendre la position désespérée de ceux qui imploraient son secours; il venait au pas de course. Langlade le reconnut le premier, c'était une balancelle du gouvernement, un bateau de poste qui faisait le service entre Toulon et Bastia. Langlade était l'ami du capitaine, il l'appela par son nom avec cette voix puissante de l'agonie, et il fut entendu. Il était temps, l'eau

gagnait toujours ; le roi et ses compagnons étaient déjà dans
la mer jusqu'aux genoux ; le canot gémissait comme un
mourant qui râle ; il n'avançait plus, mais commençait à
tourner sur lui-même. En ce moment, deux ou trois câbles,
jetés de la balancelle, tombèrent dans la barque ; le roi en
saisit un, s'élança et saisit l'échelle de corde : il était sauvé.
Blancard et Langlade en firent autant presque aussitôt ; Donadieu resta le dernier, comme c'était son devoir de le faire,
et au moment où il mettait un pied sur l'échelle du bord, il
sentit sous l'autre s'enfoncer la barque qu'il quittait ; il se
retourna avec la tranquillité d'un marin, vit le gouffre ouvrir sa vaste gueule au-dessous de lui, et aussitôt la barque
dévorée tournoya et disparut. Cinq secondes encore, et ces
quatre hommes, qui maintenant étaient sauvés, étaient à tout
jamais perdus (5) !...

Murat était à peine sur le pont, qu'un homme vint se jeter
à ses pieds : c'était un mameluk qu'il avait autrefois ramené
d'Égypte, et qui s'était depuis marié à Castellamare ; des
affaires de commerce l'avaient attiré à Marseille où, par miracle, il avait échappé au massacre de ses frères ; et, malgré
le déguisement qui le couvrait et les fatigues qu'il venait
d'essuyer, il avait reconnu son ancien maître. Ses exclama-
tions de joie ne permirent pas au roi de garder plus longtemps son incognito ; alors le sénateur Casabianca, le capitaine Oletta, un neveu du prince Baciocchi, un ordonnateur
nommé Boerco, qui fuyaient eux-mêmes les massacres du
midi, se trouvant sur le bâtiment, le saluèrent du nom de
majesté et lui improvisèrent une petite cour : le passage était
brusque, il opéra un changement rapide ; ce n'était plus
Murat le proscrit, c'était Joachim 1er, roi de Naples. La terre
de l'exil disparut avec la barque engloutie ; à sa place,
Naples et son golfe magnifique apparurent à l'horizon comme
un merveilleux mirage, et sans doute la première idée de la
fatale expédition de Calabre prit naissance pendant ces
jours d'enivrement qui suivirent les heures d'agonie. Cependant le roi, ignorant encore quel accueil l'attendait en Corse,
prit le nom de comte de Campo Melle, et ce fut sous ce nom
que le 25 août il prit terre à Bastia. Mais la précaution fut

inutile ; trois jours après son arrivée personne n'ignorait plus sa présence dans cette ville. Des rassemblements se formèrent aussitôt, des cris de vive Joachim ! se firent entendre, et le roi, craignant de troubler la tranquillité publique, sortit le même soir de la ville avec ses trois compagnons et son mameluk. Deux heures après il entrait à Viscovato et frappait à la porte du général Franchescetti, qui avait été à son service tout le temps de son règne, et qui, ayant quitté Naples en même temps que le roi, était revenu en Corse habiter avec sa femme la maison de M. Colona Cicaldi, son beau-père. Il était en train de souper lorsqu'on vint lui dire qu'un étranger demandait à lui parler : il sortit et trouva Murat enveloppé d'une capote militaire, la tête enfoncée dans un bonnet de marin, la barbe longue, et portant un pantalon, des guêtres et des souliers de soldat. Le général s'arrêta étonné ; Murat fixa sur lui son grand œil noir ; puis croisant les bras : — Franchescetti, lui dit-il, avez-vous à votre table une place pour votre général qui a faim ? avez-vous sous votre toit un asile pour votre roi qui est proscrit ?... Franchescetti jeta un cri de surprise en reconnaissant Joachim, et ne put lui répondre qu'en tombant à ses pieds et en lui baisant la main. De ce moment la maison du général fut à la disposition de Murat.

A peine le bruit de l'arrivée du roi fut-il répandu dans les environs que l'on vit accourir à Viscovato des officiers de tous grades, des vétérans qui avaient combattu sous lui, et des chasseurs corses que son caractère aventureux séduisait; en peu de jours la maison du général fut transformée en palais, le village en résidence royale, et l'île en royaume. D'étranges bruits se répandirent sur les intentions de Murat, une armée de neuf cents hommes contribuait à leur donner quelque consistance. C'est alors que Blancard, Langlade et Donadieu prirent congé de lui ; Murat voulut les retenir ; mais ils s'étaient voués au salut du proscrit, et non à la fortune du roi.

Nous avons dit que Murat avait rencontré à bord du bateau de poste de Bastia un de ses anciens mameluks nommé Othello, et que celui-ci l'avait suivi à Viscovato : l'ex-roi de

Naples songea à se faire un agent de cet homme. Des relations de famille le rappelaient tout naturellement à Castellamare ; il lui ordonna d'y retourner, et le chargea de lettres pour les personnes sur le dévouement desquelles il comptait le plus. Othello partit, arriva heureusement chez son beau-père, et crut pouvoir lui tout dire ; mais celui-ci, épouvanté, prévint la police : une descente nocturne fut faite chez Othello et sa correspondance saisie.

Le lendemain, toutes les personnes auxquelles étaient adressées les lettres furent arrêtées et reçurent l'ordre de répondre à Murat comme si elles étaient libres, et de lui indiquer Salerne comme le lieu le plus propre au débarquement : cinq sur sept eurent la lâcheté d'obéir ; les deux autres, qui étaient deux frères espagnols, s'y refusèrent absolument : on les jeta dans un cachot.

Cependant, le 17 septembre, Murat quitta Viscovato, le général Franchescetti, ainsi que plusieurs officiers corses, lui servirent d'escorte ; il s'achemina vers Ajaccio par Cotone, les montagnes de Serra, Bosco, Venaco, Vivaro, les gorges de la forêt de Vezzanovo et Bogognone ; partout il fut fêté comme un roi ; et à la porte des villes il reçut plusieurs députations qui le haranguèrent en le saluant du titre de majesté ; enfin, le 23 septembre, il arriva à Ajaccio. La population tout entière l'attendait hors des murs ; son entrée dans la ville fut un triomphe ; il fut porté jusqu'à l'auberge qui avait été désignée d'avance par les maréchaux des logis : il y avait de quoi tourner la tête à un homme moins impressionnable que Murat : quant à lui, il était dans l'ivresse ; en entrant dans l'auberge il tendit la main à Franchescetti. — Voyez, lui dit-il, à la manière dont me reçoivent les Corses, ce que feront pour moi les Napolitains. — C'était le premier mot qui lui échappait sur ses projets à venir, et dès ce jour même il ordonna de tout préparer pour son départ.

On rassembla dix petites felouques : un Maltais nommé Barbara, ancien capitaine de frégate de la marine napolitaine, fut nommé commandant en chef de l'expédition ; deux cent cinquante hommes furent engagés et invités à se tenir prêts à partir au premier signal. Murat n'attendait plus que les réponses aux lettres d'Othello ; elles arrivèrent dans la matinée du 28 : Murat invita tous les officiers à un grand dîner et fit donner double paye et double ration à ses hommes.

Le roi était au dessert lorsqu'on lui annonça l'arrivée de M. de Maceroni : c'était un envoyé des puissances étrangères qui apportait à Murat la réponse qu'il avait attendue si longtemps à Toulon. Murat se leva de table, passa dans une chambre à côté : M. Maceroni se fit reconnaître comme chargé d'une mission officielle, et remit au roi l'ultimatum de l'empereur d'Autriche. Il était conçu en ces termes :

« M. Maceroni est autorisé par les présentes à prévenir le roi Joachim que sa majesté l'empereur d'Autriche lui accordera un asile dans ses États sous les conditions suivantes :

» 1° Le roi prendra un nom privé ; la reine ayant adopté celui de Lipano, on propose au roi de prendre le même nom.

» 2° Il sera permis au roi de choisir une ville de la Bohême, de la Moravie, ou de la haute Autriche, pour y fixer son séjour : il pourra même sans inconvénient habiter une campagne dans ces mêmes provinces.

» 3° Le roi engagera sa parole d'honneur envers S. M. I. et R. qu'il n'abandonnera jamais les États autrichiens sans le consentement exprès de l'empereur, et qu'il vivra comme un particulier de distinction, mais soumis aux lois qui sont en vigueur dans les États autrichiens.

» En foi de quoi et afin qu'il en soit fait un usage convenable, le soussigné a reçu l'ordre de l'empereur de signer la présente déclaration.

» *Signé*, le prince DE METTERNICH.

» Donné à Paris, le 1ᵉʳ septembre 1815. »

Murat sourit en achevant cette lecture, puis il fit signe à M. Maceroni de le suivre. Il le conduisit alors sur la terrasse de la maison, qui dominait toute la ville, et qui était dominée elle-même par sa bannière qui flottait comme sur un château royal : de là on pouvait voir Ajaccio toute joyeuse et

illuminée, le port où se balançait la petite flottille et les rues
encombrées de monde, comme en un jour de fête. A peine
la foule eut-elle aperçu Murat, qu'un cri partit de toutes les
bouches : Vive Joachim ! vive le frère de Napoléon! vive le
roi de Naples! Murat salua, et les cris redoublèrent, et la musique de la garnison fit entendre les airs nationaux. M. Maceroni ne savait s'il devait en croire ses yeux et ses oreilles;
lorsque le roi eut joui de son étonnement, il l'invita à descendre au salon. Son état-major y était réuni en grand uniforme : on se serait cru à Caserte ou à Capodimonte. Enfin,
après un instant d'hésitation, Maceroni se rapprocha de Murat :

— Sire, lui dit-il, quelle réponse dois-je faire à sa majesté
l'empereur d'Autriche?

— Monsieur, lui répondit Murat avec cette dignité hautaine qui allait si bien à sa belle figure, vous raconterez à
mon frère François ce que vous avez vu et ce que vous avez
entendu , et puis vous ajouterez que je pars cette nuit même
pour reconquérir mon royaume de Naples.

Les lettres qui avaient déterminé Murat à quitter la Corse
lui avaient été apportées par un Calabrais nommé Luidgi : il
s'était présenté au roi comme un envoyé de l'Arabe Othello,
qui avait été jeté, comme nous l'avons dit, dans les prisons de
Naples, ainsi que les personnes auxquelles les dépêches dont
il était porteur avaient été adressées. Ces lettres, écrites par
le ministre de la police de Naples, indiquaient à Joachim le
port de la ville de Salerne comme le lieu le plus propre au
débarquement , car le roi Ferdinand avait rassemblé sur ce
point trois mille hommes de troupes autrichiennes, n'osant
se fier aux soldats napolitains, qui avaient conservé de Murat
un riche et brillant souvenir : ce fut donc vers le golfe de
Salerne que la flottille se dirigea, mais, arrivée en vue de
l'île de Caprée, elle fut assaillie par une violente tempête qui
la chassa jusqu'à Paola, petit port situé à dix lieues de Cosenza. Les bâtiments passèrent en conséquence la nuit du 5
au 6 octobre dans une espèce d'échancrure du rivage qui ne
mérite pas le nom de rade : le roi, pour ôter tout soupçon
aux gardes des côtes et aux scorridori (6) siciliens, ordonna

d'éteindre les feux et de louvoyer jusqu'au jour ; mais vers une heure du matin il s'éleva de terre un vent si violent, que l'expédition fut repoussée en haute mer ; de sorte que le 6, à la pointe du jour, le bâtiment que montait le roi se trouva seul. Dans la matinée il rallia la felouque du capitaine Cicconi, et les deux navires mouillèrent à quatre heures de l'après-midi en vue de Santo-Lucido. Le soir, le roi ordonna au chef de bataillon Ottaviani de se rendre à terre pour y prendre des renseignements ; Luidgi s'offrit pour l'accompagner, Murat accepta ses bons offices ; Ottaviani et son guide se rendirent donc à terre, tandis qu'au contraire, Cicconi et sa felouque se remettaient en mer avec mission d'aller à la recherche du reste de la flotte.

Vers les onze heures de la nuit, le lieutenant de quart sur le navire royal distingua au milieu des vagues un homme qui s'avançait en nageant vers le bâtiment ; dès qu'il fut à la portée de la voix il le héla ; aussitôt le nageur se fit reconnaître : c'était Luidgi ; on lui envoya la chaloupe et il remonta à bord ; alors il raconta que le chef de bataillon Ottaviani avait été arrêté, et qu'il n'avait échappé lui-même à ceux qui le poursuivaient qu'en se jetant à la mer. Le premier mouvement de Murat fut d'aller au secours d'Ottaviani ; mais Luidgi fit comprendre au roi le danger et l'inutilité de cette tentative ; néanmoins Joachim resta jusqu'à deux heures du matin agité et irrésolu. Enfin il donna l'ordre de reprendre le large. Pendant la manœuvre qui eut lieu à cet effet, un matelot tomba à la mer et disparut avant qu'on eût eu le temps de lui porter secours. Décidément les présages étaient sinistres.

Le 7 au matin, on eut connaissance de deux bâtiments. Le roi ordonna aussitôt de se mettre en mesure de défense ; mais Barbara les reconnut pour être la felouque de Cicconi et la balancelle de Courrand qui s'étaient réunies et faisaient voile de conserve. On hissa les signaux, et les deux capitaines se rallièrent à l'amiral.

Pendant qu'on délibérait sur la route à suivre, un canot aborda le bâtiment de Murat. Il était monté par le capitaine Pernice et un lieutenant sous ses ordres ; ils venaient demander au roi la permission de passer à son bord, ne voulant point rester à celui de Courrand, qui, à leur avis, trahissait. Murat l'envoya chercher, et malgré ses protestations de dévouement, il le fit descendre avec cinquante hommes dans une chaloupe, et ordonna d'amarrer la chaloupe à son bâtiment. L'ordre fut exécuté aussitôt, et la petite escadre continua sa route, longeant, sans les perdre de vue, les côtes de la Calabre; mais à dix heures du soir, au moment où l'on se trouvait à la hauteur du golfe de Sainte-Euphémie, le capitaine Courrand coupa le câble qui le traînait à la remorque, et, faisant force de rames, il s'éloigna de la flottille. Murat s'était jeté sur son lit tout habillé : on le prévint de cet événement. Il s'élança aussitôt sur le pont, et arriva à temps encore pour voir la chaloupe, qui fuyait dans la direction de la Corse, s'enfoncer et disparaître dans l'ombre. Il demeura immobile, sans colère et sans cris; seulement il poussa un soupir et laissa tomber sa tête sur sa poitrine : c'était encore une feuille qui tombait de l'arbre enchanté de ses espérances.

Le général Franchescetti profita de cette heure de découragement pour lui donner le conseil de ne point débarquer dans les Calabres et de se rendre directement à Trieste, afin de réclamer de l'Autriche l'asile qu'elle lui avait offert. Le roi était dans un de ces instants de lassitude extrême et d'abattement mortel où le cœur s'affaisse sur lui-même : il se défendit d'abord, et puis finit par accepter. En ce moment le général s'aperçut qu'un matelot, couché dans des enroulements de câbles, se trouvait à portée d'entendre tout ce qu'il disait; il s'interrompit et le montra du doigt à Murat: celui-ci se leva, alla voir l'homme, et reconnut Luidgi; accablé de fatigue, il s'était endormi sur le pont. La franchise de son sommeil rassura le roi, qui d'ailleurs avait toute confiance en lui. La conversation interrompue un instant se renoua donc : il fut convenu que, sans rien dire des nouveaux projets arrêtés, on franchirait le détroit de Messine, on doublerait le cap Spartivento, et qu'on entrerait dans l'Adriatique; puis le roi et le général redescendirent dans l'entre-pont.

Le lendemain 8 octobre, on se trouvait à la hauteur du Pizzo, lorsque Joachim, interrogé par Barbara sur ce qu'il fallait faire, donna ordre de mettre le cap sur Messine; Barbara répondit qu'il était prêt à obéir, mais qu'il avait besoin d'eau et de vivres ; en conséquence, il offrit de passer sur la felouque de Cicconi, et d'aller avec elle à terre pour y renouveler ses provisions ; le roi accepta. Barbara lui demanda alors les passe-ports qu'il avait reçus des puissances alliées, afin, disait-il, de ne pas être inquiété par les autorités locales. Ces pièces étaient trop importantes pour que Murat consentît à s'en dessaisir ; peut-être aussi le roi commençait-il à concevoir quelque soupçon : il refusa donc. Barbara insista ; Murat lui ordonna d'aller à terre sans ces papiers ; Barbara refusa positivement ; le roi, habitué à être obéi, leva sa cravache sur le Maltais ; mais en ce moment, changeant de résolution, il ordonna aux soldats de préparer leurs armes, aux officiers de revêtir leur grand uniforme, lui-même leur en donna l'exemple : le débarquement était décidé, et le Pizzo devait être le golfe Juan du nouveau Napoléon. En conséquence, les bâtiments se dirigèrent vers la terre. Le roi descendit dans une chaloupe avec vingt-huit soldats et trois domestiques, au nombre desquels était Luidgi. Arrivé près de la plage, le général Franchescetti fit un mouvement pour prendre terre, mais Murat l'arrêta : — C'est à moi de descendre le premier, dit-il ; et il s'élança sur le rivage. Il était vêtu d'un habit de général, avait un pantalon blanc avec des bottes à l'écuyère, une ceinture dans laquelle étaient passés deux pistolets, un chapeau brodé en or, dont la cocarde était retenue par une ganse formée de quatorze brillants ; enfin il portait sous le bras la bannière autour de laquelle il comptait rallier ses partisans : dix heures du matin sonnaient à l'horloge du Pizzo.

Murat se dirigea aussitôt vers la ville, dont il était éloigné de cent pas à peine, par le chemin pavé de larges dalles disposées en escalier qui y conduit. C'était un dimanche ; on allait commencer la messe, et toute la population était réunie sur la place lorsqu'il arriva. Personne ne le reconnut, et chacun regardait avec étonnement ce brillant état-major, lorsqu'il vit parmi les paysans un ancien sergent qui avait servi dans sa garde de Naples. Il marcha droit à lui, et lui mettant la main sur l'épaule : — Tavella, lui dit-il, ne me recon-

nais-tu pas ? — Mais comme celui-ci ne faisait aucune réponse : — Je suis Joachim Murat, je suis ton roi, lui dit-il ; à
toi l'honneur de crier le premier vive Joachim ! — La suite de
Murat fit aussitôt retentir l'air de ses acclamations ; mais le
Calabrais resta silencieux, et pas un de ses camarades ne répéta le cri dont le roi avait donné lui-même le signal ; au
contraire, une rumeur sourde courait par la multitude. Murat
comprit ce frémissement d'orage : — Eh bien ! dit-il à Tavella,
si tu ne veux pas crier vive Joachim, va au moins me chercher un cheval, et de sergent que tu étais je te fais capitaine.
— Tavella s'éloigna sans répondre ; mais au lieu d'accomplir
l'ordre qu'il avait reçu, il rentra chez lui et ne reparut plus.
Pendant ce temps la population s'amassait toujours sans
qu'un signe amical annonçât à Murat la sympathie qu'il attendait ; il sentit qu'il était perdu s'il ne prenait une résolution rapide. — A Monteleone ! s'écria-t-il en s'élançant le
premier vers la route qui conduisait à cette ville. — A Monteleone ! répétèrent en le suivant ses officiers et ses soldats.
Et la foule toujours silencieuse s'ouvrit pour les laisser passer.

Mais à peine avait-il quitté la place qu'une vive agitation
se manifesta ; un homme nommé Georges Pellegrino sortit de
chez lui armé d'un fusil et traversa la place en courant et en
criant : Aux armes ! Il savait que le capitaine Trenta Capelli,
qui commandait la gendarmerie de Cosenza, était en ce moment au Pizzo, et il allait le prévenir. Le cri aux armes eut
plus d'écho dans cette foule que n'en avait eu celui de vive
Joachim. Tout Calabrais a un fusil, chacun courut chercher
le sien, et lorsque Trenta Capelli et Pellegrino revinrent sur
la place, ils trouvèrent près de deux cents hommes armés ;
ils se mirent à leur tête et s'élancèrent aussitôt à la poursuite
du roi ; ils le rejoignirent à dix minutes de chemin à peu près
de la place, à l'endroit où est aujourd'hui le pont. Murat, en
les voyant venir, s'arrêta et les attendit.

Trenta Capelli s'avança alors le sabre à la main vers le roi :
— Monsieur, lui dit celui-ci, voulez-vous troquer vos épau-
lettes de capitaine contre les épaulettes de général ? criez vive
Joachim ! et suivez-moi avec ces braves gens à Monteleone.

— Sire, répondit Trenta Capelli, nous sommes tous fidèles

sujets du roi Ferdinand, et nous venons pour vous combattre et non pour vous accompagner : rendez-vous donc si vous voulez prévenir l'effusion du sang.

Murat regarda le capitaine de gendarmerie avec une expression impossible à rendre ; puis, sans daigner lui répondre, il lui fit signe d'une main de s'éloigner, tandis qu'il portait l'autre à la crosse de l'un de ses pistolets. Georges Pellegrino vit le mouvement.

— Ventre à terre, capitaine ! ventre à terre ! cria-t-il. Le capitaine obéit, aussitôt une balle passa en sifflant au-dessus de sa tête et alla effleurer les cheveux de Murat.

— Feu ! ordonna Franchescetti.

— Armes à terre ! cria Murat ; et secouant de sa main droite son mouchoir, il fit un pas pour s'avancer vers les paysans ; mais au même instant une décharge générale partit : un officier et deux ou trois soldats tombèrent. En pareille circonstance, quand le sang a commencé à couler, il ne s'arrête pas. Murat savait cette fatale vérité ; aussi son parti fut-il pris, rapide et décisif. Il avait devant lui cinq cents hommes armés, et derrière lui un précipice de trente pieds de hauteur : il s'élança du rocher à pic sur lequel il se trouvait, tomba dans le sable, et se releva sans être blessé ; le général Franchescetti et son aide de camp Campana firent avec le même bonheur le même saut que lui, et tous trois descendirent rapidement vers la mer, à travers un petit bois qui s'étend jusqu'à cent pas du rivage, et qui les déroba un instant à la vue de leurs ennemis. A la sortie de ce bois, une nouvelle décharge les accueillit, les balles sifflèrent autour d'eux, mais n'atteignirent personne, et les trois fugitifs continuèrent leur course vers la plage.

Ce fut alors seulement que le roi s'aperçut que le canot qui l'avait déposé à terre était reparti. Les trois navires qui composaient sa flottille, loin d'être restés pour protéger son débarquement, avaient repris la mer et s'éloignaient à pleines voiles. Le Maltais Barbara emportait non seulement la fortune de Murat, mais encore son espoir, son salut, sa vie : c'était à n'y pas croire à force de trahison. Aussi le roi prit-il cet abandon pour une simple manœuvre, et voyant une

barque de pêcheur tirée au rivage sur des filets étendus, il
cria à ses deux compagnons : — La barque à la mer.

Tous trois alors commencèrent à la pousser pour la mettre
à flot, avec l'énergie du désespoir, avec les forces de l'ago.
nie. Personne n'avait osé franchir le rocher pour se mettre
à leur poursuite, et leurs ennemis, forcés de prendre un dé-
tour, leur laissaient quelques instants de liberté. Mais bientôt
des cris se firent entendre : Georges Pellegrino et Trenta Capelli, suivis de toute la population du Pizzo, débouchèrent à
cent cinquante pas à peu près de l'endroit où Murat, Franchescetti et Campana s'épuisaient en efforts pour faire glisser
la barque sur le sable. Ces cris furent immédiatement suivis
d'une décharge générale, Campana tomba : une balle venait
de lui traverser la poitrine. Cependant la barque était à flot :
le général Franchescetti s'élança dedans ; Murat voulut le
suivre, mais il ne s'était point aperçu que les éperons de ses
bottes à l'écuyère étaient embarrassés dans les mailles du fi-
let. La barque, cédant à l'impulsion donnée par lui, se déroba sous ses mains, et le roi tomba les pieds sur la plage
et le visage dans la mer. Avant qu'il eût eu le temps de se
relever, la population s'était ruée sur lui : en un instant elle
lui arracha ses épaulettes, sa bannière et son habit, et elle
allait le mettre en morceaux lui-même, si Georges Pellegrino
et Trenta Capelli, prenant sa vie sous leur protection, ne lui
eussent donné le bras de chaque côté, en le défendant à leur
tour contre la populace. Il traversa ainsi en prisonnier la
place qu'une heure auparavant il abordait en roi. Ses conduc-
teurs le menèrent au château ; on le poussa dans la prison
commune, on referma la porte sur lui, et le roi se trouva au
milieu des voleurs et des assassins, qui, ne sachant pas qui
il était, et le prenant pour un compagnon de crimes, l'ac-
cueillirent par des injures et des huées.

Un quart d'heure après, la porte du cachot se rouvrit, et le
commandant Mattei entra : il trouva Murat debout, les bras
croisés, la tête haute et fière. Il y avait une expression de
grandeur indéfinissable dans cet homme à demi nu, et dont
la figure était souillée de boue et de sang. Il s'inclina devant
lui,

— Commandant, lui dit Murat reconnaissant son grade à ses épaulettes, regardez autour de vous, et dites si c'est là une prison à mettre un roi !

Alors une chose étrange arriva : ces hommes du crime, qui, croyant Murat un de leurs complices, l'avaient accueilli avec des vociférations et des rires, se courbèrent devant la majesté royale, que n'avaient point respectée Pellegrino et Trenta Capelli, et se retirèrent silencieux au plus profond de leur cachot. Le malheur venait de donner un nouveau sacre à Joachim.

Le commandant Mattei murmura quelques excuses, et invita Murat à le suivre dans une chambre qu'il venait de lui faire préparer ; mais, avant de sortir, Murat fouilla à sa poche, en tira une poignée d'or, et la laissant tomber comme une pluie au milieu du cachot :

— Tenez, dit-il en se retournant vers les prisonniers, il ne sera pas dit que vous avez reçu la visite d'un roi, tout captif et découronné qu'il est, sans qu'il vous ait fait largesse.

— Vive Joachim ! crièrent les prisonniers.

Murat sourit amèrement. Ces mêmes paroles répétées par un pareil nombre de voix, il y a une heure, sur la place publique, au lieu de retentir maintenant dans une prison, le faisaient roi de Naples ! Les résultats les plus importants sont amenés parfois par des causes si minimes, qu'on croirait que Dieu et Satan jouent aux dés la vie ou la mort des hommes, l'élévation ou la chute des empires.

Murat suivit le commandant Mattei : il le conduisit dans une petite chambre qui appartenait au concierge, et que celui-ci céda au roi. Il allait se retirer, lorsque Murat le rappela :

— Monsieur le commandant, lui dit-il, je désire un bain parfumé.

— Sire, la chose est difficile.

— Voilà cinquante ducats ; qu'on achète toute l'eau de Cologne qu'on trouvera. Ah ! que l'on m'envoie des tailleurs.

— Il sera impossible de trouver ici des hommes capables de faire autre chose que des costumes du pays.

— Qu'on aille à Monteleone, et qu'on me ramène ici tous ceux qu'on pourra réunir.

Le commandant s'inclina et sortit.

Murat était au bain lorsqu'on lui annonça la visite du chevalier Alcala, général du prince de l'Infantado et gouverneur de la ville. Il faisait apporter des couvertures de damas, des draps et des fauteuils. Murat fut sensible à cette attention, et il en reprit une nouvelle sérénité.

Le même jour, à deux heures, le général Nunziante arriva de Saint-Tropea avec trois mille hommes. Murat revit avec plaisir une vieille connaissance ; mais, au premier mot, le roi s'aperçut qu'il était devant un juge, et que sa présence avait pour but non pas une simple visite, mais un interrogatoire en règle. Murat se contenta de répondre qu'il se rendait de Corse à Trieste en vertu d'un passe-port de l'empereur d'Autriche, lorsque la tempête et le défaut de vivres l'avaient forcé de relâcher au Pizzo. A toutes les autres questions Murat opposa un silence obstiné ; puis enfin, fatigué de ses instances : — Général, lui dit-il, pouvez-vous me prêter des habits, afin que je sorte du bain ?

Le général comprit qu'il n'avait rien à attendre de plus, salua le roi et sortit. Dix minutes après, Murat reçut un uniforme complet ; il le revêtit aussitôt, demanda une plume et de l'encre, écrivit au général en chef des troupes autrichiennes à Naples, à l'ambassadeur d'Angleterre, et à sa femme, pour les informer de sa détention au Pizzo. Ces dépêches terminées, il se leva, marcha quelque temps avec agitation dans la chambre ; puis enfin, éprouvant le besoin d'air, il ouvrit la fenêtre. La vue s'étendait sur la plage même où il avait été arrêté.

Deux hommes creusaient un trou dans le sable au pied de la petite redoute ronde. Murat les regarda faire machinalement. Lorsque ces deux hommes eurent fini, ils entrèrent dans une maison voisine, et bientôt ils en sortirent portant entre leurs bras un cadavre. Le roi rappela ses souvenirs, et il lui sembla en effet qu'il avait, au milieu de cette scène terrible, vu tomber quelqu'un auprès de lui ; mais il ne savait plus qui. Le cadavre était complétement nu ; mais à ses longs cheveux noirs, à la jeunesse de ses formes, le roi reconnut Campana : c'était celui de ses aides de camp qu'il aimait le mieux. Cette scène, vue à l'heure du crépuscule, vue de l fenêtre d'une prison; cette inhumation dans la solitude, sur cette plage, dans le sable, émurent plus fortement Murat que n'avaient pu le faire ses propres infortunes. De grosses larmes vinrent au bord de ses yeux et coulèrent silencieusement sur sa face de lion. En ce moment le général Nunziante rentra, et le surprit les bras tendus, le visage baigné de pleurs. Murat entendit du bruit, se retourna, et voyant l'étonnement du vieux soldat : — Oui, général, lui dit-il, oui, je pleure. Je pleure sur cet enfant de vingt-quatre ans, que sa famille m'avait confié, et dont j'ai causé la mort; je pleure sur cet avenir vaste, riche et brillant, qui vient de s'éteindre dans une fosse ignorée, sur une terre ennemie, et sur un rivage hostile. O Campana! Campana! si jamais je remonte sur le trône, je te ferai élever un tombeau royal!

Le général avait fait préparer un dîner dans la chambre attenante à celle qui servait de prison au roi : Murat l'y suivit, se mit à table, mais ne put manger. Le spectacle auquel il venait d'assister lui avait brisé le cœur; et cependant cet homme avait parcouru sans froncer le sourcil les champs de bataille d'Aboukir, d'Eylau et de la Moskowa!

Après le dîner Murat entra dans sa chambre, remit au général Nunziante les diverses lettres qu'il avait écrites, et le pria de le laisser seul. Le général sortit.

Murat fit plusieurs fois le tour de sa chambre, se promenant à grands pas et s'arrêtant de temps en temps devant la fenêtre, mais sans l'ouvrir. Enfin, il parut surmonter une répugnance profonde, porta la main sur l'espagnolette et tira la croisée à lui. La nuit était calme, on distinguait toute la plage. Il chercha des yeux la place où était enterré Campana : deux chiens qui grattaient la tombe la lui indiquèrent. Le roi repoussa la fenêtre avec violence, et se jeta tout habillé sur son lit. Enfin, craignant qu'on n'attribuât son agitation à une crainte personnelle, il se dévêtit, se coucha et dormit, ou parut dormir toute la nuit.

Le 9 au matin, les tailleurs que Murat avait demandés arri-

vèrent. Il leur commanda force habits, dont il prit la peine
de leur expliquer les détails avec sa fastueuse fantaisie. Il
était occupé de ce soin lorsque le général Nunziante entra. Il
écouta tristement les ordres que donnait le roi : il venait de
recevoir les dépêches télégraphiques qui ordonnaient au général de faire juger le roi de Naples, comme ennemi public,
par une commission militaire. Mais celui-ci trouva le roi si
confiant, si tranquille et presque si gai, qu'il n'eut pas le courage de lui annoncer la nouvelle de sa mise en jugement ; il
prit même sur lui de retarder l'ouverture de la commission
militaire jusqu'à ce qu'il eût reçu une dépêche écrite. Elle
arriva le 12 au soir. Elle était conçue en ces termes :

« Naples, 9 octobre 1815.

» Ferdinand, par la grâce de Dieu, etc., avons décrété et
décrétons ce qui suit :

» Art. 1er. Le général Murat sera traduit devant une commission militaire, dont les membres seront nommés par notre
ministre de la guerre.

» Art. 2. Il ne sera accordé au condamné qu'une demi-
heure pour recevoir les secours de la religion.

» *Signé :* Ferdinand. »

Un autre arrêté du ministre contenait les noms des membres de la commission ; c'étaient :

Giuseppe Fasculo, adjudant, commandant en chef de l'état-
major, président ;
Raffaello Scalfaro, chef de la légion de la Calabre infé-
rieure ;
Latereo Natati, lieutenant-colonel de la marine royale ;
Gennaro Lanzetta, lieutenant-colonel du corps du génie ;
W. T., capitaine d'artillerie ;
François de Vengé, idem ;
Francesco Martellari, lieutenant d'artillerie ;

Francesco Froio, lieutenant au 3e régiment;

Giovanni della Camera, procureur général au tribunal criminel de la Calabre inférieure;

Et Francesco Papavassi, greffier.

La commission s'assembla dans la nuit. Le 13 octobre, à six heures du matin, le capitaine Stratti entra dans la prison du roi; il dormait profondément: Stratti allait sortir, lorsqu'en marchant vers la porte il heurta une chaise; ce bruit réveilla Murat.—Que me voulez-vous, capitaine? demanda le roi.

Stratti voulut parler; mais la voix lui manqua.

— Ah! ah! dit Murat, il paraît que vous avez reçu des nouvelles de Naples?...

— Oui, sire, murmura Stratti.

— Qu'annoncent-elles? dit Murat.

— Votre mise en jugement, sire.

— Et par qui l'arrêt sera-t-il prononcé, s'il vous plaît? Où trouvera-t-on des pairs pour me juger? Si l'on me considère comme un roi, il faut assembler un tribunal de rois; si l'on me considère comme un maréchal de France, il me faut une cour de maréchaux; et si l'on me considère comme général, et c'est le moins qu'on puisse faire, il me faut un jury de généraux.

— Sire, vous êtes déclaré ennemi public, et comme tel vous êtes passible d'une commission militaire; c'est la loi que vous avez rendue vous-même contre les rebelles.

— Cette loi fut faite pour des brigands, et non pour des têtes couronnées, monsieur, dit dédaigneusement Murat. Je suis prêt, que l'on m'assassine, c'est bien; je n'aurais pas cru le roi Ferdinand capable d'une pareille action.

— Sire, ne voulez-vous pas connaître la liste de vos juges?

— Si fait, monsieur, si fait; ce doit être une chose curieuse: lisez, je vous écoute.

Le capitaine Stratti lut les noms que nous avons cités. Murat les entendit avec un sourire dédaigneux.

— Ah! continua-t-il, lorsque le capitaine eut achevé, il paraît que toutes les précautions sont prises?

— Comment cela, sire ?

— Oui, ne savez-vous pas que tous ces hommes, à l'exception du rapporteur Francesco Froio, me doivent leurs grades ? Ils auront peur d'être accusés de reconnaissance, et, moins une voix peut-être, l'arrêt sera unanime.

— Sire, si vous paraissiez devant la commission, si vous plaidiez vous-même votre cause ?

— Silence, monsieur, silence, dit Murat. Pour que je reconnaisse les juges que l'on m'a nommés, il faudrait déchirer trop de pages de l'histoire ; un tel tribunal est incompétent, et j'aurais honte de me présenter devant lui ; je sais que je ne puis sauver ma vie, laissez-moi sauver au moins la dignité royale.

En ce moment le lieutenant Francesco Froio entra pour interroger le prisonnier, et lui demanda ses noms, son âge, sa patrie. A ces questions, Murat se leva avec une expression de dignité terrible : — Je suis Joachim Napoléon, roi des Deux-Siciles, lui répondit-il, et je vous ordonne de sortir. — Le rapporteur obéit.

Alors Murat passa un pantalon seulement, et demanda à Stratti s'il pouvait adresser des adieux à sa femme et à ses enfants. Celui-ci, ne pouvant plus parler, répondit par un geste affirmatif ; aussitôt Joachim s'assit à une table, et écrivit cette lettre (7) :

« Chère Caroline de mon cœur,

» L'heure fatale est arrivée, je vais mourir du dernier des supplices ; dans une heure tu n'auras plus d'époux, et nos enfants n'auront plus de père : souvenez-vous de moi et n'oubliez jamais ma mémoire.

» Je meurs innocent, et la vie m'est enlevée par un jugement injuste.

» Adieu, mon Achille ; adieu, ma Lætitia ; adieu, mon Lucien ; adieu, ma Louise.

» Montrez-vous dignes de moi ; je vous laisse sur une terre et dans un royaume pleins de mes ennemis : montrez-vous supérieurs à l'adversité, et souvenez-vous de ne pas vous croire plus que vous n'êtes, en songeant à ce que vous avez été.

» Adieu ; je vous bénis. Ne maudissez jamais ma mémoire. Rappelez-vous que la plus grande douleur que j'éprouve dans mon supplice est celle de mourir loin de mes enfants, loin de ma femme, et de n'avoir aucun ami pour me fermer les yeux.

» Adieu, ma Caroline ; adieu, mes enfants ; recevez ma bénédiction paternelle, mes tendres larmes et mes derniers baisers.

» Adieu, adieu ; n'oubliez pas votre malheureux père.

» JOACHIM MURAT.

» Pizzo, le 15 octobre 1815. »

Alors il coupa une boucle de ses cheveux et la mit dans la lettre. En ce moment, le général Nunziante entra ; Murat alla à lui et lui tendit la main : — Général, lui dit-il, vous êtes père, vous êtes époux, vous saurez un jour ce que c'est que de quitter sa femme et ses fils : jurez-moi que cette lettre sera remise.

— Sur mes épaulettes, dit le général en s'essuyant les yeux.

— Allons, allons, du courage, général, dit Murat : nous sommes soldats, nous savons ce que c'est que la mort. Une seule grâce : vous me laisserez commander le feu, n'est-ce pas ? — Le général fit signe de la tête que cette dernière faveur lui serait accordée. En ce moment le rapporteur entra, la sentence du roi à la main. Murat devina ce dont il s'agissait. — Lisez, monsieur, lui dit-il froidement, je vous écoute. — Le rapporteur obéit. Murat ne s'était pas trompé : il y avait eu, moins une voix, unanimité pour la peine de mort.

Lorsque la lecture fut finie, le roi se retourna vers Nunziante : — Général, lui dit-il, croyez que je sépare, dans mon esprit, l'instrument qui me frappe de la main qui le dirige. Je n'aurais pas cru que Ferdinand m'eût fait fusiller comme un chien : il ne recule pas devant cette infamie ! c'est bien, n'en parlons plus. J'ai récusé mes juges, mais non pas mes bourreaux. Quelle est l'heure que vous désignez pour mon exécution?

— Fixez-la vous-même, sire, dit le général.

Murat tira de son gousset une montre sur laquelle était le portrait de sa femme; le hasard fit qu'elle était tournée de telle manière que ce fut le portrait et non le cadran qu'il amena devant ses yeux; il le regarda avec tendresse :

— Tenez, général, dit-il en le montrant à Nunziante, c'est le portrait de la reine; vous la connaissez; n'est-ce pas qu'elle est bien ressemblante?

Le général détourna la tête. Murat poussa un soupir et remit la montre dans son gousset.

— Eh bien! sire, dit le rapporteur, quelle heure fixez-vous?

— Ah! c'est juste, dit Murat en souriant; j'avais oublié pourquoi j'avais tiré ma montre en voyant le portrait de Caroline. — Alors il regarda sa montre de nouveau, mais cette fois du côté du cadran : — Eh bien! ce sera pour quatre heures, si vous voulez; il est trois heures passées, c'est cinquante minutes que je vous demande; est-ce trop, monsieur?

Le rapporteur s'inclina et sortit. Le général voulut le suivre.

— Ne vous reverrai-je plus, Nunziante? dit Murat.

— Mes ordres m'enjoignent d'assister à votre mort, sire; mais je n'en aurai pas la force.

— C'est bien, général, c'est bien; je vous dispense d'être là au dernier moment; mais je désire vous dire adieu encore une fois et vous embrasser.

— Je me trouverai sur votre route, sire.

— Merci. Maintenant laissez-moi seul.

— Sire, il y a là deux prêtres. — Murat fit un signe d'impatience. — Voulez-vous les recevoir? continua le général.

— Oui, faites-les entrer.

Le général sortit. Un instant après, les deux prêtres parurent au seuil de la porte : l'un se nommait don Francesco Pellegrino : c'était l'oncle de celui qui avait causé la mort du roi; et l'autre don Antonio Masdea.

— Que venez-vous faire ici? leur dit Murat.

— Vous demander si vous voulez mourir en chrétien.

— Je mourrai en soldat. Laissez-moi.

Don Francesco Pellegrino se retira. Sans doute il était mal à l'aise devant Joachim. Quant à Antonio Masdea, il resta sur le seuil de la porte.

— Ne m'avez-vous pas entendu? dit le roi.

— Si fait, répondit le vieillard; mais permettez-moi, sire, de ne pas croire que c'est votre dernier mot. Ce n'est pas la première fois que je vous vois et que je vous implore; j'ai déjà eu l'occasion de vous demander une grâce.

— Laquelle?

— Lorsque votre majesté vint au Pizzo, en 1810, je lui demandai vingt-cinq mille francs pour faire achever notre église; votre majesté m'en envoya quarante mille.

— C'est que je prévoyais que j'y serais enterré, répondit en souriant Murat.

— Eh bien! sire, j'aime à croire que vous ne refuserez pas plus ma seconde prière que vous ne m'avez refusé la première. Sire, je vous le demande à genoux, — le vieillard tomba aux pieds de Murat, — mourez en chrétien!

— Cela vous fera donc bien plaisir? dit le roi.

— Sire, je donnerais le peu de jours qui me restent pour obtenir de Dieu que son esprit vous visitât à votre dernière heure.

— Eh bien! dit Murat, écoutez ma confession: je m'accuse, étant enfant, d'avoir désobéi à mes parents; depuis je suis devenu un homme, je n'ai jamais eu autre chose à me reprocher.

— Sire, me donneriez-vous une attestation que vous mourez dans la religion chrétienne?

— Sans doute, dit Murat. Et il prit une plume et écrivit:

« Moi, Joachim Murat, je meurs en chrétien, croyant à la sainte Église catholique, apostolique et romaine. » Et il signa.

— Maintenant, mon père, continua le roi, si vous avez une

troisième grâce à me demander, hâtez-vous, car dans une demi-heure il ne serait plus temps. En effet, l'horloge du château sonna en ce moment trois heures et demie.

Le prêtre fit signe que tout était fini.

— Laissez-moi donc seul, dit Murat.

Le vieillard sortit.

Murat se promena quelques minutes à grands pas dans sa chambre; puis il s'assit sur son lit et laissa tomber sa tête dans ses deux mains. Sans doute, pendant le quart d'heure où il resta ainsi absorbé dans ses pensées, il vit repasser devant lui sa vie tout entière, depuis l'auberge d'où il était parti jusqu'au palais où il était entré; sans doute, son aventureuse carrière se déroula, pareille à un rêve doré, à un mensonge brillant, à un conte des *Mille et une Nuits*. Comme un arc-en-ciel, il avait brillé pendant un orage, et comme un arc-en-ciel, ses deux extrémités se perdaient dans les nuages de sa naissance et de sa mort. Enfin, il sortit de sa contemplation intérieure et releva son front pâle mais tranquille. Alors il s'approcha d'une glace et arrangea ses cheveux : son caractère étrange ne le quittait pas. Fiancé de la mort, il se faisait beau pour elle.

Quatre heures sonnèrent.

Murat alla lui-même ouvrir la porte.

Le général Nunziante l'attendait.

— Merci, général, lui dit Murat : vous m'avez tenu parole; embrassez-moi, et retirez-vous ensuite si vous le voulez.

Le général se jeta dans les bras du roi en pleurant et sans pouvoir prononcer une parole.

— Allons, du courage, lui dit Murat; vous voyez bien que je suis tranquille.

C'était cette tranquillité qui brisait le courage du général. Il s'élança hors du corridor et sortit du château en courant comme un insensé.

Alors le roi marcha vers la cour; tout était prêt pour l'exécution. Neuf hommes et un caporal étaient rangés en ligne près de la porte de la chambre du conseil; devant eux était un mur de douze pieds de haut; trois pas en avant de ce mur était un seuil d'un seul degré : Murat alla se placer sur cet escalier, qui lui faisait dominer d'un pied à peu près les soldats chargés de son exécution. Arrivé là, il tira sa montre, baisa le portrait de sa femme, et, les yeux fixés sur lui, il commanda la charge des armes. Au mot feu, cinq des neuf hommes tirèrent : Murat resta debout. Les soldats avaient eu honte de tirer sur leur roi, ils avaient visé au-dessus de sa tête.

Ce fut peut-être en ce moment qu'éclata le plus magnifiquement ce courage de lion qui était la vertu particulière de Murat; pas un trait de son visage ne s'altéra, pas un muscle de son corps ne faiblit; seulement, regardant les soldats avec une expression de reconnaissance amère : — Merci, mes amis, leur dit-il; mais comme tôt ou tard vous serez obligés de viser juste, ne prolongez pas mon agonie. Tout ce que je vous demande, c'est de viser au cœur et d'épargner la figure. Recommençons.

Et avec la même voix, avec le même calme, avec le même visage, il répéta les paroles mortelles les unes après les autres, sans lenteur, sans précipitation, et comme il eût commandé une simple manœuvre; mais cette fois, plus heureux que la première, au mot feu, il tomba percé de huit balles, sans faire un mouvement, sans pousser un soupir, sans lâcher la montre qu'il tenait serrée dans sa main gauche (8).

Les soldats ramassèrent le cadavre, le couchèrent sur le lit où, dix minutes auparavant, il était assis, et le capitaine mit une garde à la porte.

Le soir un homme se présenta pour entrer dans la chambre mortuaire : la sentinelle lui en refusa l'entrée; mais cet homme demanda à parler au commandant du château. Conduit devant lui, il lui montra un ordre. Le commandant le lut avec une surprise mêlée de dégoût; puis, la lecture achevée, il le conduisit jusqu'à la porte qu'on lui avait refusée.

— Laissez passer le seigneur Luidgi, — dit-il à la sentinelle. La sentinelle présenta les armes à son commandant. Luidgi entra.

Dix minutes s'étaient à peine écoulées, lorsqu'il sortit tenant à la main un mouchoir ensanglanté; dans ce mouchoir était un objet que la sentinelle ne put reconnaître.

Une heure après, un menuisier apporta le cercueil qui devait renfermer les restes du roi. L'ouvrier entra dans la chambre; mais presque aussitôt il appela la sentinelle avec un accent indicible d'effroi. Le soldat entre-bâilla la porte pour regarder ce qui avait pu causer la terreur de cet homme. Le menuisier lui montra du doigt un cadavre sans tête.

A la mort du roi Ferdinand on retrouva dans une armoire secrète de sa chambre à coucher cette tête conservée dans l'esprit-de-vin (9).

Huit jours après l'exécution du Pizzo, chacun avait déjà reçu sa récompense : Trenta Capelli était fait colonel, le général Nunziante créé marquis, et Luidgi était mort empoisonné.

NOTES.

(1) **A** quarante-huit mille francs.

(2) Conspiration de Pichegru.

(3) Joliclève.

(4) Pêche du thon.

(5) Ces détails sont populaires à Toulon, et m'ont été racontés vingt fois à moi-même pendant le double séjour que je fis en 1834 et 1835 dans cette ville; quelques-uns de ceux qui me les rapportaient les tenaient de la bouche même de Langlade et de Donadieu.

(6) Bateaux de poste siciliens.

(7) Nous pouvons en garantir l'authenticité, l'ayant transcrite nous-même au Pizzo sur la copie qu'avait conservée de l'original le chevalier Alcala.

(8) Madame Murat a racheté cette montre deux cents louis.

(9) Comme je ne crois pas aux atrocités sans motifs, je demandai au général T. la raison de celle-ci : il répondit que, comme Murat avait été jugé et fusillé dans un coin perdu de la Calabre, le roi de Naples craignait toujours que quelque aventurier ne se présentât sous le nom de Joachim : on lui eût répondu alors en lui montrant la tête de Murat.

FIN

TABLE

—

FIN DE LA TABLE.

12. — Paris. — Imprimerie Poupart-Davyl et C°, rue du Bac, 30.

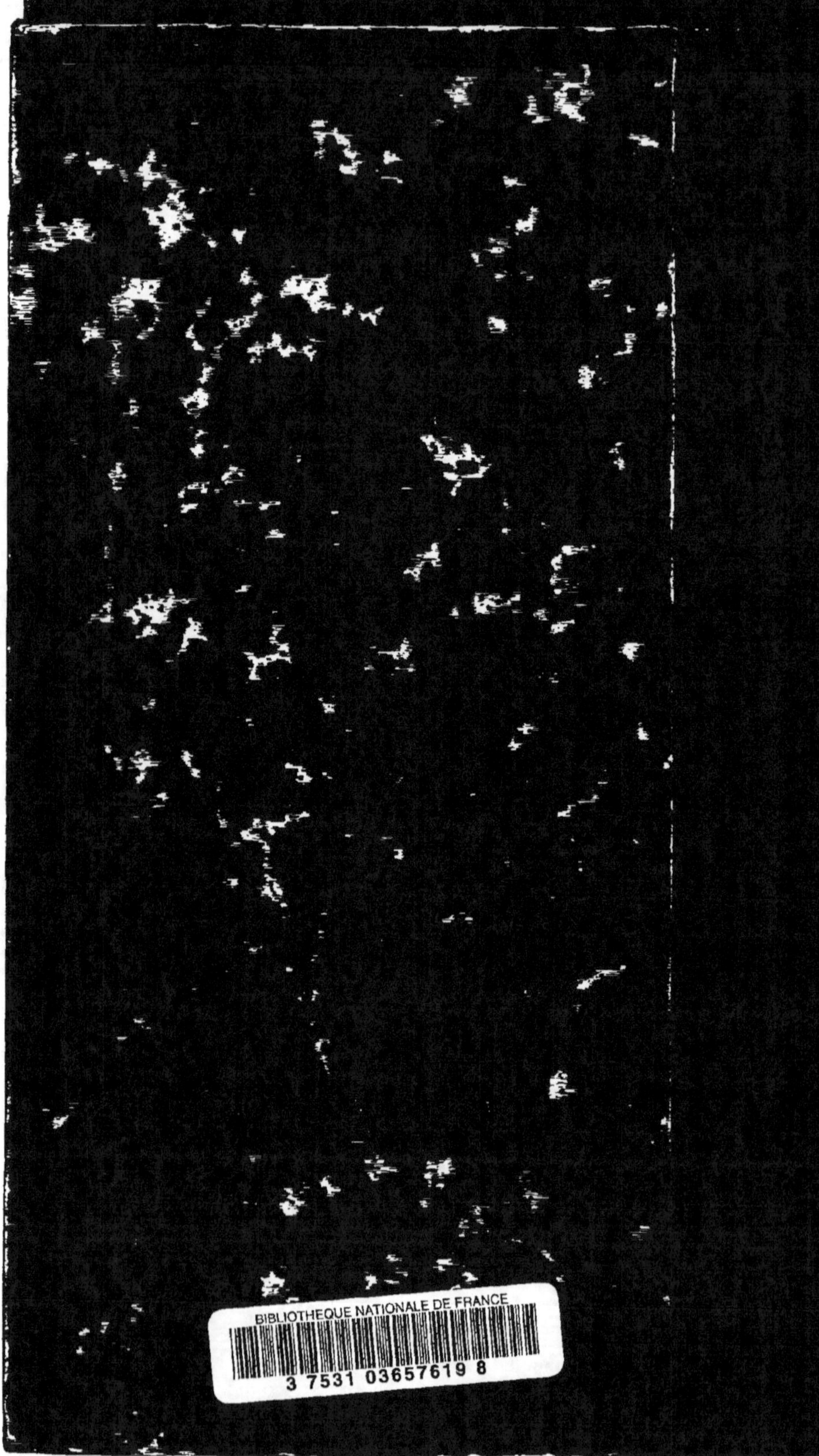

BIBLIOTHEQUE NATIONALE DE FRANCE
3 7531 03657619 8

www.ingramcontent.com/pod-product-compliance
Lightning Source LLC
LaVergne TN
LVHW020614060726
842526LV00003B/726